I0842424

LOS INDIOS MONTONEROS

Diego Escolar

Los indios montoneros

Un desierto rebelde para la nación argentina (Guanacache, siglos XVIII-XX)

prometeo libros

Escolar, Diego

Los indios montoneros : un desierto rebelde para la Nación Argentina :
Guanacache, siglos XVIII-XX /
Diego Escolar. - 1a ed - Ciudad Autónoma de Buenos Aires : Prometeo
Libros, 2021.
274 p. ; 24 x 17 cm. - (Historia argentina / Fradkin, Raúl)

1. Historia Argentina. 2. Pueblos Originarios. 3. Historia de la Provincia de
San Juan . I. Título.
CDD 982

Colección Historia Argentina
Director: Raúl O. Fradkin

Corrección: Liliana Stengele
Diagramación: Eleonora Silva
Imagen de portada: Laguneros movilizados en Mendoza
con el gobernador Guillermo Cano, 1936 (Préstamo Miguel Gil)

© De esta edición, Prometeo Libros, 2021
Pringles 521 (C1183AEI), Buenos Aires, Argentina
Tel.: (54-11) 4862-6794 / Fax: (54-11) 4864-3297
editorial@treintadiez.com
www.prometeoeditorial.com

Hecho el depósito que marca la Ley 11.723.
Prohibida su reproducción total o parcial.
Derechos reservados.

Contenido

A Sixto Waldino Jofré y Paz Argentina Quiroga.

Agradecimientos

Es imposible ser justo con todos los aportes que hicieron posible este libro y no alcanzaré a reconocer aquí. Muchas de las personas que colaboraron se verán reflejadas en sus páginas, pero una lista necesaria aunque incompleta debería decir lo siguiente: Los laguneros de Guanacache. En especial, por su importancia para el libro, Sixto y Mimí Jofré, Juan Nylo Reynoso, Juan, Paulino, Ceferino y Eude Nievas, Lorenza y Elsa Videla, Juan Zalazar, Mauricio Quiroga, Rubén Díaz y Nemecio Molina. Otros líderes y amigos huarpes de San Juan: Argentina, Quiroga, María Zalazar, Yiyo Abadía, Miguel Guzmán y Miguel Gil. Mi hija Guadalupe Escolar, que colaboró en las correcciones bibliográficas. Mi compañera Mariana Femenía, que me acompañó en la larga etapa final de esta travesía. Colegas y mentores vinculados directamente con la inspiración, debate o realización de este libro libro: Mark Alan Healey, Ariel de la Fuente, Rita Segato, João Pacheco de Oliveira, Tulio Halperin Donghi, Hugo Chumbita, Arturo Roig, Christophe Giudicelli, Lorena Rodríguez, Gastón Gordillo, Roxana Boixados, Claudia Briones, Guillermo Wilde, Jorge Gelman, Ana María Lorandi, Rolf Foester, Antonio Escobar Ohmstede, André Menard, María del Rosario Prieto, Marisol de la Cadena y Julio Vezub. Mis estudiantes actuales y antiguas, en particular Guillermina Espósito, Leticia Saldi, Julieta Magallanes y Aldana Calderón. Mi editor, Raúl Carioli, apostando en tiempos difíciles. El personal de los archivos que visité, especialmente al archivo histó-rico de Mendoza, Natalia Pizarro, del archivo de los tribunales de San Juan y Yuli Bruno, por el préstamo de fotografías de su colección. La mayoría de los mapas fueron elaborados por Laura Salazar, del IANIGLA, CONICET Mendoza. Distintos aspectos de la investigación fueron discutidos con colegas y alumnos en la Universidad Nacional de Cuyo, la Universidad de California, Berkeley, Universidad de California, Davis, el Institut des Hautes Études en Amerique

Latine de la Universidad de Paris Sorbonne Nouvelle, la Universidad de Rennes 2, la Universidad Nacional de Córdoba y la Universidad del Cauca. Y finalmente, apoyo financiero para estas investigaciones fue provisto por el CONICET, la Agencia Nacional de Promoción de la Ciencia y Tecnológica, la Universidad Nacional de Cuyo, la Comisión Fullbright, el IHEAL y la Universidad de Rennes 2.

Introducción

La identidad nacional argentina se proyecta como una película muda, en alta velocidad y escasa definición. Un gesto comienza, se entrecorta. Las guerras empiezan con el estampido de un cañón y acaban cuando el polvo se disipa. El locutor gesticula inaudible: le creemos. Tiene la camisa arrugada, la mirada sufriente y decidida. Evoca las luces de una gran ciudad, con fondo de praderas y gauchos, en el horizonte montañas y en los confines, indios. Y en los intervalos ciegos entre fotograma y fotograma, en los intersticios de páginas, sierras y llanuras del interior, los jinetes borrosos, campesinos opacos, obsesivamente ausentes en la historia. ¿Desaparecieron del cuadro por la engañosa nitidez de la Argentina Blanca? Este libro aborda precisamente esa "materia oscura" de la nación. Ni indios —figura extractable del cosmos propiamente nacional— ni criollos —eufemismo etno-racial del pueblo argentino— o ambas cosas a la vez. Los indios criollos.

Pocos meses antes de fallecer en un barrio obrero de la ciudad de Mendoza, Argentina, Sixto Waldino Jofré me entregó con ceremonia las fotocopias de un documento que él denominaba *La Memoria*. Era una reliquia familiar y según Jofré, ahí se contaba "cómo la tierra ha sido siempre de los huarpes". Se trataba de la copia manuscrita de un siglo de luchas judiciales por parte de los laguneros, pobladores de las áridas planicies de Guanacache, en el norte de la actual provincia de Mendoza y sur de San Juan. Los documentos clave consistían en títulos coloniales y procesos judiciales del siglo XIX en defensa de sus tierras en tanto indios. Hacía más de una década que venía investigando cómo en esta región supuestamente "libre de indios" persistieron y reaparecieron identificaciones y discursos indígenas. Ya había accedido unos años antes a esos mismos documentos. Juan Nievas, un joven miembro de una comunidad huarpe de Guanacache, me había presentado una bolsa plástica con los papeles antiguos y rotos que me había esforzado a compaginar sin lograrlo. Y posteriormente fui conociendo varios archivos más con los mismos documentos en colecciones familiares de otros laguneros que, como Juan, guardaban un respeto casi religioso por ellos y comentaban que "había muerto mucha gente" para protegerlos.

Confrontarme con estas colecciones de manuscritos me conmovió. Era evidente que los textos habían sido copiados, distribuidos y preservados entre distintas familias y reproducidos en detalle por personas casi analfabetas que viven dispersas en un área de aproximadamente un millón de hectáreas, separadas entre sí por distancias de cinco a veinte kilómetros, con caminos dificultosos y donde solo hace unos veinte años comenzaron a formarse ínfimos caseríos. También llamaba la atención la nitidez con que se revelaba la existencia no solo de discursos, sino de demandas concretas, sostenidas y reconocidas, en las cuales pobladores de la campaña árida se identificaban como indígenas. Y sobre todo, cómo habían mantenido una lucha judicial, militar y en cierto modo historiográfica de dos siglos por un territorio indígena al interior del espacio central de la Argentina criolla.

El grado de detalle de los textos, la continuidad de las demandas y de las familias por casi dos siglos, su atesoramiento en archivos de precarios ranchos del desierto o barriadas pobres de la ciudad contrastaban con la seguridad con que la historiografía y la antropología habían decretado la inexistencia de identidades indígenas en el área desde el período colonial temprano. En efecto, para la mayoría de los antropólogos e historiadores los grupos indígenas de Cuyo, principalmente los huarpes, se habían extinguido un siglo después de las fundaciones de Mendoza (1561) y San Juan (1562) por traslados forzosos a Chile, o por el mestizaje y "aculturación" de los sobrevivientes (Canals Frau, 1946; Michieli, 1983; Prieto, 1976).[1] Las numerosas descripciones de las crueles marchas de los huarpes, atados en colleras a través de la cordillera de los Andes (Jara, 1958; Obregón Iturria, 2018), habían sido el principal tópico de una narrativa de extinción que perdura hasta la actualidad.

A partir de los hallazgos de los archivos laguneros pude buscar y encontrar estos mismos expedientes y muchos otros relacionados con su historia territorial y política en archivos de Cuyo, Buenos Aires, Chile y Francia. El

---

[1] La región fue colonizada desde Chile y perteneció a esa jurisdicción hasta 1776 cuando se creó el virreinato del Río de la Plata.

conjunto de documentos más completo encontrado hasta el momento, sin embargo, es el que posee Juan Nievas. Incluye un testamento de 1752 del cacique Jacinto Sayanca legando a sus indios una merced real de las tierras de Guanacache; un proceso judicial desarrollado por el protector de los naturales de las Lagunas entre 1833 y 1835 y un decreto del gobierno de Mendoza en 1838 reconociendo la posesión y propiedad inmemorial por parte de los laguneros de aproximadamente un millón de hectáreas de sus tierras. En el Archivo Histórico de Mendoza (AHM) encontré posteriormente un petitorio de los laguneros de 1879 que adjuntaba los mismos documentos.[2]

Tal vez por lecturas previas sobre el área y los huarpes, o por mis experiencias anteriores con gauchos, arrieros y baqueanos, durante mi trabajo de campo en Guanacache desde fines de la década de 1990 me había sorprendido la densidad y copresencia del pasado en cada lugar y en cada relato. Entre los laguneros se evocan ensoñaciones de sordas guerras, de caciques, montoneras o simples pobladores cuyos fantasmas degollados penden de los algarrobos o gritan en la noche; de mares desecados que brillan en la siesta; de despojos, esclavitud, bandolerismo e insurrección; también de rituales indígenas y saberes esotéricos camuflados. La estridente vigencia de personajes y sucesos de siglos anteriores comprime el tiempo de la historia sentida y extiende la violencia y la noción de una identidad indígena como causa y eventual respuesta al por qué de esos males. En la narrativa local se insinuaba que estas historias hablaban de la defensa de un territorio indígena. Sin embargo, los historiadores consideraban la sola idea de identidades indígenas en la región como una invención folklórica carente de cualquier base empírica. La existencia de documentos sobre conflictos de tierras, movilización política y prácticas archivísticas protagonizadas por sujetos identificados como indígenas entre los siglos XVIII y XX vino a desmentir estos supuestos y confirmar mis intuiciones mucho más allá de lo que había imaginado alguna vez. Su "aparición" en el inicio del siglo XXI no parecía casual y coincidía con un contexto favorable al reconocimiento de identidades y derechos indígenas en el país y específicamente la emergencia o re-emergencia de identidades huarpes en Cuyo. Desde la década de 1990, en una veloz dinámica cuyo disparador fue

---

[2] Archivo Histórico de Mendoza (en adelante AHM), carp. 575 bis, época independiente, doc. 17. Este repositorio está dentro del Archivo General de la Provincia de Mendoza, pero utilizaré la primera denominación por la que es conocido históricamente.

la acelerada crisis social y económica de la Argentina a raíz de las más fuertes reformas neoliberales conocidas hasta el momento, grupos de campesinos y sectores de clase media urbana comenzaron a impulsar por separado el reconocimiento de una identidad huarpe (Escolar, 2007). Hacia finales de la década, comunidades huarpes organizadas políticamente –sobre la base de la nueva figura legal de la constitución de 1994, que reconoció por primera vez la preexistencia a la nación argentina de los pueblos originarios– comenzaron a reclamar la propiedad colectiva de las tierras de Guanacache, de aproximadamente un millón de hectáreas. El área abarcaba parte de las tres provincias de Cuyo, Mendoza, San Juan y San Luis, aunque su mayor presencia actual es en la primera.

La bibliografía sobre la historia moderna de Guanacache y sus habitantes era bastante escasa, y para demasiados y cruciales aspectos inexistente, y tanto por mis intereses científicos como por el que mostraban mis interlocutores me aboqué a tratar de reconstruirla a partir de la búsqueda de fuentes escritas originales y memorias orales. A lo largo de este trabajo pude apreciar cómo constituyó un escenario permanente y a la vez excéntrico de las largas guerras por la formación del estado argentino. En pleno "desierto argentino", según caracterizara Halperin Donghi al espacio geográfico y social habitado por una plebe supuestamente sin tierra y políticamente muda, surgía la evidencia de una larga tradición de territorios, archivos, luchas judiciales y proyectos políticos indígenas entre mediados del siglo XVIII y mediados del XX. Esto desmentía algunos tópicos implícitos conque la historiografía argentina había imaginado y representado al pueblo llano, especialmente rural, durante la formación del estado nación. Se trata de una doble negación. Por un lado, como "no político", desestimando la existencia de una agencia y proyectos propios de los grupos subalternos movilizados por los caudillos; por el otro, como "no indio" y "no negro", suponiéndolo étnicamente descaracterizado y por defecto, "criollo" –en contraposición, claro está, a los pueblos indígenas libres allende las fronteras coloniales del sur y al norte del territorio–. Los documentos y relatos laguneros evocaban por el contrario una antigua saga colonial y republicana de tradiciones políticas indígenas que escapaban a esa imaginación histórica predominante. Existía un subtexto indígena en la gramática de lo popular y una historia indígena de la nación criolla.

Propongo que una historia que podemos considerar indígena o indígena criolla se produjo en el seno –y como parte– de los procesos de formación de la comunidad nacional y el estado en la Argentina y que no ha sido abordada por una ceguera historiográfica e imaginarios de nación que debe mucho a los intereses seculares de las elites provinciales sobre las tierras, agua y fuerza de trabajo de esas poblaciones. Conocer al menos parte de este pasado, en lo que a Cuyo respecta, ayudaría a explicar en gran medida la historia de la movilización política rural, la formación del estado, la propiedad privada y la reconfiguración ambiental, en Cuyo y tal vez inspirar nuevas perspectivas de análisis para otras partes de la Argentina.

Para demostrar este argumento el libro que presento aborda la lucha de los laguneros de Guanacache por salvaguardar su territorio, recursos y autonomía desde fines del período colonial hispano hasta la década de 1940. Evidenciaré cómo en la antigua *travesía* cuyana, instituida por Domingo Faustino Sarmiento como el escenario primigenio de la Argentina gaucha y por extensión *criolla*, existieron prácticas, memorias y tradiciones políticas indígenas. Inicialmente me remontaré a la acción de los caciques cuyanos en defensa de sus tierras de reducción a lo largo del siglo XVIII y principios del XIX. Luego, a los conflictos y demandas de los laguneros al gobierno de Mendoza por sus tierras desde inicios del período independiente hasta la década de 1840. Más adelante, a la militarización de esos conflictos y su importancia en la participación de los laguneros en el alzamiento del caudillo Ángel Vicente Peñaloza, el Chacho, en 1861, la Revolución de los Colorados en 1866 y la rebelión de Santos Guayama, entre fines de la décadas de 1860 y 1879 pasando por la revolución mitrista de 1874. Más tarde, a los litigios en torno a la merced real del cacique Sayanca y sus usos tanto en la defensa de la tierra comunal como sobre todo para la corrupta constitución de la propiedad privada en Mendoza a fines del siglo XIX y principios del XX. Finalmente, a las disputas por el agua con los inmigrantes europeos y la etnopolítica del riego del estado provincial desde la primera mitad del siglo XX hasta la década de 1940, cuando se desecó el complejo palustre de Guanacache como resultado de las políticas coloniales internas del pujante desarrollo de la vitivinicultura en la región. Esta periodización abarca doscientos años de continuidad de demandas y movilizaciones asociadas a identidades indígenas en el seno de la "Argentina blanca".

Guanacache blues

Mi padre era sanjuanino y cuando yo era niño viajábamos con frecuencia desde Buenos Aires a la provincia. Como la mayoría de sus comprovincianos, había sido formado en la visión sarmientina de San Juan como una sociedad moderna y civilizada, fruto de una inmigración europea progresista y pujante sobre el dócil trabajo de los criollos. El largo y tedioso recorrido de mil kilómetros atravesaba la llanura pampeana y luego de pasar las serranías de San Luis se internaba en el fantástico desierto del Encón, no muy lejos del santuario a la Difunta Correa. Al llegar a la zona invariablemente narraba la historia de Martina Chapanay y sus indios, una bandolera del siglo XIX que asaltaba las caravanas de carretas refugiándose luego en las míticas lagunas de Guanacache, a unos pocos kilómetros. Mi curiosidad era grande dado que jamás había escuchado de indios en la región, moderno emporio vitivinícola poblado de descendientes de inmigrantes europeos y criollos. Pero cuando preguntaba sobre los indios de San Juan él entraba en un confuso mutismo luego del cual respondía, tajante, que no había ni había habido indios luego de la colonia. Para mayor confusión, el diálogo seguía habitualmente con su entonación de la cueca "La Martina Chapanay" de Hilario Cuadros, que retrataba una heroína popular indígena, una princesa huarpe de Guanacache.

Este desierto era denominado antiguamente "la travesía", donde padecían las caravanas de carretas y mulas que desde el siglo XVIII hacían el comercio entre las capitales de Cuyo, Córdoba, Buenos Aires y Santiago de Chile. Atravesada por médanos, montes espinosos y enormes salitrales se extendía por la extensa zona árida de San Juan, San Luis y Mendoza y continuaba en los llanos de La Rioja al norte. En *Facundo* (Sarmiento, 1963 [1845]) es descripta casi como una persona moral: el espíritu que determinó la barbarie de los caudillos federales de la región durante el siglo XIX, que para Domingo Sarmiento eran la "cifra" negativa de la Argentina futura. El tropo de la nación y su subrepticia etnicidad fue forjado en gran medida en esta región por el escritor sanjuanino. Las ciudades agrícolas sirvieron de emblema para el imaginario civilizatorio de la Argentina blanca y europea en oposición al "desierto" gaucho o indígena, fuera de la soberanía efectiva del Estado. Ese "vacío" interior, sin embargo, estaba lleno de potencia. Una negatividad gravitante, como la "sombra terrible de Facundo" evocada al principio del mismo libro. Alma y usina de la barbarie, amenazadora de las ciudades y el destino apenas probable de la nación, pero que legitimó la misión civilizatoria por la cual ésta fue fundada en el *desierto argentino*.

Contrariando la representación típica de la travesía como un desierto, sin embargo, las lagunas de Guanacache eran un enorme arco de esteros y espejos de agua que se desplegaba durante un par de centenares de kilómetros entre las tres provincias de Cuyo, alimentadas por los ríos Mendoza y San Juan, que nacen en la cordillera de los Andes. Desde las Lagunas partía hacia el sur el río Desaguadero, donde también se formaban lagunas, hasta concluir en los bañados del Atuel entre las actuales provincias de Mendoza y La Pampa. Aún con un clima árido y precipitaciones que no superan los ciento cincuenta milímetros anuales, estaban pobladas por una muy variada fauna y las rodeaban bosques de algarrobos, chañares y estepas arbustivas xerófilas entre interminables médanos de arena. Los ríos provenientes de la cordillera aportaban limos fértiles que cubrían los lechos y bordes de las lagunas, en los que una vez retiradas las aguas se plantaba trigo, alfalfa y otros cultivos que crecían con un rendimiento inusitado. Abundaban juncos y totoras con las que los *laguneros* confeccionaban chozas, balsas y canoas que utilizaban para la pesca. Por su magnitud, este complejo palustre llegó a ser denominado antiguamente "mar de Cuyo" –término usado aún hoy por los ancianos laguneros para describir el antiguo paisaje–, enorme cauce que por diversas razones, principalmente la progresiva captación de los ríos aguas arriba para el riego agrícola, se fue secando para desaparecer en la década de 1930.

Guanacache fue también desde el período colonial un lugar de refugio para los huarpes y otros grupos indígenas, además de esclavos africanos y criollos fugitivos. Desde el inicio de la colonización se denominó a sus habitantes como "indios de las lagunas" o "indios laguneros". O simplemente, sobre todo desde el siglo XIX, "laguneros". Los laguneros adquirieron fama de indisciplinados y rebeldes, al mismo tiempo que fueron desahuciados como la suma del atraso, la perversidad y los colores inconvenientes del sistema de castas colonial. Juan Bialett Massé condensó una de las mejores descripciones de la región y sus habitantes a partir de un viaje realizado en 1875:

> Los desagües de los ríos de San Juan, Mendoza y San Luis vienen a caer a una amplísima cuenca, que es como un rosario de lagunas y esteros, cuyo rebalse es el Desaguadero; jamás se puso nombre más apropiado. Hay allí grandes totorales más altos que la manigua cubana; un hombre o un animal que allí se meta no hay quien lo encuentre sino es un baqueano del lugar y no hay más

baqueano que el nativo. […] Desde que se sale de Caucete se percibe bien lo que es esa llanura ondulada y seca, poblada de arbustos espinosos en que el algarrobo levanta su copa como el gigante entre enanos. A medida que se va bajando al sur el suelo es más arenoso, de una arena fina, movediza, gris cenicienta, que el viento levanta y con ella ahoga, sobre todo en horas de sol fuerte, en que parece arena de calorífero, y si es fuerte arena de agujas se clavan en la cara, y dejan en la boca un sabor salado […].

Ese país estaba al parecer desierto; a lo largo del camino, ni un rancho, ni una casa, nada. Solo de trecho en trecho una cruz, indicando el lugar donde mataron a un cristiano, y en un lugar llamado Las Crucecitas, un sembrado de cruces; porque ese era sitio de paradas, y allí habían sorprendido en tales y tales fechas la tropa y degollado a todos los troperos. Tal era y tal me dicen que es hoy el país […]. Aquella región no estaba desierta, sin embargo; la poblaba el *lagunero*. Allí se habían refugiado algunos indios en la conquista, allí iban a parar negros esclavos fugitivos, allí criminales perseguidos de Mendoza, de San Juan, de San Luis, de Córdoba y de La Rioja: habían formado una raza especial inconfundible […]. El traje chillón, pañuelos de yerbas en fondo rojo; el saco de telas rayadas azules, coloradas, cosa que grite, bota de potro, o el pie desnudo sobre la ojota o sin ella […] rebeldes a toda idea de civilización; el cuchillo era una prolongación de la mano; la lanza les era tan familiar como el cuchillo. Jinetes pegados a los caballos.

Valiente hasta la temeridad, era materia dispuesta para la montonera. Dígalo sino Salta, que vio sus trincheras atacadas por estas hordas conducidas por Varela, en su seno Guayama y cuanto bandolero se alzaba encontraba allí refugio y ayuda poderosa. Atacar y robar a las tropas que pasaban era su ocupación, astutos como zorros, la lograban en cuanto podían. El general Arredondo les dio un castigo terrible en 1872 y desde entonces, aunque no libre de raterías, se podía hacer la travesía sin llevar una tropa armada para la defensa (Bialett Massé, 1985: 415-418).

Guanacache constituyó, como veremos, una anomalía difícil de categorizar y asimilar para los intelectuales y gobernantes de la región. Por un lado, constituyó un sitio que nunca pudo ser completamente controlado desde la fundación de las ciudades cuyanas. Luego, fue considerada un santuario de asesinos y ladrones al mismo tiempo que reducto de tradiciones puras y primigenias. Fue siempre temida como permanente fuente de insurrección y disolución del estado y como un desierto viviente que amenazaba los modernos oasis de riego. Asimismo, se la describió como la tumba de los últimos huarpes, pero también como el lugar de su latencia y resurrección. Desde fines de la época colonial, en suma, y sobre durante el siglo XIX, fue considerada una amenaza corrosiva para el orden civilizatorio y las autoimagenes blanco-criollas provinciales.

Archivos indígenas en el desierto argentino

En dos momentos cruciales de mis investigaciones tuve el privilegio de conversar con el decano historiador argentino Tulio Halperin Donghi. Primero, durante una presentación sobre la aboriginalidad de las montoneras cuyanas en el discurso sarmientino en *Vida del Chacho o El Chacho, último caudillo de la montonera de los Llanos* (Sarmiento, 1947 [1866]). Halperín valoró el análisis del tropo literario de Sarmiento pero desestimó la existencia de cualquier base empírica de ese discurso. Años después, en 2011, en la Universidad de California, Berkeley, comentó un manuscrito sobre las luchas territoriales y políticas de los laguneros durante el siglo XIX, basado en documentación que había reunido. Ponderó el material y el modo en que aportaba a la historia regional, pero al finalizar, mordaz, preguntó: —Y dígame, Escolar, ¿usted cree que existen los huarpes? No discutió mi fundamentación sino que deslizó una advertencia inesperada: el peligro de avanzar en ese tipo de investigaciones en la medida que podían alimentar demandas territoriales que socavaran un orden nacional considerado siempre precario.

De algún modo esa admonición parecía replicar la perspectiva sarmientina sobre las montoneras cuyanas. Como he analizado en otro libro (Escolar, 2007) en las obras del sanjuanino la construcción literaria y antropológica de la aboriginalidad de las montoneras –y especialmente de los laguneros– no fue acompañada por mención alguna de las demandas indígenas de su tiempo, sus luchas judiciales, adscripciones identitarias y tradiciones republicanas. Notablemente, Sarmiento utilizó una imaginería indígena para explicar los levantamientos montoneros durante sus gestiones de gobierno provincial y nacional pero se cuidó de mencionar aquello que los ubicaría como movilización política legítima. Esto es muy claro en *Vida del Chacho*, especie de continuación de *Facundo*, donde narra la gran insurrección de los campesinos de Cuyo y los Llanos de la Rioja a inicios de la década de 1860. El despojo de la tierra y el agua que sufrían es proyectado por el sanjuanino al pasado colonial cuando, como veremos, en realidad ocurría en su propia época y era tal vez la causa principal de la rebelión. Sin embargo, tanto la identidad indígena como la usurpación de sus tierras está expresada en los textos de los petitorios, presentaciones, juicios y defensas letradas de Guanacache contemporáneas a Sarmiento. La condición indígena o semi indígena de los pobladores de la travesía fue asociada por el autor a barbarie, espontaneidad insurreccional y resistencia a toda forma de gobierno; pero no mencionó la existencia de una tradición republicana originada en la "República de indios" colonial, que durante la primera mitad del siglo XIX había pugnado por la integración estatal y la aplicación de las leyes. Sus prácticas discursivas fueron condenadas como murmullos irracionales a pesar de que, como veremos, formaron y sostuvieron archivos, argumentos y estrategias, y produjeron documentos escritos formales basados sobre líneas de argumentación legal e histórica.

Las preocupaciones de Halperin Donghi no eran sin embargo ajenas a una realidad emergente en la Argentina actual. Hacia finales del siglo XX surgieron o resurgieron con inusitada velocidad grupos que, como los huarpes, se manifestaron como parte de pueblos indígenas considerados extinguidos. Un fuerte debate se suscitó sobre la veracidad de estas afirmaciones. En un extremo, fueron consideradas como meras invenciones oportunistas, mientras en el otro, como un sustrato precolonial que se había mantenido idéntico a sí mismo, aunque oculto en lo profundo. Otras interpretaciones apuntaron a significados e historias invisibilizadas. Pero la principal pregunta, en general muy débilmente respondida, era lo ocurrido con tales identidades entre la supuesta extinción y su reaparición. Si bien en el plano académico podía generar suspicacias y controversias teóricas, lo cierto también es que el proceso parecía poner en crisis la manera en que se había legitimado la soberanía estatal y legalizado la propiedad de la tierra en diversas regiones. Y exceptuando algunos antropólogos y un puñado de historiadores vinculados a la historia indígena, el *mainstream* académico eludía el tema o bien impugnaba abiertamente el asidero histórico de tales demandas.

Desde la década de 1990 grupos de campesinos y sectores de clase media urbana empezaron a discutir la existencia de identidades huarpes y luchar por su reconocimiento. El seguimiento de este proceso en el área andina de San Juan —y en menor medida en otros distritos urbanos y rurales de la región— fue el tema de mi tesis doctoral (Escolar, 2007), pero solo en la parte final de esas investigaciones conocí Guanacache, que los antecedentes historiográficos y literarios colocaban como un lugar emblemático de los huarpes históricos. Desde entonces mi trabajo de campo se realizó principalmente en esta zona a través de una intrincada red de caminos de arena en el monte, donde pronto percibí lo que refería Sarmiento cuando escribía sobre la travesia: las huellas "casi imperceptibles al ojo" de la historia, que él asociaba precisamente a un sustrato huarpe (Sarmiento 1947, 83). Cuando se ha vivido un tiempo suficiente entre los laguneros, el pasado es una presencia sutil pero palpable como una atmósfera líquida. Estos signos y trazos, que pueden apreciarse en parte por lecturas previas, en gran medida se perciben también a través de la experiencia etnográfica misma en las memorias y genealogías, en relatos o actividades, a través de expresiones verbales y gestos; o al transitar lugares donde ocurrieron eventos emblemáticos. Pronto percibí también que para los laguneros la historia era también un saber fragmentado, disperso y expropiado que muchos se empeñaban en preservar.

Esta percepción se potenció cuando conocí lo que provisoriamente denominé "archivos huarpes" (Escolar, 2014b). En un sentido restringido, se trataba de los documentos guardados en archivos de algunas familias laguneras que eran interpretados como prueba de un ser colectivo huarpe. Es decir, como textos que representaban la huarpidad –o indigenidad– del pasado de la que sus poseedores se consideraban herederos, o bien, como analiza Menard (2013, 2019), fetiches que en sí mismos concentraban el aura, la fuerza mágica de las alianzas políticas indígenas o en el sentido de Gordillo (2006), de la violencia colonial y estatal. Pero aunque este fue el punto de partida en mi análisis y en el libro muchas veces los consideraré de esta manera, los archivos huarpes en un sentido amplio no se limitan a esas colecciones familiares y los espacios físicos donde son atesorados sino que se ramifican capilarmente. Se trata de algo mucho más vasto y menos clasificable. Son redes de documentos oficiales y otro tipo de textos –novelas, artículos periodísticos, fotografías, canciones, etc.– que independientemente de su localización, clasificación, autoría o contexto de producción, se conectan a través de los eventos o personajes que refieren en forma más o menos mediata a los laguneros, los huarpes o los actores y eventos asociados a ellos.

En principio, no era nueva la constatación de la existencia de archivos en comunidades indígenas. Desde Mesoamérica hasta la Patagonia, Gibson (1975), Lockhart (1992), Menegus Bornemann (1994), Florescano, (2002), Salomon (2004), Salomon y Niño-Murcia (2011), Platt (2015, 2018), Rappaport (1990), Pavés Ojeda (2008), Vezub (2009), Menard (2013), Espósito (2017) y Escolar (2007, 2014), entre otros, han analizado la posesión de archivos con papeles escritos y otros soportes –khipus, pinturas, tejidos– como medios de transmisión y preservación de conocimiento sobre el pasado entre grupos indígenas que se consideraba que solo poseían "culturas orales". En otros contextos, como muestra Rappaport (1990) en su estudio pionero sobre los Nasa en Colombia, la constitución de archivos por parte de líderes e intelectuales indígenas estuvo acompañada de prácticas historiográficas que incluyen modos de archivamiento, interpretación y epistemologías propias y la búsqueda activa de documentos en archivos oficiales (Cf. Gotkowitz, 2007; Rodríguez, 2011, Rodríguez y Boullosa-Joly, M., 2018). En la gran mayoría de los casos los archivos indígenas –libros contables, tratados, contratos, boletas de pago, cartas, periódicos, etc.– han sido clasificados a menudo como tales considerando su alojamiento en un determinado espacio o recinto de la comunidad a la que pertenecen, o bien, según una adscripción étnica axiomáticamente aplicada a los mismos. Lo primero ocurre, por ejemplo, con el Archivo del Curacazgo de Macha Alasaya curado por Tristan Platt y Gonzalo Molina Echeverría (Platt y Echeverría, 2018). Lo segundo, con el tratamiento de la correspondencia de los caciques patagónicos del siglo XIX clasificados como cartas *mapuche* (Pavez Ojeda, 2008, Vezub, 2009). ¿Pero qué ocurre cuando tratamos con indigenidades invisibilizadas, sujetos y colectivos que no solo no cuentan con un archivo de comunidad, sino que su historia ha sido archivada y contada como una historia no indígena, o como parte de una historia nacional que no los reconoce como sujetos? Aquí, no solo se trata de que los eventuales archivos o fuentes que directa o indirectamente hablan de los huarpes o sus descendientes pueden estar dispersos o escondidos, sino que los propios archivos de la nación, que en teoría "hablan" de una historia nacional, pueden ser en parte también el archivo "indígena" en la medida que refieren a eventos relacionados con esos sujetos o a los sujetos mismos. En un sentido amplio, entonces, los archivos huarpes serán potenciales *archivos nacionales indígenas* y su análisis lleva, necesariamente, a pensar una *historia indígena de la nación*. ¿Cómo explicar que, en términos historiográficos, la existencia de los huarpes dependía en parte de un archivo clandestino y disperso en los ranchos laguneros y en parte de un archivo virtual inscripto en el mismo archivo de la nación, pero sobre todo de la voluntad de los actores o los historiadores en articular, como el famoso rastreador huarpe Calibar de *Facundo* [ob. cit.] sus signos casi imperceptibles?

Cuando hablo de un archivo huarpe en sentido amplio o los archivos indígenas de la nación, entonces, no me refiero a la existencia de un espacio físico o institucional o a una serie de colecciones documentales atesoradas y sujetas a regímenes burocráticos de acceso. No se define por la localización, institucionalización o clasificación previa de los materiales, o los materiales por sí mismos, sino sobre todo por la perspectiva que enhebra tales relaciones sobre la base de principios axiológicos proyectados desde una pulsión histórica originada en la voluntad de identificación o subjetivación de su pasado por parte de un colectivo. Lo central es, entonces, el principio articulador que hace del archivo un artefacto que reclasifica el pasado.

Esto implica que en última instancia todo archivo tiene un componente teleológico que es necesario reconocer para que no se transforme en un principio hermenéutico implícito. Para ejemplificar este último punto podemos tomar el caso de los archivos –ahora sí en el sentido institucional– nacionales o provinciales. Estos repositorios pueden contener un muy diverso conjunto de documentos, inclusive de períodos anteriores a la formación de la organización estatal de la cual dependen, o de la nación o provincias mismas que dan nombre y legitimidad al archivo, y estatus de "documentos" a los textos que guardan. Sin embargo, lo que les brinda coherencia no es tanto el hecho de que los documentos hayan sido producidos por instituciones o agentes del estado, sino el supuesto de que los sucesos históricos a los cuales los textos refieren se relacionan con los procesos que desembocaron en la existencia de dicho estado, nación o provincia. Esos archivos requieren entonces de una acción constituyente que supone una previa interpretación de la existencia de un sujeto histórico de referencia, proyectado hacia el pasado y hacia el futuro. La condición de verdad, objetividad u originalidad de estas representaciones o de los propios materiales es irrelevante para definir la verdad del archivo como tal. El Archivo General de la Nación, por ejemplo, es verdadero en el sentido de que ha sido constituido y reconocido socialmente como tal en función de una perspectiva más o menos compartida sobre la existencia de la nación, y es reproducido institucionalmente por el estado que la invoca como su fundamento. Sin embargo, los materiales allí depositados no necesariamente –o no solamente– sustentarán la idea de la existencia de esa nación y su pasado en los términos en los cuales sus fundadores la pensaban, sino que pueden ser analizados de diferentes maneras, algunas de las cuales permitirán eventualmente socavar su legitimidad (Rufer, 2016). Finalmente, estos archivos son criaturas caníbales, vórtices en los cuales los archivos de los "otros" puede ser incorporados con las condiciones apropiadas. Este es el caso, por ejemplo, de las cartas escritas por los caciques patagónicos o sus secretarios, y recibidas o capturadas por militares, políticos, comerciantes, científicos y otros caciques durante el siglo XIX (Vezub, 2009) incorporadas en el Archivo General de la Nación, y otros repositorios y colecciones.

En mi libro sobre la etnogénesis huarpe y su emergencia a fines del siglo XX, *Los dones étnicos de la Nación* (2007), mi propia aproximación archivística constituyó sin saberlo un primer "archivo huarpe" ampliado. No se trató de una clasificación etnológica, sino que integré un conjunto diverso de materiales que de algún modo referían y construían el tópico huarpe. Primero, documentos explícitamente producidos sobre los huarpes. Segundo, toda clase de soportes discursivos —escritos y orales— donde lo huarpe y los huarpes habían sido referidos tangencialmente, o aún de forma implícita, deducible solo por la relación que podía establecer con otras piezas textuales y las redes de referencias establecidas previamente. Finalmente, fuentes sobre eventos y temas propios de las historias provinciales y nacionales "criollas" que, aunque no los nombraran, estaban asociados a la historia "huarpe" en los otros documentos.

Por ejemplo: Santos Guayama, conocido caudillo cuyano de las décadas de 1860 y 1870, es calificado como cacique huarpe en algunas memorias orales de Cuyo y ocasionalmente como descendiente de huarpes en la literatura regional y algunos trabajos históricos. No obstante, casi ninguna fuente de época lo determina explícitamente como huarpe, aunque sí como indio. Sin embaego en memorias orales y obras literarias Guayama es representado como huarpe y descendiente de huarpes. A su vez estas referencias permiten, siguiendo la misma metodología, releer otras fuentes orales y escritas sobre Guayama desde una perspectiva "huarpológica", en la medida en que se encadenan con uno o más tópicos que ya han sido articulados en la serie.

En esta obra partiremos del archivo huarpe en sentido restringido como principio ordenador para la reconstrucción de larga duración de los procesos históricos que queremos intentar y avanzaremos luego paulatinamente en el archivo huape en sentido ampliado como archivo nacional. Nos centraremos en aquello que sugiere como hilo conductor de la experiencia de los laguneros de Guanacache: la historia de sus tierras, autonomía y participación política en el orden colonial y nacional estatal que atraviesa casi tres siglos.

Los indios criollos

Para la mayoría de los argentinos resulta imposible aceptar la existencia de identidades indígenas entre poblaciones tradicionalmente caracterizadas como "criollas" o "gauchas". La literatura, la escuela y disciplinas académicas como la antropología y la historia abonaron, cuando no fundaron, la idea de la Argentina como una nación blanca y europea expulsando a la población indígena y de origen africano a un espacio liminal de la representación del pueblo, la geografía y la ficcional "raza nacional". Sin embargo cuando rastreé la historia indígena en archivos y memorias de la región cuyana aparecían invariablemente, criollos, gauchos y montoneros. Al contrario de la imaginación nacional, los indígenas e indigenidades no eran una alteridad radical sino que aparecían inextricablemente ligados a una historia criolla por antonomasia: la de las guerras civiles que desembocaron en la formación del estado nacional y los estados provinciales en Cuyo. La historia de las montoneras cuyanas era entonces también una historia indígena, como una historia criolla o nacional. Dicho de otro modo, los indígenas de Guanacache durante el siglo XIX y principios del XX, como los huarpes actuales, fueron tanto indios como no-indios, gauchos y criollos.

Esto contrastaba no solo con el sentido común nacional, sino con la neta división entre mundo indígena y sociedad criolla establecida por la historia y luego la antropología argentina desde tiempos pretéritos. Como ya insinuamos, la historiografía nacional construyó tradicionalmente la representación del pueblo llano durante el período de formación de la nación sobre una doble negación. Por un lado, como no político; por el otro, como no-indio. Lo primero desestimó la existencia de una agencia social y proyectos propios, considerando a la movilización de los grupos subalternos como contraprestación militar clientelar a caudillos ricos y terratenientes. Lo segundo, los supuso étnicamente descaracterizados y por defecto "criollos", en contraposición a los pueblos indígenas libres allende las fronteras coloniales del sur y al norte del territorio de dominio efectivo de las antiguas provincias. Paralelamente, los historiadores han obviado a los indígenas como sujetos de los procesos históricos, recortándolos a lo sumo como telón de fondo sobre el cual se desarrolló la gesta del estado nacional. Ciudades y campiñas insulares interconectadas en un espacio físico, social y político semivacío, ocupado por los indios.

La etnicidad y la indigenidad no fueron factores tomados especialmente en cuenta para explicar la historia del período, aunque la condición parcialmente indígena de las montoneras fuera con frecuencia declarada por historiadores como Vicente Fidel López y José María Ramos Mejía (Fradkin, 2006: 16), en consonancia con algunos contemporáneos como Sarmiento. El punto fue retomado de modo sugerente a fines del siglo XX por Ariel de la Fuente (2007), Hugo Chumbita (1994, 1998, 2000) y David Rock (1998), aunque a mi entender sin alcanzar a vincular consistentemente la postulada condición o ascendencia indígena con proyectos, estrategias o una historia política expresamente ligada a identificaciones indígenas durante el período.[3] Exceptuando estos esfuerzos, en la mayoría de los casos la exclusión de lo indígena del cosmos de la formación del estado y las guerras civiles en el interior argentino parece ser correlativa a la minimización de la agencia política de los campesinos o de proyectos políticos populares de base republicana, a escalas más pequeñas, o diferentes, de la provincia o el partido político.

En consonancia con esta tendencia, para el caso de Cuyo carecemos de aproximaciones históricas a los sectores subalternos o que destaquen la existencia de identificaciones indígenas vigentes durante el período independiente. Mucho menos aún han sido tomadas en cuenta experiencias políticas indígenas como parte de la formación de la sociedad o los estados provinciales modernos. Esta relativa carencia no es imputable a la falta de documentación, como veremos, ni se condice con las referencias al tema que es probable hallar en el folclore y la literatura, y aún en algunos textos historiográficos, donde se proyectan con insistencia marcas indígenas y huarpes sobre las montoneras del centro de Cuyo (ver Escolar, 2007). Es posible encontrar estas asociaciones por ejemplo en Sarmiento (1947 [1967]), Estrada (1962), Chumbita (1994, 1998, 2000), Concatti (2003) y Funes (1938), entre muchos otros. Las razones del blanqueamiento académico de las montoneras habría que explicarlas entonces de otro modo. Por un lado, en la Argentina la desestimación

---

[3] Estos estudios identifican la condición indígena con un sustrato racial y cultural y no como una producción activa, ligada básicamente a experiencias políticas. Es decir, la indigenidad —o la etnicidad— es vista como un fundamento y no como un producto inestable de la cambiante constitución de sujetos sociales y políticos. La pregunta más pertinente, en este sentido, no es tanto si había indios en las montoneras, sino en qué medida determinadas indigenidades fueron articuladas o desarticuladas históricamente por experiencias como los levantamientos montoneros.

de la posible continuidad de identidades indígenas entre poblaciones rurales es y ha sido funcional tanto a la legitimación de la apropiación de tierras campesinas e indígenas, como a la autoimagen blanca y europea que sus elites han elaborado como proyecto de nación, y que las capas medias, intelectuales e incluso sectores populares han terminado sustentando. Pero también deriva de una dinámica más general y antigua de representación etno-geográfica del propio campo académico que imaginó y clasificó como "indios" a las poblaciones fuera de los límites de las áreas consideradas bajo dominio efectivo estatal y como "criollas" a los incluidos en estas últimas. Las fronteras del estado nación se definían en el siglo XIX por el dominio indígena, lo cual daba por supuesta la no-indigenidad de las poblaciones del territorio bajo control estatal. En la literatura especializada a menudo se han reproducido estos tópicos considerando como indios a aquellos grupos ubicados fuera de las fronteras coloniales efectivas, lo que Martha Bechis (1983) denominó para los territorios más allá de la frontera sur el siglo XIX "indios soberanos". Mi opinión es, entonces, que en la visión de las elites de la época y en la producción académica posterior la calificación indígena o criolla de la población fue dependiendo progresivamente de la evaluación, en general implícita, de su autonomía política respecto de las formaciones estatales, proyectada e inscripta como identidad cultural, biológica e incluso social. Sin embargo, y como parte de la misma dinámica, paralelamente a la indigenización de estas poblaciones y sus prácticas como argumento de exclusión soberana –que niega el estatus político de dichas poblaciones en función de legitimar la violencia estatal para someterlas– se invisibilizaron las identidades, experiencias y tradiciones políticas indígenas modernas en el seno de la población clasificada como "criolla".

Como mostró Hernán Otero este criterio orientó las clasificaciones étnicas en los primeros censos nacionales (Otero, 2006). Desde la lógica censal desetnificada de la "grilla liberal", quienes aparecen censados como indios en 1869 no lo son a partir de una clasificación sociocultural o racial, sino exclusivamente por una condición política: indio es aquel que habita en el "desierto" y que por tanto escapa a todo control del estado. En las provincias más antiguas –como Córdoba y Buenos Aires– por el contrario, la ausencia censal de "indios" derivó directamente de la consideración de su población como argentina (Otero, 343, 348). La clasificación –implícita– de los indígenas se basaba entonces en una "definición de base geopolítica y no étnica o antropológica. Y en la historiografía y la etnohistoria esta postulada identidad indígena fue a su vez considerada fundamento de la existencia de una sociedad, una unidad política y cultural o incluso un "mundo" alterno.

En efecto, contrariamente a esta alterización radical, características culturales, sociales y fenotípicas, o incluso tradiciones y memorias colectivas indígenas podían verificarse tanto en poblaciones "fuera" como "dentro" de las fronteras estatales. Recíprocamente, cuando los ideólogos del estado nacional en las décadas de 1860 y 1870 legitimaron la producción de su soberanía efectiva en el interior más resistente del área "criolla", esto es en las campañas o travesías de La Rioja, San Luis, San Juan y Mendoza, en el oeste andino, con frecuencia los gauchos o montoneras pasaron a ser indigenizados (Escolar, 2007). En función de esta dinámica he llamado a grupos como los laguneros de Cuyo "indios de intramuros" o "indios criollos". Por un lado para llamar la atención de que las identidades pudieron ser mucho más maleables y polivalentes en términos étnicos durante el período de lo que se ha supuesto desde los análisis históricos influidos tanto por nociones culturalistas como imaginaciones geopolíticas de indigenidad. Y también, sobre todo, que experiencias indígenas de larga duración fueron protagonizadas por poblaciones consideradas criollas en el interior del territorio de dominio estatal colonial y republicano.

Podría suponerse que la ausencia de fuentes determinó el vacío heurístico por el cual el campo académico cuestionó u obvió por falta de datos la existencia de identidades indígenas en el Cuyo de los siglos XIX y XX. Pero la dispersa aunque nutrida documentación que hallé, al igual que lo sugerido por trabajos de colegas en otras regiones del país, dieron cuenta más bien de la fragilidad empírica: la de la nación blanca. Diversas investigaciones han aportado evidencia sobre adscripciones indígenas allí donde se suponía su temprana extinción o asimilación. En Jujuy, Tucumán, Córdoba y Santa Fe, pobladores rurales se identificaron o fueron identificados como tales hasta finales del siglo XIX, a menudo en el marco de luchas judiciales sobre la propiedad de la tierra.[4] Los casos son comparables al de los laguneros de Guanacache en muchos aspectos. Sin embargo, continúa siendo difuso o inexistente el conocimiento sobre algo que me parece crucial tanto para la reconstrucción histórica como

---

[4] Entre otros trabajos: Fandos, C. y Teruel, A. (2009); Madrazo, G. (1982); Isla, A. (2002); López, C. (2006); Tell, S. (2010); Rodríguez, L. (2010), Zubrzycki, Maffia y Pastorino, L. (2003).

para una crítica antropológica de la nación: la relación de estas identificaciones con la historia política, la formación del estado y la nación en el convulsionado contexto político republicano. Pese a que ha sido sugerido como tema de agenda (Boixadós y Farberman, 2009: 81), muy poca investigación se ha desarrollado sobre el impacto de demandas e identidades indígenas en la movilización política nacional y regional, en especial en las guerras civiles desde la década de 1820 hasta la de 1870. Los trabajos de Gustavo Paz sobre la insurrección puneña de la década de 1870 y las luchas seculares por la defensa del acceso a la tierra en Jujuy constituyen una excepción (Paz, 1991, 2008, 2009 y 2005), aunque se centran en un período inmediatamente posterior a las guerras entre unitarios o liberales y federales. Paz verificó, de modo parecido a lo ocurrido en Guanacache, la existencia de una historia política signada por la militarización independentista y una tradición de peticiones al gobierno al igual que el papel significativo de funcionarios de gobierno locales o distritales. Posteriormente Guillermina Espósito (2017) analizó cómo estas tradiciones de movilización política continuaron operando entre los indígenas de Jujuy a lo largo del siglo XX y hasta la década de 1990.

En Guanacache al contrario que lo señalado para la puna, la elite terrateniente no parece haber establecido un orden sino hasta después de la década de 1870 y esto a su vez parece vincularse a una participación más protagónica de sus poblaciones en el contexto político regional y nacional durante el período. El estudio que aquí presento aborda y contextualiza este proceso a través de una antropología histórica del centro de Cuyo entre los siglos XVIII y XX. Las identificaciones indígenas fueron clave en memorias y estrategias políticas de larga duración que se remontan al período colonial y que incluyeron una larga historia territorial y militar, desde la formación de cuerpos de milicias indígenas en el siglo XVIII, el reclutamiento para el ejército de los Andes a principios del XIX, la derrota del caudillo chileno José Miguel Carrera en sus inmediaciones, las firmas de los primeros tratados interprovinciales,[5] las guerras entre unitarios y federales, especialmente el inicio de la rebelión del Chacho Peñaloza en 1861, la Revolución de los Colorados en 1866 y la

---

[5] Los de San Miguel de las Lagunas en 1822 y Guanacache en 1827. Se trató de acuerdos entre las tres provincias de Cuyo, Mendoza, San Juan y San Luis, el primero en el inicio de las guerras civiles para restablecer la antigua provincia de Cuyo luego de su separación por un golpe de estado del regimiento sanmartiniano Cazadores de los Andes acantonado en San Juan, y el segundo para alcanzar la paz hasta la sanción de la Constitucion Nacional.

última insurrección montonera argentina liderada por Santos Guayama hasta 1879. Mi objetivo es, por un lado, mostrar cómo las identificaciones indígenas fueron rearticuladas o intensificadas en el marco de los conflictos de la región durante el siglo XIX y, por el otro, cómo las prácticas políticas asociadas a dichas identificaciones estuvieron apoyadas en tradiciones republicanas indígenas sostenidas, imaginadas y legitimadas como parte del nuevo proceso de construcción estatal. Realizar esta tarea permite o busca, sobre todo, relativizar la división existente entre una historia "indígena" y otra "criolla".

Largo tiempo atrás Halperin Donghi (1995) elaboró su teoría sobre la militarización de la política desde las guerras de independencia en las provincias argentinas. La guerra habría generado un empoderamiento de sectores sociales hasta el momento en teoría ajenos a la política y —lo que podríamos denominar siguiendo a Bourdieu— un *habitus* militar que explicaría en parte las largas décadas de guerra civil que desembocaron en la formación del estado nacional argentino. La pregnancia de estos análisis se basó también, considero, en la centralidad que adquirieron estas guerras civiles junto con las de independencia en la épica de la narrativa histórica nacional y la etnicidad fictiva (Balibar, 1991) de la Argentina criolla y ulteriormente "blanca". Postulo que el adjetivo "civil" de ese ciclo de guerras y experiencias políticas fue y es subrepticio sinónimo de criolla y a su vez de "argentina". Fueron concebidas casi por definición como disputas entre criollos y excluyeron a los indígenas, cuyas sociedades y guerras fueron consideradas ajenas al proceso de construcción estatal nacional. En definitiva, las guerras civiles fueron imaginadas como guerras argentinas entre criollos; en este cuadro las guerras con los indios, como guerras de frontera; las guerras entre los indios como guerras tribales.

El hecho de que lo "civil" —asociado a lo nacional-estatal— se oponga a lo "indígena" señala precisamente hasta qué punto las identidades indígenas y no indígenas se articularon políticamente entre sí como tropos mutuamente excluyentes de la construcción de soberanía estatal y de la comunidad imaginada nacional. A lo largo del proceso de construcción estatal nacional los excluidos de esa "civilidad" fueron indigenizados en la misma medida en que tendieron a ser criollizados cuando se los incorporó políticamente, más allá de su supuesta pureza o mestizaje biológico y cultural (Escolar, 2007). No en vano Sarmiento construyó el argumento del carácter indígena de las montoneras en el marco de un discurso y prácticas de excepción sobre ellas y sus bases, al no considerarlas enemigos políticos sino bestias salvajes incapacitadas para ser gobernadas. En cierto sentido, en el proceso de naciogénesis blanca (Escolar, 2007; Adamosky, 2019) las guerras nacionales aparecen representadas frecuentemente como guerras de purificación étnica, mecanismo imaginario de eliminación de "indios", "negros" e inclusive "mestizos". Desde la historia indígena del período de formación nacional se han reproducido en parte estas poderosas representaciones. Se han seleccionado casi excluyentemente como objetos de estudio actores con subjetividades indígenas "nítidas", grupos fuera de las fronteras estatales o en sus frentes de expansión, en la Patagonia y el área chaqueña. En muchos casos, esta elección fue de la mano también de una división esencialista entre el estado y los indígenas donde el primero llega a ser pensado como una suerte de entidad metafísica, un sujeto con voluntad y proyecto propios, mientras que los indígenas son representados como políticamente homogéneos y poseyendo una voluntad antiestatal primordial (i. e. Delrio, 2005). No obstante el hecho de que efectivamente el estado argentino planificó y perpetró, en diversas coyunturas, guerras y políticas genocidas contra los indígenas y otros grupos sociales –las montoneras cuyanas o el pueblo paraguayo, por ejemplo– y que estas fueron resistidas, la distinción radical implícita entre lo indígena y el Estado no permite dimensionar experiencias indígenas o indigeno-criollas dentro de los circuitos de la estatalidad y la nacionalidad. Ni, sobre todo, el hecho de que esa alterización taxativa fue también un efecto político de los discursos de legitimación de dichas políticas, como durante las denominadas "Campañas del desierto" a fines del siglo XIX o la represión de las montoneras del Chacho Peñaloza y Santos Guayama (Escolar, 2007). En efecto, su ubicación como excepción de una estatalidad de la que en muchos casos eran también partícipes o a la cual estaban integrados fue también un justificativo de su represión o genocidio.

Discutiendo estas representaciones de indigenidad/estatalidad, desde comienzos del período independiente existieron en el corazón de Cuyo, una región tradicionalmente considerada criolla, prácticas, acciones colectivas, discursos e instituciones políticas autodefinidas como indígenas que lejos de posicionarse como contrarias a la estatalidad y la república se identificaban con ellas o procuraban también construirlas. Como vimos, uno de los principales supuestos de la relativa exclusión indígena y campesina de la historia nacional es la consideración de lo político como atributo de elites letradas, con una cosmovisión estatal y un proyecto articulado desde un centro sobre una periferia geográfica o social "preestatal". Esto ha llevado, como sugerimos, a una visión esencialista y ahistórica que considera una práctica o grupo como "indígena" mediante el simple expediente de atribuirle esa identidad primordial –étnica, racial, etc.– a los sujetos que la protagonizan. Siguiendo a Briones (1998) la aboriginalidad en Guanacache no se basó en este tipo de fundamento sino que es resultado de una producción histórica activa generada, reformulada y reconfigurada a través de los diversos conflictos que vivieron y, subrayaría, tanto desde las acciones y discursos de los propios sujetos como desde los de sus antagonistas. En los capítulos que siguen analizaremos distintas etapas de esas configuraciones y sus contextos desde principios del siglo XVIII hasta mediados del XX.

Liderazgo y política indígena en Cuyo a fines del período colonial

Según Paz Argentina Quiroga, la principal dirigente huarpe de San Juan, su padre contaba que el cacique de Mogna había resistido los intentos del oficial español Juan de Echegaray de echarlos de su territorio y trasladarlos a Jáchal. Mogna es un pueblo casi desierto en el medio de la travesía, al norte de la provincia, donde está sepultada la heroína popular huarpe Martina Chapanay. La historia había sucedido según ella a mediados del 1700. Yo no había escuchado nunca sobre los caciques de Mogna y me parecía casi imposible que hubieran existido –al igual que las tierras indígenas– en esa época y sobre todo que hubiera una memoria de esos hechos tan lejanos con nombre y apellido. Un par de años después sin embargo una historiadora sanjuanina, Catalina Michieli, publicó un libro donde mencionaba la fundación de Jáchal por el maestre de campo Juan de Echegaray y, como una rareza, la resistencia del cacique Francisco Alcani de Mogna a ser trasladado entre 1753 y 1754 (Michieli, 2000). Con el tiempo, la diferencia de interpretación que planteaban los relatos orales con este trabajo académico me llevaron a indagar sobre el tema y encontré documentos que aparentemente no habían sido relevados y que evidenciaban en efecto la existencia en la región de caciques que habían sido blanco frecuente de hostigamiento y habían defendido las tierras que ocupaban con sus comunidades desde la primera mitad del siglo XVIII hasta principios del XIX. Dada su importancia para el proceso general que tratamos en este libro, en particular la historia política de las tierras indígenas de Cuyo y los laguneros de Guanacache, nuestro punto de partida en los dos primeros capítulos, será la trayectoria de los liderazgos indígenas en Mogna, Valle Fértil, Corocorto y las Lagunas a fines del período colonial.

Los actuales valles centrales de Mendoza y San Juan fueron colonizados desde Chile fundamentalmente a partir de fundación de las ciudades de Mendoza (1561) y San Juan de la Frontera (1562). El área, que hasta unas décadas antes estaba incorporada al Tahuantinsuyo incaico, fue denominada Provincia de Guarpes en alusión a los indígenas que mayoritariamente la habitaban. La región perteneció a la capitanía de Chile hasta 1776 cuando pasó a formar parte del virreinato del Río de la Plata. Esto implicó que su historia colonial –y buena parte de la republicana– presente algunas características diferentes de las del resto de la Argentina, tanto por su sometimiento a las decisiones y geopolítica de esa cabecera jurisdiccional como por sus persistentes lazos económicos, políticos y culturales.

Además de los huarpes, el territorio hacia donde se expandió la jurisdicción al norte, este y sur, estaba poblado también por otros grupos, que en gran parte se mantuvieron libres del dominio colonial. Hacia el sur de Mendoza, en el valle de Uco, los denominados puelches de Cuyo, chiquillanes, morcoyanes, tunuyanes y otros; más al sur, desde el río Diamante, pampas, aucas y pehuenches posteriormente incluidos en el "mundo mapuche". Hacia el este, en lo que sería la provincia de San Luis, grupos clasificados como comechingones o michilingues. Y en el norte de San Juan, pueblos de habla cacana clasificados como diaguitas, capayanes o yacampis. Este doble frente se mantuvo por lo menos hasta la represión del denominado Gran Alzamiento calchaquí a principios de la década de 1630, al cual se plegaron los diaguitas sanjuaninos que amenazaron con tomar la ciudad de San Juan. Las parcialidades puelches y pehuenches del sur de Mendoza, en cambio, vivieron un proceso más paulatino de conquista y hasta fines del siglo XIX se mantendría una frontera con ellos y otros indígenas libres que se fue trasladando hacia el sur, hasta la denominada Conquista del Desierto entre 1878 y 1884.

Durante el período colonial los indígenas de la región de Cuyo, en particular los huarpes, sufrieron levas masivas a Santiago y otras áreas del valle Central y el Norte Chico chilenos entre los siglos XVI y XVII (Verdaguer, 1931; Jara, 1958, Prieto, 2001). Estos masivos y crueles traslados, cuyos picos se produjeron entre 1610 y 1670, alimentaron la narrativa de la masiva extinción de los indígenas cuyanos (Canals Frau, 1946; Michieli, 1983; Prieto, 1976, entre otros). Muchos morían en la cordillera, pero la mayor parte quedó viviendo en Chile y otros continuaron en sus territorios originales, trasladándose anualmente a servir la mita. Algunos, finalmente, se reasentaron en áreas rurales de Chile o se fugaron a Cuyo.[1] Las reiteradas quejas de religiosos de Santiago y vecinos de Mendoza lograron que en 1694 luego de varias leyes fallidas, se dictara una real provisión que prohibiera extraer indios de Cuyo y ordenara su restitución y reducción en la región.[2] Aunque un gran número continuó sirviendo en Chile,[3] la mayor cantidad probablemente retornó a juzgar por el incremento repentino en las matrículas de encomienda para la fecha.[4] No obstante ello, en las primeras décadas del siglo XVIII volvieron a disminuir drásticamente las matrículas.[5] Esta caída y la escasísima presencia de tributarios con posterioridad (Prieto 2000, Michieli, 2004) por la fuga de las encomiendas, los cambios en las condiciones de trabajo y de movilidad física y clasificatoria dentro del sistema colonial, dio basamento a una "re-extinción" historiográfica de los indios cuyanos. Sumado a lo anterior, y a pesar de la falta de evidencia de una desaparición física de los indígenas, desde las últimas décadas del siglo XX explicaciones esencialistas de las identidades étnicas reinstalaron con fuerza la idea de la temprana desaparición, sino física, al menos racial, social y cultural de los indígenas de la sociedad regional (Michieli, 1983, 2000, 2004; Prieto, 1976, 2000). Estas no se redujeron solo a las consabidas teorías de la aculturación y el mestizaje, sino que se apoyaron en una batería de supuestos etnocéntricos cuyo común denominador fue restarles protagonismo o agencia política a los indígenas, en particular en lo que refiere a la defensa de sus derechos y las tierras que ocupaban al interior del territorio colonizado.

Las críticas a estas narrativas de extinción son parte de un movimiento relativamente reciente para Cuyo (Escolar, 1999, 2001, 2007), el cual se observa también en el abordaje de problemáticas semejantes para el centro y norte chico de Chile (Contreras Cruces 2007; Godoy Orellana y Contreras Cruces, 2008; Contreras Cruces y Godoy Orellana, 2019; León Solís, 2011, 2013; Molina Otárola y Campos Muñoz, 2017), que está cambiando algunos

---

[1] Testimonio de un Edicto de D. Francisco Salcedo, Obispo de Santiago de Chile (1625-1626). *Revista de la Junta de Estudios Históricos de Mendoza* II. Sección Documental, p. 277. Mendoza, 1936.

[2] AHM, carp. 11, época independiente, doc. 12.

[3] AHM, carp. 29, época colonial, doc. 12.

[4] En el corregimiento de Mendoza en 1691 estaban matriculados 277 indios, mientras que en 1698 después de la Real Provisión sobre su restitución se registraron 426.

[5] En 1715 se registran solo 45 y en 1719, 12 (Prieto, 2000: 234).

supuestos largamente admitidos sobre la ausencia de sujetos y tierras indígenas en sus antiguos territorios tardo-coloniales fuera de la frontera mapuche. Paralelamente, se han desarrollado cuestionamientos similares sobre la presencia indígena, y de tierras indígenas, en el interior argentino, en especial en el Tucumán Colonial (López de Albornoz y Bascary, 1998, Boixadós, C. 1999; Farberman, 2004; López 2006; Fandos y Teruel, 2009; Tell y Castro Olañeta, 2011; Tell, 2012; Escolar y Rodríguez, 2019). Estos aportes en gran medida originados, como en Cuyo y Chile, por el resurgimiento y crecimiento de demandas, identidades y un revisionismo histórico indígena (Escolar, 2007) evidenciaron que algunos cambios de perspectiva de análisis o la búsqueda de nuevas fuentes permitían apreciar complejas y a veces invisibles continuidades de la presencia indígena entre el siglo XVIII y la actualidad. En este sentido, uno de los aspectos cruciales de esta problemática que requiere de más investigación es la relación o puntos de contacto entre aquellas experiencias indígenas durante su aparente "desaparición" tardo-colonial y los procesos de rearticulación de identidades y demandas que en algunos casos se observan desde comienzos del siglo XIX. Para ello, es necesario revisar con atención el siglo XVIII.

Las mismas investigaciones que denegaron la existencia de indígenas en la región mostraron indicios de su persistencia hasta fines del período colonial. Los datos, extraídos principalmente de actas de fundación de pueblos, censos y pleitos judiciales, aludían a litigios territoriales y la presencia activa de autoridades étnicas. Esta información, sin embargo, fue invariablemente interpretada como gestos agónicos de una estructura etno-política en vías de desaparición (Prieto, 2000, Michieli, 2004). Si bien estos trabajos tuvieron el mérito de ampliar nuestro conocimiento de diversos aspectos de la historia indígena regional, mantuvieron no obstante una teleología colonial y consideraron inevitable la desaparición "como etnia" de los indios, entendida ésta como entidad social, cultural y biológica. Las fuentes fueron leídas con la lógica de una "etnología de las pérdidas" (Pacheco de Oliveira, 1998) donde cada cambio cultural fue interpretado como una erosión de la "indigenidad" de los sujetos en pos de su desaparición del futuro cuerpo de la nación criolla. Esta noción fue proyectada a la idea de una pérdida temprana de la "conciencia étnica" (Prieto, 2000) e incluso a la supuesta "disolución" jurídica de los indios hacia el siglo XVII (Michieli, 2004).

Como mencionamos antes, el punto menos visible aunque decisivo en la narrativa de extinción es la insistente obliteración de la capacidad o incluso la posibilidad de agencia de los indígenas y su pretendida desarticulación como sujetos políticos. Este presupuesto va de la mano de la notoria ausencia en la producción historiográfica de la saga de luchas judiciales, militares y culturales sobre las tierras indígenas liderada por caciques, y la historia social y política de su apropiación por parte de las elites criollas y más tarde por los inmigrantes europeos. Como otros tópicos de etnohistoria cuyana el tratamiento de la institución cacical siempre es subtendido por el metadiscurso de la extinción. En las mismas obras en que se mencionan pleitos y nóminas con caciques hasta el siglo XVIII se afirma por ejemplo que "como ocurrió en la encomienda chilena durante el siglo XVII, el cacicazgo desapareciera como institución" (Prieto, 2000: 149). Se asume que aquellos consignados como tales en los documentos carecían de colectivos concretos de población bajo su mando, que sus prácticas no eran verdaderamente indígenas por haber sido moldeadas en el proceso colonial y que constituían un mero cargo formal para la recolección tributo o la constitución y mantenimiento de las encomiendas (ver por ej. Prieto, 2000: 164-167; Michieli, 2000: 14). Prieto sintetiza estas ideas dictaminando que "se observa que el poder del cacique se conserva en forma totalmente nominal y su papel es puramente formal" (2000:167).

A pesar de esta batería argumental y como paradójicamente algunas de estas mismas investigaciones en parte evidenciaron (en especial las de Michieli, 2000, 2004), existieron en las áreas de colonización temprana del centro y norte de Cuyo adscripciones indígenas asociadas a reclamos territoriales por parte de caciques hacia fines del período colonial y avanzado el republicano.[6] Estas demandas y adscripciones, y sus liderazgos, como hemos dicho fueron desestimados junto a la historia de la propiedad indígena de la tierra en el sistema colonial hasta el período independentista. Particularmente, esta dinámica es visible en la interpretación sesgada que tuvo en la etnohistoria regional la importante experiencia de movilización, demandas y agencia indígena durante la segunda mitad del siglo XVIII: los tardíos procesos de fundación de pueblos de indios y villas de españoles hacia fines del período colonial,

---

[6] Se trata de los censos de 1777 de Carlos III cuando Cuyo pasa a formar parte del virreinato del Río de la Plata y de 1812, realizado por el Triunvirato de las Provincias Unidas del Río de la Plata a comienzos del período independiente. El censo de 1812, por ejemplo, consignó 9.261 indios sobre un total de 43.204 individuos (Torre Revello, 1939).

iniciado por la Junta de Poblaciones de Chile y luego continuado durante la pertenencia de Cuyo al virreinato del Río de la Plata. Este proceso se dio en la mayor parte de las áreas periféricas de Cuyo bajo dominio efectivo de los españoles: hacia el norte, en San Juan, en Jáchal, Mogna y Valle Fértil; y en el centro, en Mendoza, en las lagunas de Guanacache y Corocorto.

Para discutir esta perspectiva y aportar al conocimiento de las tierras y las prácticas de resistencia indígena en el interior de Cuyo en este capítulo compararé los procesos de fundación del pueblo de Mogna y la villa de Valle Fértil centrándome en las acciones de los caciques locales entre mediados del siglo XVIII y comienzos del XIX. Intentaré mostrar cómo estos caciques lideraron la defensa de las tierras y una autonomía política indígena litigando en la justicia, aprovechando las contradicciones entre sectores de la elite colonial, como la Real Audiencia y el Cabildo, y afianzando un poder territorial y político en las áreas en disputa. Factores todos que explican tal vez la capacidad de los caciques de ambos pueblos para sostener e inclusive reforzar el arraigo a la tierra en circunstancias de grandes presiones para ser trasladados o expropiados. También interesa destacar el modo en que la defensa de las tierras se asentó en memorias respecto de la ocupación y derechos de propiedad y cargos, y las tácticas y estrategias útiles que sucesivas generaciones de caciques articularon y sostuvieron.

Las tierras indígenas de Cuyo

Durante el período colonial la tierra era otorgada por la corona o sus representantes políticos a los conquistadores y sus descendientes como compensación por acuerdos capitulares o servicios prestados a la corona, fundamentalmente militares, a través de mercedes reales. También la corona reconocía en muchos casos la propiedad común de las tierras asignadas a grupos indígenas bajo la forma de reducciones o pueblos de indios, tanto para su subsistencia como, hacia mediados del período, para recaudar tributo por las mismas. Sin embargo, pese a algunas menciones esporádicas o circunstanciales, la tenencia de la tierra indígena, sea como reducciones o a título individual, ha sido colocada bajo un cono de sombra por la historiografía regional. En su estudio sobre la propiedad de la tierra en Mendoza colonial, Adolfo Omar Cueto menciona por ejemplo que existe documentación con reconocimientos sobre títulos legítimos de los nativos, compensaciones por despojos, solicitudes de amparo y procesos de defensa y ventas con el "acuerdo consciente" del indio. Sin embargo, no proporciona las referencias de archivo sobre tales fuentes, ni las analiza exceptuando el caso de una defensa del protector de indios sobre las tierras de los indios de Corocorto en 1807 (Cueto, 1998: 104) sobre la que volveremos más adelante. Fernando Morales Guiñazú, autor del primer estudio comprehensivo sobre la historia indígena de Mendoza también mencionaba haber hallado escrituras y documentos de las postrimerías del siglo XVII en los valles cercanos a Mendoza en los cuales figuraban nombres de indios, lo cual según dijo llamó mucho su atención porque creía que estaban extinguidos casi por completo (Guiñazú, 1938: 34).[7] También sostuvo que en los archivos de Mendoza había hallado datos de ventas de tierras hechas por los indios y solicitudes de amparo en sus posesiones (Guiñazú, 1938: 15). Lamentablemente, en ningún caso Guiñazú cita sus fuentes. No obstante ello, describió algunos de los casos que encontró. En una escritura de 1672 ante el alcalde de primer voto constaría que un hijo del cacique huarpe Tabalqué pedía que se le amparase en la posesión de las casas que le pertenecieron, próximas a la ciudad de Mendoza (Guiñazú, 1938: 34). En 1721, por su parte, el cacique Fernando Caquiz (o Capiz) sostuvo ante el alcalde de primer voto ser "poseedor y legítimo dueño" de unas tierras llamadas Tilta o Corral de Lorca junto a la desembocadura del río Tunuyán. Asimismo, en 1722 el cacique Pablo Pasambay o Pasambayan decía ser cacique de los indios de la reducción "del otro lado del río Tunuyán" y también dueño de sus tierras (Guiñazú, 1938: 15). Otro caso mencionado por el autor, del cual afortunadamente se pudo hallar la fuente original, es el de los herederos de Caquis. En 1759 Gregorio y María del Carmen Illescas reclamaron al corregidor de Cuyo amparo por dos leguas de tierra sobre la costa del río Tunuyán, que el cacique Caquis habría cedido a su abuela Francisca Caquis –hija del cacique– según constaba en títulos que exhibieron. Luego del levantamiento de informaciones de testigos calificados el litigio obtuvo una sentencia favorable mediante real provisión.[8]

---

[7] El único caso que menciona, aunque sin especificar la referencia, es una escritura de 1672 ante el alcalde de primer voto en que consta que un hijo del cacique Tabalqué pide se le ampare en la posesión de las casas que pertenecieron al mismo (Guiñazú, 1938: 34).

[8] AHM, carp. 157, época colonial, doc. 16.

Existen efectivamente algunos expedientes en archivos de Mendoza y San Juan en los que se alude a tierras de caciques aparentemente a título individual como así también, según veremos luego, en representación colectiva. En San Juan hacia principios del siglo XVIII, el corregidor de Cuyo otorgó la propiedad de sus tierras por mandato de la Real Audiencia al cacique Icaño en Pismanta, el cual posteriormente las heredó en su hija junto con el cacicazgo, hasta que ésta la vendió a un capitán español en 1725 (Michieli, 2004:61). En 1753 se le entregó también al indio Martín Aballay una estancia llamada "Ferreira" sobre el río Bermejo y sus herederos retuvieron los derechos de propiedad hasta finales del siglo XIX (Michieli, *op. cit.*: 73). Observamos que casi todas las referencias encontradas sobre indígenas propietarios refieren a caciques o sus descendientes. Hay sin embargo algunas excepciones. Por ejemplo, la mencionada propiedad de Martín Aballay en el río Bermejo y la de Pascual Churchia y sus herederos en la localidad de Asunción, un pueblo de indios formado en 1754). En 1771 varios testigos afirmaron que Churcia o "Baquerillo" y sus hijos eran dueños de la estancia de Asunción y que en 1731 había sido amparado en su propiedad frente a las pretensiones de los regulares de Compañía de Jesús.[9] Si bien las adjudicaciones originales a título individual datan del siglo XVIII, los alegatos de propiedad y operaciones de venta realizados en base a derechos originales de caciques se produjeron también en el siglo XIX y en parte llegan a la actualidad. Además de los Aballay en San Juan, en Mendoza se registran ventas realizadas por los caciques Goico hasta fines del siglo, en lo que actualmente son los departamentos de San Rafael y General Alvear, que constituyeron la frontera indígena sur de Mendoza desde fines del siglo XVIII hasta su conquista por el estado argentino entre 1878 y 1884.[10] Por último, como ya se ha mencionado, está el controvertido caso de la supuesta Merced Real del cacique Diego Sayanca de 1713 que como veremos en los capítulos 4, 5 y 7 fue reivindicada durante los siglos XIX y XX por

---

[9] AHM, carp. 140, época colonial, doc. 24.

[10] El cacique Juan Goico fue considerado desde 1723 y uno de los principales aliados de los españoles cuando en 1780 el comandante de armas de Mendoza firmó los primeros pactos de paz con parcialidades pehuenches y contra otros indígenas. Esta alianza fue mantenida por su linaje con el gobierno de Mendoza en tiempos republicanos. Entre 1825 y 1827 su hijo Vicente Goico vendió vastas franjas de tierra a distintas personalidades mendocinas (Morales Guiñazú, 1938: 19) práctica que continuarían sus descendientes hasta fines del siglo XIX.

supuestos herederos y apoderados y también por los laguneros de Guanacache, que utilizaron ese instrumento para la defensa legal de sus tierras.

Vayamos ahora a la cuestión de las reducciones. Aunque como vimos algunos autores plantean que en Cuyo no existieron reducciones propiamente dichas en la práctica, y como han mostrado estudios sobre distintos contextos americanos, las reducciones no siempre han seguido las normas legales previstas para su constitución (la bibliografía es muy extensa. Para una excelente síntesis citamos la compilación de Saito y Rosas Lauro, 2017). En Cuyo, las primeras de las que se tiene constancia más o menos clara son las realizadas por el oidor de la Real Audiencia de Chile, Gaspar Cuba y Arce, en 1664 (Prieto, 2000: 170). Una de ellas estaba ubicada en el curso medio del río Tunuyán, en el actual paraje denominado "Reducción" del departamento de Rivadavia, y reunía puelches de Corocorto, Diamante y Cerro Nevado. Otra estuvo situada en las lagunas de Guanacache y una tercera en el río Diamante, al sur. Más tarde, como analizaremos en este capítulo, hacia mediados del siglo XVIII la Junta de Poblaciones de Chile dio nuevo impulso a la reducción de los indígenas de la campaña cuyana a través de esfuerzos de fundación o refundación de pueblos de indios en Mogna y las Lagunas, y Villas de "españoles" en Corocorto, Valle Fértil y Jáchal (Ardissone y Grondona, 1957; Michieli, 2004; Méndez y Fanchin, 1998). En los dos primeros casos, se concretaron cuatro pueblos de indios –uno en Mogna y tres en las lagunas de Guanacache– con las formalidades legales típicas como el reparto de solares, la formación de matrículas, la entrega de herramientas de labranza y el nombramiento de autoridades. En Jáchal y Valle Fértil, como finalmente en Corocorto hacia fines del siglo, el proceso derivó en fundaciones de villas teóricamente de españoles (Michieli, 2004) pero que en realidad incorporaron principalmente a población indígena (Ardissone y Grondona, 1957).

Paralelamente a la adjudicación de mercedes de tierras o tierras de reducción hacia fines del siglo XVI se estableció una forma de título privado mediante un trámite judicial denominado composición, por el cual los interesados debían demostrar la ocupación y uso previo y continuado de un terreno o bien denunciarlo como vacante y reclamar la realización de un remate en subasta pública por parte de los cabildos. Estos procesos, muy dependientes del control del poder político local, habilitaron la apropiación fraudulenta de tierras incluyendo sobre todo las de los indígenas. A partir de mediados del siglo XVIII se agregó finalmente otro procedimiento para legalizar el dominio de las tierras vacas o realengas, la justa prescripción, que otorgaba derechos a quienes pudieran demostrar la ocupación previa y antigua posesión. A los indígenas se les reconoció la posibilidad de prescripción de la propiedad colectiva en sus territorios como "poseedores inmemoriales" (Cueto, 1989). En Guanacache, los laguneros continuaron utilizando esta figura y otras de la legislación indiana durante el siglo XIX (Escolar, 2013, 2015) para defender los derechos sobre sus tierras.

Más allá de sus características legales o el grado de concreción que estas reducciones alcanzaron, como mostraremos en este libro el estatus reduccional de los indios fue invocado a lo largo de los siglos XVIII y XIX por sus descendientes para legitimar la ocupación y propiedad de las tierras (Escolar, 2013, 2014). Durante el siglo XVIII contamos con datos de que los caciques de Mogna y Valle Fértil y sus defensores utilizaron esta argumentación para promover demandas o resistir otras sobre sus tierras. Esas localidades del norte y centro-este de San Juan tenían una antigua tradición rebelde y habían sido los últimos territorios en ser conquistados por los españoles. La jurisdicción colonial sanjuanina, originalmente fundada en 1562 en el valle de Tulum (donde desde entonces se encuentra el principal conglomerado urbano y agrícola) fue denominada San Juan de la Frontera, según una extendida teoría (Arias y Peñaloza de Varese, 1966) por ser considerada frente de expansión o defensa contra pueblos resistentes sobre los que no se tenía dominio, que se encontraban hacia el norte, donde treinta años más tarde se fundaría La Rioja como parte de la jurisdicción del Tucumán. Los indios de Valle Fértil, Mogna y el valle del Bermejo denominados capayanes (Canals Frau, 1956), yacampis (Michieli, 2000) o diaguitas (Ardissone y Grondona, 1957) estaban dentro de esa área en el actual territorio de San Juan. Luego de una incipiente avanzada española que incluyó la instalación de estancias, reparto de encomiendas y creación de una doctrina eclesiástica en Valle Fértil los indios de esa vasta área protagonizaron una insurrección general entre 1630 y 1633 plegándose al "gran alzamiento" calchaquí que conmocionó el actual noroeste argentino. Atacaron estancias matando a varios españoles, incluyendo curas, un encomendero y su familia en Valle Fértil (Cabrera, 1929; Ardissone y Grondona, 1957; Michieli, 2000). Luego se reunieron en Mogna, acercándose mucho a la ciudad de San Juan con intenciones de invadirla (Cabrera, 1929; Ardissone y Grondona, 1957; Michieli,

2000) y según algunas fuentes llegaron a sitiarla (Ardissone y Grondona, 1957: 36-51).

La rebelión preocupó a los conquistadores quienes, según sostienen algunas investigaciones, temieron que a través de Cuyo se articulara un frente de las parcialidades del norte con los puelches y pehuenches que se desplazaban entre el Arauco y el sur de Mendoza y por la misma época amenazaban con atacar la ciudad de Mendoza. Esta inédita alianza, que habría agitado la imaginación colonial (Ardissone y Grondona, 1957) hubiera sido peligrosa para el dominio hispano uniendo en un movimiento de pinzas dos de los principales frentes de guerra españoles en el cono sur sudamericano, el "araucano mapuche" y el "diaguita calchaquí". Mogna había sido el lugar de reunión previo de los indígenas del Bermejo y Valle Fértil antes de avanzar hacia la ciudad de San Juan, que fue sititada. El alzamiento finalmente fue sofocado con ochenta y seis tropas españolas enviadas desde Chile, y los rebeldes huyeron hacia Guandacol al norte aunque en Valle Fértil fueron vencidos y tomados prisioneros. Doce caciques fueron sentenciados a muerte y ahorcados; diez del río Bermejo, uno de Mogna y otro de Valle Fértil (Cabrera, 1929: 34-36; ver también Ardissone y Grondona, 1957; Boixadós, 2007-2008). Los indígenas restantes fueron repartidos en encomiendas y, como ocurrió con varios grupos luego del gran alzamiento calchaquí, gran parte fue trasladada a sitios distantes, incluso a Córdoba, San Luis y Buenos Aires (Michieli, 2000).[11] El cacique de Mogna era Juan Cantitucla "del apellido tucmangasta" y parte de los de los indios fueron instalados en las inmediaciones de la ciudad de San Juan y como veremos, también en San Luis y las lagunas de Guanacache.

---

[11] Los del río Bermejo, por ejemplo.

Mapa 1: San Juan en el período colonial.

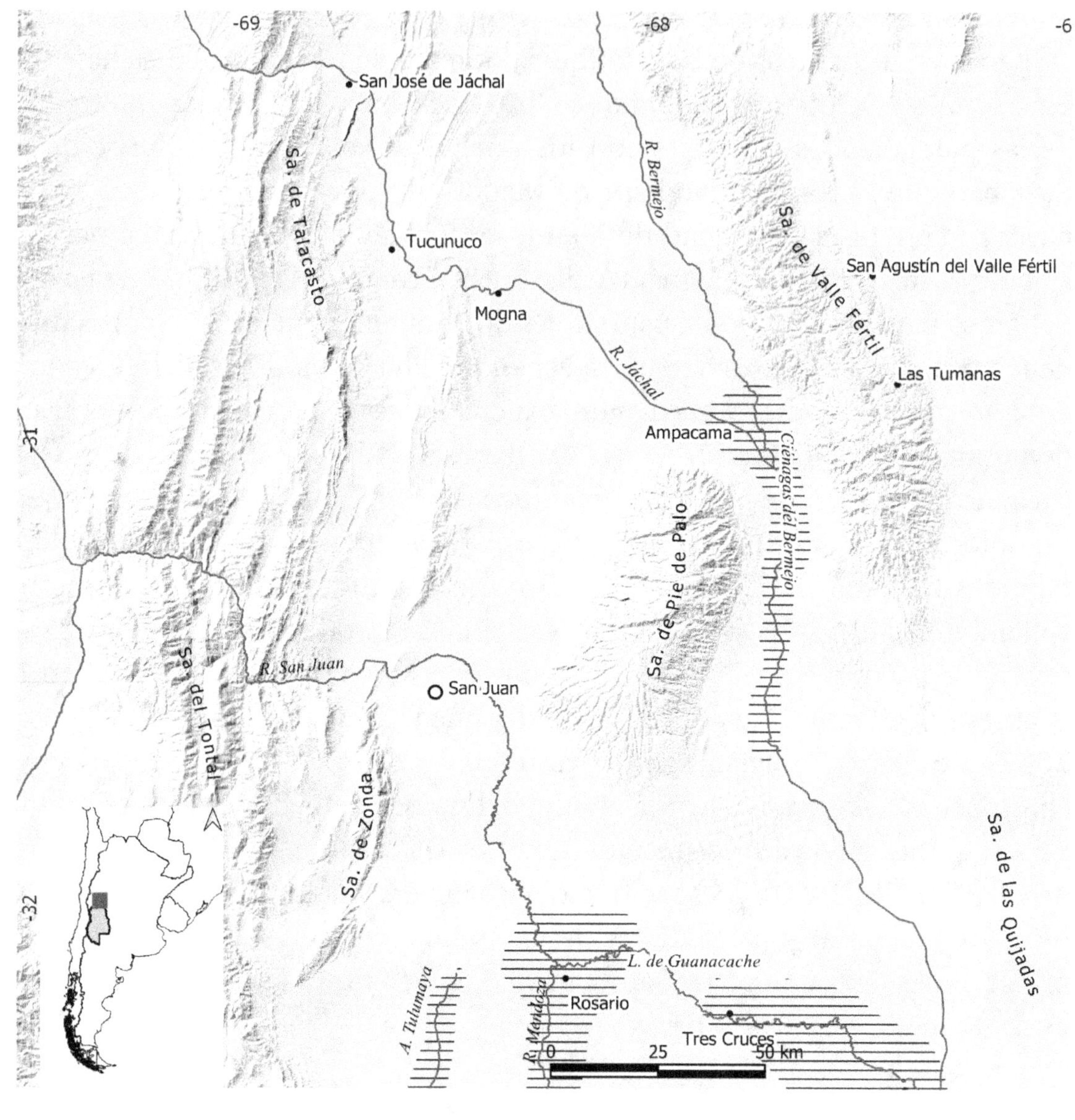

Realización: Laura Zalazar.

Los caciques Puscama de Valle Fértil

Valle Fértil es una localidad ubicada al pie de un macizo serrano en el noroeste
de San Juan, en el límite con los Llanos de La Rioja. Como hemos señalado, los
indígenas del área se revelaron junto a los de Mogna y el río Bermejo durante
el Gran Alzamiento. Luego de sofocado el movimiento se otorgaron mercedes de tierras y encomiendas a españoles de los indígenas locales durante el

resto del siglo XVII (Michieli, 2004: 168-170). La existencia de un pueblo de indios en el lugar está mencionada en un litigio por tierras de 1757 que señalaba una villa fundada a principios del siglo XVII, la Villa de San Ramón, la cual continuó siendo el pueblo de indios del lugar (Michieli, 2000: 52). Sin embargo, existen datos más antiguos de la demanda de los indios sobre la propiedad del territorio, representada por sus caciques. En 1743 el hacendado Don Domingo Molina de Valle Fértil inició un juicio contra los indios para reclamar por unas tierras que estos poseían y, según se quejaba, "se suponen caciques y con derechos a ese valle" (Solar Mancilla, 2004).[12] Esta es tal vez la mención más antigua para esta localidad de su alegación de derechos y la invocación del cargo de cacique asociado a los mismos; dos años después, en 1745, los caciques volvieron a accionar judicialmente. La Compañía de Jesús pretendió tomar posesión de Valle Fértil en función de una donación efectuada por un particular[13] y el acto fue impugnado por los caciques de Valle Fértil, Vicente Puscama y Gaspar Managua, quienes argumentaron y les fue reconocido que la donación a los jesuitas correspondía al paraje de Las Tumanas, unas decenas de kilómetros al sur y que el resto eran las tierras de su pueblo.

En 1751 la Junta de Poblaciones de Chile decidió la fundación de un pueblo de indios en Jáchal con gente de Calingasta, Pismanta y Mogna y ordenó la fundación de otro en Valle Fértil, probablemente para establecer un deslinde claro con las vecinas jurisdicciones de Tucumán y Córdoba (Michieli, 2004: 177). En noviembre del año siguiente el designado superintendente de Jáchal, Juan de Echegaray, formó una compañía de milicias en Valle Fértil, donde incluyó a los indios, con el proyecto de establecer una población. El mismo mes Vicente y Martín Puscama, Gaspar Managua y un grupo de pobladores solicitó en acuerdo con el superintendente la formación de un pueblo y la radicación de un cura, lo cual fue aprobado por la Junta de Poblaciones en 1753 (*op. cit.* 178). En 1754 el oidor de la Real Audiencia de Chile, Gregorio Blanco de Laisequilla, comisionado por la Junta para avanzar en las fundaciones de pueblos y villas en San Juan, visitó el área para tratar de fundar el pueblo. Este al parecer no se concretó por falta de acuerdo sobre el sitio elegido y la falta de ciertas obras requeridas, en especial un reservorio que posibilitara el

---

[12] AHSJ, Fondo Tribunales, caja 5, carp. 29, doc. 21.

[13] Archivo Histórico Nacional de Chile (en adelante AHNC), Fondo Real Audiencia, vol. 2965, f. 97, 117.

riego acumulando el agua de los ríos de las sierras aledañas (Michieli, 2004: 190-191).[14] En 1757 se creó en Valle Fértil una parroquia con cargo a los indios de erigirla, mantenerla y sostener económicamente al cura (Ardissone y Grondona, 1957: 57-60; Michieli, 2004, 180-182). Desde entonces el cura y los caciques parecen haber cooperado para que el pueblo de indios no se erigiera en otra área que la reclamada por estos últimos. En 1760 el cura junto con el cacique Managua fueron comisionados para construir el estanque, aunque no queda claro que se haya concretado. Hacia 1775 el cura Antonio Cano, en representación de la población de Valle Fértil, disputó con Joseph Villacorta, propietario de la vecina estancia de Las Tumanas —que había sido comprada a la Compañía de Jesús en 1756— nuevamente por el derecho a las tierras y aguadas de ambos parajes. El cura denunció que Villacorta había expulsado a los habitantes de Valle Fértil de ciertas aguadas que les pertenecían como ejido (Michieli, 2004: 184-186). Lo interesante de este caso es que en fecha tan tardía el cura invocaba un estatus de reducción de los indios del cual prácticamente no ha quedado más registro que un par de pleitos judiciales y solicitaba la mensura de sus tierras y el amparo para la población.[15]

Villacorta acusó al cura de defender intereses propios y de los pobladores que construían su capilla y finalmente estos fueron desalojados. En 1776 el expediente pasó al protector general de naturales. Según interpreta Michieli, en coincidencia esencialmente con Villacorta e insistiendo en considerar a la población rural como fundamentalmente no-india, la apelación de Cano a sus feligreses como *indios* y el hecho de afirmar su demanda en la "oposición de los caciques" fue un ardid para favorecer su propia posición legal. Ardissone y Grondona, en cambio, concluyeron que el reconocimiento a la figura del cacique señalaba que aún existían en el área numerosos indios sin asimilar y una marcada diferencia étnica (Ardissone y Grondona, 1957: 62-63). Para zanjar el conflicto, finalmente se ordenó de nuevo fundar el pueblo de indios junto con una villa de "españoles" cosa que para los autores también señalaba la existencia de importantes colectivos indígenas (Ardissone y Grondona, 1957: 188).

La fundación sin embargo no se concretó. Por un lado, tanto el cura como el superintendente rechazaron nuevamente el lugar elegido —el mismo sitio

---

[14] AHNC, Fondo Morla Vicuña, vol. 22.

[15] AHNC, Real Audiencia, vol. 2965.

estrecho, rodeado de cerros y sin agua de siempre–. Por el otro, ese mismo año la región de Cuyo pasó de integrar la jurisdicción chilena a formar parte del nuevo virreinato del Río de la Plata (Michieli, 2004: 190-191), y en particular la intendencia de Córdoba del Tucumán. Esto generó un reacomodamiento de las autoridades responsables del proceso, que se frenó durante casi diez años más. Pero en 1785 Rafael de Sobremonte, el gobernador intendente de Córdoba, volvió sobre el tema. Interesa la percepción del alto funcionario, basada en una inspección general que realizó en los vastos territorios de la intendencia. En su informe escribió que en San Juan, más que en cualquier otra parte de la intendencia –que incorporaba jurisdicciones de connotada presencia indígena– vivían dispersas "varias familias de mestizos e indios" (Torre Revello, 1946: XCVI). En la villa de Valle Fértil, agregaba el virrey, no había podido "verificarse la formación de pueblo que estuvo resuelta cuando dependía de Chile por la oposición que hacen los indios exponiendo que les pertenecía aquel terreno". La dificultad principal para reducir los indios a pueblo fuera de sus territorios era que estos "aman sobremanera los terrenos que poseen"; destacaba además su inveterada resistencia que "procede comúnmente del deseo de libertad apartándoles esta dispersión de la vista de las justicias, y de los curas […] muchos por estar en los lugares donde pastan sus caballadas".[16]

En un oficio del mismo año al cabildo de San Juan –que impulsaba la fundación de la villa– Sobremonte vuelve sobre estos argumentos agregando muestras de que los indios habían recurrido al gobierno, citando que el cura y otras personas del lugar le advirtieron sobre:

> […] la oposición que hacían los Yndios del lugar alegando la propiedad y antiguado derecho a todo el terreno, que comprende dicho Valle, y que con este no conocido Título, embarazaban a los pocos vecinos, que intentaban poblarse al vso de las Tierras, sin embargo, que ellos en ningún modo la ocupaban vtilmente sobre que *se ausentaron con el fin de interponer recurso á este gobierno, causa por que determiné no hacer novedad hasta oírlos, examinar los fundamentos,* en que estrivaba la oposición (Ardissone y Grondona, 1957: 81-82).[17]

El cabildo respondió negativamente diciendo que no había más que:

---

[16] La ganadería no era un capital menor para la época y la región. Sobremonte dice en el mismo documento que el ganado de los indios en Valle Fértil ascendía a 8500 cabezas vacunas y más de 6000 mulas y caballos.

[17] Destacado nuestro.

[…] seis o siete Yndios malévolos que con esto no se podrá hacer Pueblo y que assimismo en aquel Paraje no son capaces jamás aquellos vecinos de hacer Yglesia; pues la que se halla echa la costeó con su caudal don Francisco Cano cuando fue Cura […] aquellos Yndios no tienen ni un animal en que montar; pues son los maiores bandidos de aquel Pueblo, que solo se mantienen del robo (Ardissone y Grondona, 1957: 82).

Aunque el cabildo continuaría combatiendo los derechos alegados por "los Puscamas y Managuas sobre el particular a las Tierras de sus Pueblos en el Valle Fértil", Sobremonte ratificó finalmente el punto de vista de los indios, evidenciando en su respuesta la incesante búsqueda de los caciques por validar esos derechos con documentos legales. Decía que "El indio Puscama" –al parecer el cacique Faustino–,[18] se le había presentado "con la carta de Usia respuesta de la mía sobre averiguar por los Papeles de Mallea la posesión de los suios en aquel terreno." Sobremonte propuso nuevamente dejar a los indios donde estaba la iglesia, en la salida del río junto a las sierras y fundar la villa de los españoles en el llano, aunque finalmente en 1788 ordenó erigirla junto con el embalse en el sitio que los indios reclamaban para sí. La villa, en resumen, quedó formada sin separación real con un pueblo de indios, los cuales aparentemente continuaron habitando en ese paraje aunque fueran clasificados eventualmente como "españoles" o "mestizos".[19] En sus memorias de 1796 Sobremonte opinará con escepticismo sobre el futuro de la fundación, escribiendo que había en ella "parte de españoles y parte de indios no tributarios" y que "la mezcla impedirá siempre su incremento" (Garzón, 1968; 471).

Es interesante en este punto presentar el caso de Valle Fértil como un ejemplo de las miradas invisibilizadoras sobre la presencia, entidad y agencia indígena que han predominado en la etnohistoria o historia indígena cuyana. Michieli, en su reconstrucción del proceso de fundación de la villa omite considerar las demandas de derechos de propiedad por parte de los indios como el motivo principal por el cual se demoró tanto el proceso. Dice que

---

[18] Se trataría de Faustino Puscama, según consta en libros parroquiales (Ardissone y Grondona, 1957: 82).

[19] La "Razón de los sujetos, a quienes se le han señalado sitios para habitaciones, y tierras para sembradíos en Valle Fértil" del comisionado de Sobremonte, Pedro Pablo Quiroga, incluye numerosos apellidos indígenas (Ardissone y Grondona, 1957: 83). Aunque como señalara Michieli la diferencia entre los considerados "indios" y "mestizos" putativamente españoles es posiblemente inconsistente.

fue una falsa apreciación de Sobremonte el hecho de que la fundación no se hubiera concretado "por la oposición de los indios." Su lectura es que éstos no la obstaculizaban, en la medida que el cacique Puscama sugería erigir el pueblo junto a la boca del río y la villa de españoles separada a seis kilómetros en el llano. Si bien es cierto, como señala Michieli, que los indios no se opusieron a la fundación y que reiteraron la propuesta de construir el pueblo y la villa separados (Michieli, 2004: 191-192) el núcleo del conflicto parece haber sido que los intentos de fundación finalmente no respetaban la ubicación requerida por los indios presionando siempre para erigir la villa donde los indios vivían y reclamaban la preexistencia de su pueblo, es decir en la boca del río. La demora de cuarenta y siete años en la fundación parece motivada precisamente por la resistencia de los españoles en reconocer a los indios ese territorio y por la renuencia de éstos a ser trasladados a otro paraje. Los indios tampoco se transformaron en españoles o perdieron su identidad por la eventualidad de que no se fundara el pueblo de indios, como parece sugerir Michieli, quien dio primero por desaparecida la categoría de indio en el siglo XVII (Michieli, 2000) y luego trasladó ese supuesto hecho a mediados del XVIII (Micheli, 2004). A comienzos del siglo XIX, en efecto, las identificaciones indígenas eran aun ampliamente mayoritarias en Valle Fértil. En 1812 el primer censo de las Provincias Unidas del Río de la Plata informó que la población era de 522 indios, 67 americanos, 46 negros y un extranjero (Ardissone y Grondona, 1957: 84). Y además, todavía había caciques reclamando su autoridad. En 1807, en efecto, vemos a Faustino Puscama reclamando nuevamente ante el cabildo de San Juan y al gobernador intendente de Córdoba la "restitución de su cacicazgo que dice tener en la Villa del Valle Fértil" con un expediente formado por él mismo.[20]

Este último documento aunque incompleto,[21] y que al parecer nunca ha sido mencionado por la literatura especializada, sugiere la continuidad de la acción cacical en Valle Fértil y sus prácticas archivísticas hasta casi el período independiente, al igual que lo ocurrido según veremos en otros parajes de Cuyo. Y tuvo su correlato con procesos similares en jurisdicciones coloniales

---

[20] Archivo Americanista Monseñor Pablo Cabrera. San Juan, 14 de setiembre de 1807. Remiten expediente formado por el cacique Faustino Parcama pidiendo la restitución de su cacicazgo que dice tener en la villa del Valle Fértil.

[21] Se trata en efecto de una nota que menciona un expediente adjunto el cual lamentablemente no he hallado hasta el momento.

más o menos próximas como Colalao en Tucumán (Rodríguez, 2016), San Marcos en Córdoba (Tell, 2011) o Aimogasta en La Rioja, cuyo cacique José Francisco Chumbita, en 1803 "bajó con sus papeles y razones hasta Buenos Aires a reclamar directamente al virrey Del Pino que se les hiciera justicia" (Chumbita y Robledo, 2011: 31).

Los caciques Alcani de Mogna

El principal argumento que cuestionó la presencia indígena en Cuyo a mediados del período colonial además de su extinción o miscegenación es como hemos visto la desestructuración política de comunidades y liderazgos étnicos. Por eso, suena bastante extemporáneo cuando en *Recuerdos de Provincia* Domingo Faustino Sarmiento –el famoso constructor de la nación y también promotor contradictorio de las narrativas de extinción y de potencial resurrección huarpe– nos dice que hasta 1830 vivió el cacique de Mogna "habiendo llegado a una senectud que pasaba de ciento veinte y más años" (Sarmiento, 1966:32). En *El Chacho. Último Caudillo de la Montonera de los Llanos* publicado en 1867 ratificará este dato diciendo que Mogna tenía un cacique que "vivía ahora cuarenta años" (Sarmiento, 1947: 86). Mogna era una localidad que el sanjuanino connotaba reiteradamente como relicto indígena en su literatura. En *Recuerdos...*, publicado originalmente en 1850, afirmará en tiempo presente que el célebre rastreador Calibar –que en *Facundo*, publicado cinco años antes, representaba el arquetipo del gaucho (Sarmiento, 1963 [1845]): 81-84)– "se ha retirado a morir a Mogna, la morada de su tribu" (Sarmiento, 1966[1850]: 36). Y posteriormente, en su historia sobre el Chacho Peñaloza y las rebeliones montoneras de la década de 1860, aludió frecuentemente a la localidad como uno de los pueblos rebeldes de raigambre huarpe cuyas "venganzas indias" explicarían:

> [...] la especial y espontánea parte que en el levantamiento del Chacho tomaron, no solo los Llanos y los Pueblos de La Rioja, sino los laguneros de Guanacache, los habitantes de Mogna y Valle Fértil, y todos los habitantes de San Juan diseminados en el desierto que se extiende al este y norte de la ciudad, y hasta el pie de las montañas por la parte del sur. (Sarmiento 1947 [1867]: 93)

Podría pensarse –y así fue considerado– que estos tropos constituyeron una licencia romántica del autor basada en una construcción de aboriginalidad meramente narrativa y pintoresca. Sin embargo, estas escuetas y misteriosas semblanzas adquieren un fuerte anclaje histórico cuando confrontamos los datos sobre la larga defensa de sus tierras que los caciques de Mogna: Diego, Santiago, Francisco, y Juan Pascual Alcani, realizaron a lo largo del siglo XVIII y hasta principios del XIX. Nos interesa reconstruir este caso porque es tal vez el mejor documentado sobre la trayectoria de los liderazgos indígenas cuyanos luego de la supuesta extinción, permitiendo articular como los casos de Valle Fértil, Corocorto y las Lagunas sus relaciones históricas con los emergentes "indios criollos" del siglo XIX.

Mogna está ubicada en un largo valle en el curso medio del río Jáchal. Dominaba gran parte del centro-este de San Juan, desde las sierras que llevan su nombre hasta el río Huaco al norte, las de Valle Fértil al este y las de Pie de Palo al sur. Aunque en la actualidad el río casi no trae agua, durante el período colonial se encontraban allí los bañados intermitentes del río Jáchal-Zanjón y diversas aguadas al pie de las serranías. Hacia los siglos XVII y mediados del XVIII poseía importantes recursos forestales y posibilidades para el riego por la altura del cauce del río. Entre el siglo XVII y mediados del XVIII fue centro de encomiendas y hasta el siglo XIX continuó como un nodo en las rutas de transporte de ganado en pie entre el área pampeana de la Argentina, el Tucumán colonial y los centros mineros del norte de Chile y la actual Bolivia. Hoy es un pueblo con poco más de cien habitantes, que dependen de un camión de agua que les envía mensualmente la municipalidad de Jáchal para subsistir. Su tupido bosque de algarrobos y chañares se destaca en medio de un ominoso desierto de relieve casi lunar, a más de setenta kilómetros de cualquier otro paraje habitado.

El pasado rebelde de Mogna quedó archivado como un hito del temprano proceso de colonización de Cuyo, y la historia del área y los indios que lo habitaban espera ser abordada con mayor profundidad. Las menciones que podemos encontrar en algunos documentos del siglo XIX describen a sus pobladores como una chusma dedicada al abigeato y el cuatrerismo con eternos conflictos con las estancias vecinas —en particular la de Tucunuco, otro antiguo pueblo indígena cuyas tierras fueron apropiadas— por la escasa agua del río Jáchal. Hacia las décadas de 1860 y 1870 los moquineros se plegaron a los últimos levantamientos montoneros que tuvieron como epicentro La Rioja y San Juan y se enfrentaron a los Doncel, dueños de Tucunuco y una de las familias más importantes de San Juan, hasta entrado el siglo XX (Casas, 2009).

Mogna es referencia también de dos de los principales personajes populares de San Juan: La Martina Chapanay y Buenaventura Luna. La primera, una famosa bandolera y montonera del Chacho de origen huarpe, que dominaba las rutas de tráfico de San Juan con Córdoba y Buenos Aires y vivió en Mogna sus últimos años. Su tumba, con un altar que incluye una muñeca vestida de gaucho a la cual se le adosan ofrendas, es venerada en el cementerio junto a la capilla local. El segundo, un notorio folclorista que vivió durante su infancia en el área participando también de las expediciones y fogones de arrieros moquineros. Esta experiencia sería la base de una apuesta estética y política de reformulación popular de la identidad nacional en torno a la multiplicidad étnica y racial de los "criollos" rurales, plasmada en su famoso poema denominado, precisamente "El fogón de los arrieros" (Adamosky, 2019: 173-189; Gargiulo H. y Casas, J., 2006).

Indios y montoneras son en efecto los tropos recurrentes de la memoria construida sobre el lugar, que en parte Luna recogió en el siglo XX y se vislumbra también en otros registros. En la imponente Encuesta Nacional de Folklore de 1921 una directora de escuela de Tamberías, en el departamento de Jáchal, escribe brevísimas referencias tituladas "Pueblos de Jáchal", señalando dos: Huaco, sobre el cual menciona que hubieron muchas muertes en ocasión de las "guerrillas de Varela" durante las montoneras de la década de 1860; y Mogna, sobre la que escuetamente dice: "En este lugar es donde habitó el último cacique llamado Alcani".[22] Esta alusión tan explícita no solo marca la persistente aboriginalidad atribuida a la localidad, sino que es la única referencia al nombre del cacique que he hallado luego de, como veremos, los autos de un desconocido juicio de 1804 y una escritura de 1809. Muestra también que a pesar de la aparente falta de datos escritos, la memoria del cacique se mantuvo vigente por más de un siglo.

La aboriginalidad de Mogna, finalmente, es parte de las memorias huarpe actuales. Paz Argentina Quiroga, la principal referente huarpe de San Juan, aun desconociendo al nombre de Alcani remite su ancestralidad a Mogna y sus caciques luchadores. E incorpora a Buenaventura Luna como huarpe "honorario" contando que cuando su féretro viajó a Jáchal, jinetes moquineros vistiendo secretos colores huarpes lo recibieron en una emotiva parada. Con

---

54

la intención de reponer parte del encadenamiento histórico de estas memorias aborígenes y de los temas que nos movilizan en este capítulo, avanzaremos entonces con la reconstrucción de las tribulaciones, prácticas y palabras de los caciques Alcani durante el siglo XVIII y principios del XIX.

Como señalé antes los habitantes de Mogna constituyeron junto con los del Bermejo y Valle Fértil la resistencia más fuerte al dominio español en San Juan. Luego de la represión de su alzamiento, fueron repartidos en encomiendas y trasladados. Parte de los de Mogna fueron instalados en las inmediaciones de la ciudad de San Juan y, como sugieren algunos documentos, también sufrieron sucesivos traslados a otros parajes de Cuyo y probablemente también de Chile. Hacia fines del siglo XVII quedaban solamente dos encomiendas con gente de Mogna: una de Joseph de Lasiar, cuyo cacique era Nicolás Cantintucla, hijo o nieto de Juan Cantintucla ahorcado en el alzamiento, y otra que reunía indios de Mogna, Valle Fértil y el río Bermejo,[23] que se mantuvo hasta 1727 en manos de Juan de Oro como la última vigente en San Juan (Michieli, 2000: 20). En un juicio de 1693 aparece el primer antecedente del linaje que nos ocupa, un cacique "Diego" del pueblo de Mogna con más de sesenta años de edad,[24] que figuraría como una de las cabezas de la encomienda junto con Joseph Gualcusa, Gaspar Muimui del Bermejo y Francisco Managua de Valle Fértil. Muy probablemente se trataría de Diego Alcani, mencionado en un litigio por intromisión de ganado en zonas de pastoreo del pueblo cincuenta años después.[25]

En 1737 el protector de indios de San Juan entabló la defensa del cacique Francisco Alcani en contra de Carlos Aguilar, nieto del conquistador Juan de Mallea, acusado de introducir ganados y sacar madera en una propiedad del cacique. Aguilar alegó que esas tierras correspondían a la merced de una antigua y enorme estancia, otorgada a Mallea, ubicada siete leguas hacia el este de Mogna.[26] Afirmó que Francisco no era cacique legítimo sino que pretendía serlo y tener derechos a las tierras de Mogna por una carta de amparo que su abuelo,

---

[23] AHM, carp. 43, época colonial, doc. 6.

[24] AHM carp. 113, época colonial, doc. 3, f. 1- 13. Don Diego era ladino en español, a diferencia de otro testigo el cacique Pedro Antasi del río Bermejo para el cual fue preciso un intérprete en "lengua del Cuzco".

[25] Archivo Histórico de San Juan (en Adelante AHSJ), Fondo Tribunales, caja 4, carp. 22, doc. 12.

[26] AHSJ Caja 4, carpeta 22, doc, 12 f.1-28.

Diego Alcani, había obtenido para que se le restituyesen dos hijos, Santiago y Alonso, que su encomendero Juan de Oro le había quitado cuando servía en San Luis. Que Diego Alcani había sido reconocido como cacique también por la Real Audiencia pero que en realidad era un pariente colateral del verdadero cacique. También, que Francisco sustentaba su cacicazgo porque su padre (Santiago)[27] había sido nombrado como capitán por el corregidor cuando formó compañías militares de indios con la finalidad de defender la frontera sur de Cuyo ante la amenaza de indios alzados. Los testigos del protector, por su parte, dijeron que el abuelo y padre de Francisco eran "caciques antiguos" legítimos, trasladados por su encomendero desde un paraje denominado Socoscora (San Luis) a Guanacache durante muchos años y de allí, una vez vacante dicha encomienda, regresados a Mogna de donde serían originarios. El protector luego mencionó también la existencia de la real provisión que la audiencia habría expedido en favor de Diego; y el cacique Francisco, finalmente, testificó que los descendientes de Mallea al ir secándose sus tierras –por cambios en el régimen hidrográfico de la cuenca– se habían corrido buscando pasturas hacia "la fundación de mi parte y sus antecesores" en Mogna y, al norte, hacia el "pueblo de Tucunuco". Aunque no hemos encontrado otros datos sobre el origen de tal fundación, evidentemente hacía ya tiempo que existía o esto alegaban los Alcani.

Sin embargo, como hemos anticipado, fue hacia mediados del siglo XVIII cuando una apreciable porción de tierras cuyanas obtuvo nuevamente reconocimiento legal como posesión indígena por parte de la Audiencia de Chile, permitiendo que la misma fuera sostenida judicialmente por sus descendientes hasta pasado el período colonial. Esto sería posibilitado, más allá de la existencia de los mencionados antecedentes legales, porque a pesar de las fuertes presiones de los españoles y criollos los indios tuvieron suficiente poder y habilidad política como para defenderlas legalmente ocupándolas de forma efectiva, saboteando el control territorial y de la propiedad del ganado por parte de aquellos e incluso archivando títulos y expedientes. El poder de los indios se aprecia también en el modo en que condicionaron el proceso de fundación de los pueblos y villas en la región iniciado por la junta de poblaciones de Chile y continuado por las autoridades del virreinato del Río de la Plata durante el siglo XVIII. A estos conflictos remitían las memorias que

---

[27] No consta en este documento el nombre del padre. Ver más adelante, la genealogía de los Alcani reconstruida por el hijo de Francisco, Pascual.

Argentina Quiroga incorporara en sus narraciones sobre la resistencia de los indígenas de Mogna a su traslado forzoso a Jáchal en los inicios de mi trabajo de campo durante la década de 1990.

En 1751 la Junta de Poblaciones de Chile desarrolló un plan general de fundación de pueblos de indios y villas de mestizos y españoles en Cuyo, comenzando con Jáchal, al norte de San Juan, donde había una relativamente abundante población de "indios" y "mestizos". El designado superintendente de Jáchal Juan de Echegaray notificó a los habitantes de Mogna y la vecina Ampacama que debían trasladarse a Jáchal, junto con otros "dispersos" de los valles antecordilleranos de Calingasta y Pismanta, donde se nuclearían en un pueblo de indios junto a una villa de españoles. El cacique Francisco Alcani rechazó sucesivas intimaciones aduciendo que era en Mogna donde sus indios tenían sus pasturas y aguadas, con abundancia de madera y acceso a sacar agua de riego y que el cura le había encargado construir una capilla en el lugar. Además, invocando la ideología de segregación étnica colonial que informaba los procesos fundacionales, manifestó que al estar muy retirada de Jáchal la permanencia en Mogna evitaría la mezcla con españoles y mestizos (Michieli, 2000: 43-49; 2004: 151-166). Sin embargo, la razón principal para negarse al traslado que recogió el fiscal de la Junta en la visita que efectuó a Mogna y Ampacama era el temor a que la maniobra terminara con la expropiación de sus tierras: "me han dicho mis indios", dijo Alcani, "que si nos sacan de mi pueblo que todos se irán a perder" y ambos caciques suplicaban que los dejaran permanecer por ser aquellas tierras "sus naturalezas". Finalmente, Alcani propuso que los indios de Ampacama se juntaran con los de Mogna y fundaran un único pueblo el cual estaría situado a diez leguas de Jáchal. [28]

Tanto el superintendente como el cura de Jáchal impugnaron sus dichos. El sacerdote cargó a Alcani con toda clase de acusaciones: que jamás los indios de Mogna habían levantado una capilla; que casi ninguno asistía a misa en Jáchal; que vivían allí toda clase de vagabundos que se consideraban peones del cacique al que también acusaba de pasar más tiempo en la ciudad de San Juan que en su pueblo.[29] El superintendente, por su parte, en lo que sería un constante discurso de las elites regionales hasta la actualidad (Escolar 2007) se centró en minimizar la presencia indígena en la región para impugnar sus

---

[28] AHSJ, Mercedes Reales, f. 10 y AHNC, Real Audiencia, vol. 2907, f. 92.

[29] AHSJ, Mercedes Reales, f. 3-5; AHNC, Real Audiencia, vol. 2907, f. 55-57.

derechos territoriales. En su informe de 1756, por ejemplo, Juan de Echegaray argumentaba de diversos modos –extinción, fuga, mestizaje– la escasa entidad de los indios:

> [...] los pobladores son yJos de. estos paraJes opueblos comarcanos q lofueron quantiosos de. yndios naturales según lo demuestrran sus ruinas yestos ocon la oprrecion de. la guerra al tiempo de. la pacificacion de. esta prrouincia: retirados apartes remotas o por el calor de. el español eintrroducion de. pestes: o con la trrasmutasion con el trrato de lajente española: en mestisos: cholos: y quarterones seallan casi de el todo estingidos de. indios lexitimos estos parajes ypueblos: de. modo q estas especies de. Jentes originarios de los mesmos yndio gosan el titulo de. mestisos españoles q abitaban aquellos terminos dispersos endonde acada Vno le parecia conueniente Manteniendose de. sus labrransas de. trrigo: mais: papas: y quinua: yalgunos ganados maiores ymenores: ybicunas: guanacos carne silbestrre q abunda en las cordilleras ysus faldas y demas legunbrres q cultiuan mas albigor de. la tierra q asuindustrria y trabajo.[30]

La constante manipulación a la baja de las cifras de indígenas al igual que su caracterización como mestizos, vagos y ladrones, más allá de la creciente presencia de agregados, soldados o sujetos tipificados como "mestizos",[31] estaba destinada a deslegitimar sus demandas o defensas territoriales. Sin embargo, el propio discurso de Echegaray muestra contradicciones evidentes. Primero, coloca como evidencia gráfica de su extinción la existencia de ruinas abandonadas de construcciones donde habrían habitado. Inmediatamente esto es relativizado al afirmar que los indígenas no desaparecieron, sino que las abandonaron y se desplazaron a lugares remotos por la guerra, las pestes y la opresión coloniales. A continuación, también relativiza la fuga de los indios y se plantea que en realidad se transmutaron en mestizos, cholos y cuarterones por su contacto con españoles. Este contacto, no obstante, parece aludir más a un cambio social que biológico: "Jentes originarios de los mesmos yndio gosan el titulo de. mestisos españoles". En este sentido, con dos siglos de diferencia, la explicación de la conversión espontánea del indio en mestizo español por "transmutación" del superintendente Echegaray coincide notablemente con la alquimia de la "disolución" del indio desarrollada por la propia Michieli y otras explicaciones ensayadas para la supuesta extinción indígena en la

---

[30] AHNC, Real Audiencia, vol. 2907, f. 129. Transcripto por Michieli (2004: 46).

[31] La bibliografía es abundante a este respecto. Ver por ej. Farberman (2009) para un análisis del tema en Santiago del Estero.

región. Los principales puntos por los que esta infiere la "disolución", además de la falta de cumplimiento de requisitos jurídicos del sistema colonial para clasificar un sujeto como indio, son también el mestizaje y la "pérdida" de su cultura original. Sin embargo, como vemos en los expedientes, ninguno de estos aspectos pareció significativo a la hora de reconocer el estatus y derechos esgrimidos por los caciques en la Real Audiencia.

La deriva del caso evidencia que al menos para la época los alegatos del cacique fueron más efectivos que los de los del cura y el superintendente. La Junta de Poblaciones determinó que se fundara en Mogna, aprobando también el traslado allí de los indios de Ampacama en febrero de 1753.

En agosto de ese año se delineó el pueblo en Mogna según auto del teniente de gobernador Eusebio de Lima y Melo, trazando las cuadras y repartiendo solares, señalando los ejidos comunes y las tierras para chacras y tres días después se efectivizó y legalizó la posesión en la persona del cacique Lorenzo Alcani (Michieli, 2004: 49).[32] Sin embargo, al mes siguiente Lima y Melo constató que los indios de Ampacama no habían acudido, solo su cacique, Matías Bermejo, diciendo que no querían venir "por falta de pastos" en el lugar.[33] En mayo del mismo año la Junta instruyó nuevamente que se fundara el pueblo en Mogna, dando tiempo a que se presentaran también los de Ampacama. Pero al efectuarlo, recién en diciembre, se presentó otra vez el cacique Bermejo sin sus indios, repitiendo el mismo argumento. Igualmente, Lima y Melo fundó el pueblo, pero este no quedó a diez leguas de Jáchal como se había acordado sino a veinte, precisamente en el sitio que ya ocupaban Alcani y su grupo, donde estaban construyendo en teoría una iglesia (Michieli, 2004: 160) y donde además podían obtener agua de riego, al contrario que el lugar previsto donde el río corría encajonado.

En suma, a pesar de todos los esfuerzos de la burocracia colonial tanto los indios de Mogna como los de Ampacama continuaron viviendo en sus lugares de origen, resistieron todos los intentos de traslado y reforzaron el estatus legal de sus tierras. No obstante ello los conflictos continuarían y terratenientes criollos o españoles, con el apoyo en general del cabildo de San Juan, sistemáticamente desconocerían los derechos de los indios tratando de ocupar y anexar sus tierras a sus estancias. Francisco Alcani y su hijo Pascual

---

[32] AHNC, Real Audiencia, vol. 2907, f. 228-232.

[33] AHNC, Real Audiencia, vol. 2907, f. 228, 279-280.

protagonizarían numerosos juicios durante el siglo XVIII, algunos de cuyos expedientes se han conservado, por lo que, sumados a las fuentes ya tratadas, los Alcani serían el linaje de caciques mejor documentado para el siglo XVIII en Cuyo. De los juicios encontrados, además de la querella de Francisco Alcani contra Carlos Aguilar por despojo de tierras en 1737 que hemos analizado,[34] el resto son causas contra Francisco y Pascual por reiterados robos de ganado. En ellas se advierte que los pobladores de Mogna eran considerados una amenaza contra las estancias de un amplio radio del noreste de San Juan y que tenían bastante autonomía respecto del poder colonial lo que hacía muy difícil sino imposible controlarlos. Dos de estas causas, una de 1767 y otra de 1804 que recabé en el archivo de los tribunales de la provincia[35] y al parecer no han sido hasta ahora analizadas, permiten ampliar nuestro conocimiento sobre las prácticas y conflictos de los caciques de Mogna como así también observar las notables continuidades en sus prácticas y estrategias para la defensa de sus tierras y su relación con la sociedad colonial.

En 1763 Alcani viajó a Chile y presentó un reclamo a la Real Audiencia en Santiago alegando que había sido puesto en prisión y maltratado por más de veinte días junto con dos de sus hijos por el terrateniente Ascencio Balmaceda, a la sazón teniente de justicia de la ciudad de San Juan, quien quería usurpar sus tierras.[36] Balmaceda hizo detener a Francisco Alcani, dos de sus hijos, dos niñas y "un *gueñicito* de menor edad".[37] En el testimonio tomado al cacique por el protector general de indios éste informó que estando en la ciudad de San Juan realizando diligencias fue aprehendido por Balmaceda , y encerrado durante un mes "en el calabozo más oscuro" sin haber sido informado de los cargos ni tomado declaración. Que a los veinte días trajeron dos de sus hijos "amarrados de pies y manos" más las dos jovencitas y un niño, además de tomarle veinte caballos. Y que a raíz de esas acciones los indios varones abandonaron el pueblo, ganado y cultivos dejando a sus dos hijas solas. Alcani sostuvo que la denuncia y hostigamiento de Balmaceda tenía como objeto

---

[34] AHSJ, Fondo Tribunales, caja 4, carp. 22, doc. 12.

[35] Archivo de los Tribunales de San Juan (en adelante ATSJ), penal, caja 2. Domingo Molina contra el cacique de los indios, y penal, caja 3. El fiscal contra Pascual Alcani cacique de Mogna.

[36] AHSJ, caja 10, carp. 46, doc. 5. AHNC, Capitanía General, vol. 522, f. 228-230. Michieli, 2000: 38-39.

[37] Analizaremos el sugerente uso de este término en el próximo capítulo.

atemorizarlo para "a fuerza de castigo o rigor quedarse con dichas tierras, y que compelidos dejemos dicho pueblo desierto." Posteriormente, declaró que habiéndolo liberado a él y a uno de sus hijos para que volvieran a Mogna, Balmaceda ordenó permanecieran en la ciudad de San Juan hasta que llegase la causa que había remitido, alegando que "tenía facultad de los señores presidente y oidores de esta Real Audiencia para aprehender a todos, y que le reconozcan por juez" y que "si pretendemos venir a esta ciudad (Santiago), nos habrá de pasear por las calles prometiéndonos azotes, y temerosos de no experimentar más vejámenes nos pusimos en vía de esta ciudad (Santiago) a buscar justicia de la que carecemos en esa ciudad (San Juan)." Resulta notable la aparente facilidad y familiaridad con que Alcani viajó a Santiago para acudir al alto tribunal, tal como su abuelo Diego Alcani había procedido antes y tal vez su padre, y es probable que tuvieran lazos locales, posiblemente por haber servido allí en el pasado como parte de los contingentes trasladados a la otra banda la cordillera. Esto estaría en línea también con datos de regiones cercanas sobre la habitualidad de los viajes por parte de los indígenas a las sedes de la Real Audiencia para demandar o hacer el seguimiento de causas y lograr el cumplimiento de sentencias.[38] Finalmente la audiencia ordenó la libertad de Alcani junto con la restitución de caballos y parientes más la prohibición a Balmaceda de tener contacto con la gente de Mogna bajo penas de multa, destierro y prisión.

Son claras las continuidades de las prácticas coloniales contra los caciques comparando con lo ocurrido con el abuelo de Francisco, Diego Alcani, según se narra en el juicio con Aguilar en 1737. En los dos casos les fueron sustraídos sus hijos como medida de presión por sus rivales españoles o criollos y en ambos la audiencia de Chile los amparó. Sin embargo, es notable como la interpretación de los documentos de los juicios por parte de Michieli elude analizar la perspectiva ndígena de estos hechos y muestra la persistencia de la mirada colonial, reproduciendo los argumentos de los españoles y criollos contra los indios a pesar de algunos datos que dichas fuentes ofrecen y ella

---

[38] Los indios del pueblo de San Marcos, en Córdoba, acudieron trece veces —tres de ellas su cacique Tulian— a presionar por la concreción de una orden de mensura de sus tierras (Tell, 2010). Algo similar destaca Rodríguez (2011ª) con el viaje a Buenos Aires del cacique de Amaicha, Don Lorenzo de Olivares, y Robledo y Chumbita con el cacique de Aimogasta, José Francisco Chumbita, en La Rioja, que en 1803, quien habría acudido a Buenos Aires a reclamar al virrey (Chumbita y Robledo, 2011: 31).

misma refleja. Aunque alude –sin mayor profundización– al carácter irregular de los derechos reclamados por Balmaceda y otras familias descendientes de conquistadores basados en la imprecisión de las mercedes de tierras otorgadas,[39] su énfasis está colocado en socavar o denegar los derechos indígenas. Haciéndose eco de los argumentos de los denunciantes de Alcani, y a pesar del reconocimiento de su cacicato por la audiencia en todos los juicios, plantea que este no podía demostrar la legitimidad de su cargo porque el apellido no aparecía en la documentación del siglo XVII y principios del XVIII. Esta postura hace caso omiso de los propios datos proporcionados por la autora a partir de los documentos analizados. Llega a desestimar la mención en un documento de 1693 del cacique "Diego" del pueblo de Mogna, de más de sesenta años de edad, por el hecho de que no consta su apellido (Michieli, 2000: 38),[40] cuando es demasiado probable que se tratara del mencionado Diego Alcani, abuelo de Francisco, quien figura con su nombre tanto en el testimonio de su nieto como en el de Aguilar, y que había obtenido una real provisión de la audiencia de Chile (Michieli, 2000: 27).[41] En suma, estos análisis parecen no poder sustraerse de la posición autoral, ideológica, intereses e incluso el discurso de los españoles que litigaban contra los indígenas.

En Mogna el liderazgo cacical no solo se opuso sistemáticamente a las intromisiones de españoles sobre las tierras y resistió o manipuló la burocracia colonial sino que avanzó en ocasiones sobre vecinos no indígenas a través del sabotaje, raterismo o robo en los caminos y el cuatrerismo a estancias vecinas. En este sentido, es notorio cómo pese a las acusaciones, juicios y prisiones de que fueron objeto, y más allá de los cargos que intencionadamente se les pudo atribuir, los Alcani persistieron en realizar o encubrir estas prácticas que por su extensión, más que su peligrosidad, construían de hecho poder territorial, por la manifiesta imposibilidad del gobierno colonial para controlarlas. Estas acciones eran realizadas por ellos mismos o por sujetos en teoría bajo su mando, indígenas o mestizos, la mayoría agregados y forasteros que encontraban refugio en sus tierras. También hay evidencia del experto manejo por parte de los caciques de las normas jurídicas y reglas burocráticas, la capacidad real

---

[39] Cita el caso de la familia Mallea –de la cual se afirmaba descendiente Domingo Faustino Sarmiento– que esgrimiendo una Merced de 1593, durante el siglo XVIII litigó por tierras en Mogna y los actuales departamentos de Albardón y Angaco (Michieli, 2004: 38).

[40] AHM, carp. 113, época colonial, doc. 3, f. 1-13.

[41] AHSJ, caja 4, carp. 22, doc. 12, f.1-28.

de las autoridades para hacerlas cumplir e incluso tal vez de los conflictos políticas y jurisdiccionales al interior del sistema colonial. De los autos de un juicio a Francisco Alcani en 1767 y de otro de 1804 a Pascual Alcani,[42] su hijo y sucesor, surge la imagen de Mogna como un santuario de cuatreros y desplazados y nos muestran a ambos caciques como consumados maestros de la dilación judicial y conscientes manipuladores de su poder político.

En 1767 Francisco y sus indios fueron acusados por Domingo Molina, natural de La Rioja asentado en Valle Fértil, de haberle hecho diversos daños durante dos décadas hasta acabar con su ganado estimado en más de mil quinientas vacas.[43] El juicio fue en ausencia del cacique, según se deduce del documento por la dificultad de ubicarlo y capturarlo. Molina acusó principalmente a Alcani por una matanza y charqueo de animales en el campo descubierta por su capataz, momento en el cual acudieron "armados y en trance ofensivo" catorce hombres y mujeres. El cacique es descripto como un caudillo orgulloso, amenazante y poderoso en el terreno: "cuando fue visto de dicho cacique entre otros alzó la voz dicho cacique y dijo *ea amigos hombre muerto no habla*". Según un testigo, Alcani "no vive de otra cosa que de dar abrigo a ladrones, amancebados malévolos a quienes convida a estas entradas y charqueadas". Los indios según describe no tenían una localización fija, sino que eran "muy vagamundos" y no sembraban a pesar de tener "cantidad de tierras". El radio de acción de los robos consignados es muy amplio, abarcando desde Mogna hasta Valle Fértil, Jáchal, Aguango y Gualilán, es decir todo el norte y este de San Juan. Tampoco eran todos los participantes de Mogna sino que algunos provenían de puntos como Valle Fértil y Guandacol –actualmente en la provincia de La Rioja–. Al cacique ni siquiera se le pudo tomar declaración por no poder ubicarlo pero se lo terminó condenando igualmente en ausencia. Sin embargo, a pesar de la profusión de testimonios sobre robos, vagancia y peligrosidad de los indios de Mogna, la pena fue bastante leve: "[…] notificar al cacique expresado y sus hijos y demás familia no lleguen en dos leguas en contorno de la estancia de don Domingo Molina con apercibimiento que de no obedecer serán desterrados de aquel paraje".

---

[42] ATSJ, penal, caja 2, Domingo Molina contra el cacique de los indios y ATSJ, penal, caja 3, El fiscal contra Pascual Alcani, cacique de Mogna.

[43] ATSJ, penal, caja 2, Domingo Molina contra el cacique de los indios.

En 1801 Don Pascual Alcani, hijo de Francisco, fue enjuiciado también por considerárselo responsable de robos de ganado que les atribuían a sus indios. El alcalde regidor de San Juan en persona, Don Juan Rufino, visitó el pueblo junto con el vicario de Jáchal para aprehender al cacique e instruirle una causa sobre robos de ganado e inobservancia de la fe católica. El cacique había ganado el monte con su familia y la mayoría de los pobladores pero pronto retornó para someterse al proceso. El regidor levantó entonces una información sumaria interrogándolo junto con diversos testigos. Las primeras intervenciones del regidor apuntaron, con una exasperación que alcanza a emanar del texto, a denunciar la fuga del cacique y los sospechosos, en realidad todos los varones y algunas mujeres del lugar, a raíz de haberse enterado de su venida. Lo acusó primeramente de consentir robos en Jáchal, Valle Fértil, Las Tumanas, Aguango y Tucunuco. Sin embargo, según los testimonios, los actos delictivos parecen haber sido de poca monta, aunque reiterados con impunidad. Alejandro Puscama, de Valle Fértil, sembrador y cuidador de mulas, mencionó el robo de una vaca a la mujer de un estanciero del cual participó el cacique apenas salido de una prisión anterior.[44]

> [...] cuando el mencionado cacique salió de la prisión en que lo tuvieron en San Juan y se vino a su pueblo y mandó juntar a sus indios diciendo los quería poner en orden y a los dos días fueron dichos indios a la Ciénaga y se trajeron dos vacas de este declarante y se las comieron en compañía de dicho cacique y después de habérseles acabado dieron tras de los novillos que tenía Don (...) en poder de este declarante y se comieron uno.[45]

Otra acusación recurrente, instigada por las preguntas del regidor y seguramente del vicario de Jáchal allí presente, era que el cacique no observaba los sacramentos y no traía al vicario para confesar a su gente por no querer costear el traslado.

> [...] le respondía dicho cacique que no tenía obligación de mandar traer a dicho señor vicario que él tenía obligación de costearse para venir al pueblo a confesar la gente.[46] Refirmando los hechos un testigo ratificó que el cacique

---

[44] ATSJ, penal, caja 3, El fiscal contra Pascual Alcani, f. 7. Lamentablemente no hemos encontrado las actuaciones de ese caso.

[45] ATSJ, penal, caja 3, El fiscal contra Pascual Alcani, f. 6.

[46] ATSJ, penal, caja 3, El fiscal contra Pascual Alcani, f. 6.

no se confesaba ni hacía confesar a su gente desde hacía tres años y que no llamaba al cura porque no quería que venga.[47]

El sumario continuó con el testimonio del acusado, comenzando con sus datos personales. Pascual aseguró que su "empleo" era el de cacique del pueblo y que tenía sesenta y siete años de edad.[48] Que era natural de Mogna como su padre Francisco y su abuelo Santiago, mientras que su bisabuelo Diego era nacido en el paraje Caballactuca.[49] Al igual que en las actuaciones por el juicio promovido por Don Francisco contra Aguilar en 1737, Pascual dijo que su bisabuelo había obtenido el cargo de la Real Audiencia de Chile, por su propia iniciativa ya que había viajado a solicitarlo por estar en conflicto con el encomendero Don Juan de Oro a quien le rendían servicio personal en su encomienda en San Luis. Que pagaron tributos hasta que un corregidor de la ciudad de Mendoza Don Juan Berminsolo, suspendió el tributo por causas que desconoce.[50] Don Pascual finalmente admitió algunos robos menores, pero aseguró haberlos saldado pagando a los damnificados, secundado en el testimonio por otro de los acusados, Alejandro Puscama. La indagación continuó en Jáchal el año siguiente en ausencia del cacique, que estaba prófugo con sus indios. El regidor se hizo eco de las "continuas quejas" que escuchó sobre el cacique desde que asumió su cargo sobre que era "público y notorio" que en Mogna había un núcleo de indios que se mantenían del robo de animales en todos lados bajo la anuencia de Alcani.[51] Luego de una larga serie de testimonios, el alcalde regidor culminó diciendo que no había podido avanzar más en el juicio porque el cacique y sus indios estaban prófugos.

En mayo de 1804 se retomaron las actuaciones de la causa en San Juan. El regidor decía que no había podido proceder antes porque habiendo puesto en prisión a dos indios se habían fugado junto con el cacique hacía quince meses. Ahora Alcani había sido aprehendido en ocasión de haber acudido a la ciudad a recobrar una china que el regidor había traído de Mogna y que estaba

---

[47] ATSJ, penal, caja 3, El fiscal contra Pascual Alcani, f. 7.

[48] ATSJ, penal, caja 3, El fiscal contra Pascual Alcani, f. 9.

[49] No hemos encontrado indicios de la ubicación de este paraje.

[50] Este corregidor estuvo en funciones entre 1736 y 1741 (Maeder, E. 1969), lo cual indica que en esa fecha probablemente se dejaron de pagar tributos —se trató de un período relativamente largo para el que en general cumplían mandato los corregidores de Cuyo de esa época, de unos dos años—.

[51] ATSJ, penal, caja 3, El fiscal contra Pascual Alcani, f. 11-12.

colocada en una casa de la ciudad en manos de una vecina, en una evidente maniobra para atrapar al cacique que repetía las prácticas de secuestro de hijos y parientes que hemos reseñado en las causas de 1737 a Diego Alcani y 1763 a Francisco y que, como veremos, continuarían durante la represión de los laguneros en el siglo XIX.[52] Detallaremos parte de las sucesivas requisitorias del regidor y declaraciones del cacique en este juicio porque son una interesante y cómica evidencia del discurso astuto, burlesco y contradictorio de este último, que muestra un consumado arte político del testimonio judicial cuyos ecos se perciben en el de los líderes laguneros y montoneros del siglo XIX.

Don Juan Rufino recomenzó entonces su interminable cuestionario con acusaciones al cacique y sus indios por diversos robos que habían cometido en el pasado, los cuales este negó, nuevamente, uno por uno. El alcalde le señaló que no podía ignorarlos porque constaban sus admisiones en la sumaria existente por la cual los jueces le habían hecho pagar.[53] Alcani solo admitió que el indio Páez había pagado un novillo robado a Francisco Arroyo hacía mucho tiempo. El 13 de julio es retomado el testimonio de Alcani que volvió a responder las mismas preguntas para terminar afirmando que ignoraba la causa de su prisión. El alcalde volvió entonces a detallar cada uno de los delitos imputados. Alcani esta vez admitió únicamente una compensación por parte de Javier Zelan de una vaca robada al presbítero de Jáchal. El alcalde exasperado le recordó la serie de delitos previamente admitidos, como el de Francisco Arroyo en la fecha anterior, a lo que el cacique adujo "que no tiene dicho ni declarado semejante cosa". Preguntado puntualmente por otros robos y quejas que estaban asentadas en los autos respondió que algunos que eran ciertos y que efectivamente así lo había declarado.[54] El alcalde le reconvino que antes lo había negado. Alcani respondió ahora que no lo había declarado y que no faltaba a la verdad. Pasando a otro tema, Rufino lo acusó de albergar numerosos "forasteros y o malévolos" en Mogna. El cacique no lo negó, pero admitió solo la presencia de cuatro, entre ellos Gregorio Managua. Rufino le espetó que cómo decía no haber recibido pícaros cuando sabía que Gregorio Managua era asesino, a lo cual respondió Alcani que era cierto "pero que él qué le había de hacer".

---

[52] ATSJ, penal, caja 3, El fiscal contra Pascual Alcani, f. 13.

[53] ATSJ, penal, caja 3, El fiscal contra Pascual Alcani, f. 15.

[54] ATSJ, penal, caja 3, El fiscal contra Pascual Alcani, f. 16.

El 28 de septiembre continuó la declaración y frente a las mismas preguntas, Alcani respondió igual que antes, finalizando nuevamente con que ignoraba la causa de su prisión tal como ya lo había declarado.[55] Rufino procedió otra vez a detallar todos los robos de que se lo acusaba, varios de los cuales habían sido reconocidos en declaraciones anteriores, a lo que el cacique respondió, igualmente, "qué jamás ha llegado a su noticia los daños que se le preguntan han hecho sus indios." Interrogado de nuevo si es cierto que consintió a Gregorio Managua siendo un delincuente, respondió que sí, pero que *la autoridad, respetos y fuerza del declarante no son bastantes para echarlo*". El mismo día, intervino al parecer por primera vez el defensor de menores y pobres trayendo una carta de Alcani pidiendo su excarcelación a raíz de que, además de preso, estaba enfermo y desnudo hacía más de cuatro meses.[56] Alcani fue liberado y nunca tuvo sentencia definitiva, al parecer porque no pudo obtenerse su definitiva confesión.

Quisiera finalmente hacer notar un hecho que interesa en comparación con las guerras archivísticas de robo, ocultamiento, captura y movilización de documentos legales de tierras que como se verá en este libro atraviesa toda la historia política y territorial indígeno-criolla de la región. En una de las primeras preguntas el alcalde regidor había interrogado al cacique sobre dónde se hallaban los documentos del pueblo, a lo cual este respondió que se hallaban en poder de Don Antonio Aberastain en San Juan. Este personaje, un miembro conspicuo de la elite colonial cuyo nieto sería un famoso líder liberal en el siglo XIX[57] figuraría cinco años después, en 1809, como beneficiario de una donación remunerativa de Pascual Alcani de una parte sustancial de las tierras del pueblo de Mogna, desde Tucunuco hasta el río Bermejo y desde el río Jáchal hasta el de Huaco.[58] La posesión de los documentos de los pueblos

---

[55] ATSJ, penal, caja 3, El fiscal contra Pascual Alcani, f. 17.

[56] ATSJ, penal, caja 3, El fiscal contra Pascual Alcani, f. 19.

[57] ATSJ, penal, caja 3, El fiscal contra Pascual Alcani, f. 9.

[58] Michieli, 2000: 38, 49. El texto se refiere "al Dr. Antonino Aberastain" pero lo más probable es que se trate de su abuelo Antonio, que figura en los autos de 1801-1804, ya que Antonino nació en 1810. Antonino, líder del partido liberal en San Juan, será el íntimo amigo y aliado político de Sarmiento. Su asesinato en 1861 por las tropas federales desataría la batalla de Pavón en la que el ejército federal fue derrotado por las tropas de Buenos Aires comandadas por Bartolomé Mitre, desatando un largo ciclo de insurrecciones montoneras finalmente derrotadas que trataremos en siguientes capítulos.

de indios por parte de terceros, a veces en el marco de conflictos por sus tierras, aparece señalada con cierta recurrencia en otros casos, por ejemplo en la defensa del protector de indios en el pueblo de Corocorto, Mendoza en 1755. En ese caso el cacique Joseph Semeyan manifestaba, junto con diversas demandas, el reclamo de que les sean devueltos unos documentos que le había entregado su padre Diego Semeyan a un español de Mendoza que los tenía en su poder.[59] En Valle Fértil también hemos visto como el cacique Puscama atesoraba documentos. En el marco de un conflicto entre los indios y el cabildo sanjuanino, el gobernador intendente de Córdoba, Sobremonte, mencionaba en 1785 que el cacique Faustino Puscama se le había presentado para buscar documentos referidos a la posesión de sus tierras. Y más de veinte años después, en 1807, volvería a dirigirse gobernador de Córdoba para reclamar por su cacicazgo presentando un expediente formado por él mismo.

Recapitulando lo analizado hasta el momento, podemos afirmar que los caciques de Mogna y Valle Fértil sostuvieron un liderazgo capaz de mantener la ocupación de las tierras de los pueblos hasta principios del siglo XIX, más allá de las figuras legales por las cuales estas tierras fueron reconocidas y readjudicadas: como pueblo "de indios" en Mogna y como villa "de españoles" en Valle Fértil. Durante el proceso iniciado por la Junta de Poblaciones de Chile a mediados del siglo XVIII, en el marco de la restauración borbónica, los caciques negociaron y lograron imponer los lugares en que las fundaciones finalmente se llevaron a cabo, siempre a contramano de las proyectadas por la junta y sus representantes locales. El territorio donde se reconocieron o refundaron fue aquel que los indígenas reclamaron desde el comienzo. Y esto implicó que resistieron los intentos de trasladarlos unos setenta kilómetros junto al asiento de los españoles en la Villa de Jáchal, para el caso de los indios de Mogna, y en un terreno yermo y sin agua para el caso de los de Valle Fértil. En este último caso, la fundación y otorgamiento de terrenos se produjo luego de dilaciones que duraron casi medio siglo. En Mogna a solo cuatro años de iniciado el proceso.

Los caciques siguieron reivindicando su liderazgo y derechos hasta comienzos del siglo XIX, en Valle Fértil por lo menos hasta 1807 y en Mogna con referencias judiciales hasta 1809 y literarias hasta 1830,[60] mucho más acá

---

[59] AHM, carp. 29, época colonial, doc. 22.

[60] Domingo Faustino Sarmiento, el famoso intelectual y político argentino escribió en la

de lo tradicionalmente aceptado. Y ese liderazgo no fue residual e inocuo, sino que logró sostener el acceso a la tierra y la autonomía relativa de sus comunidades y agregados. En ambos casos sucesivas generaciones de caciques defendieron judicialmente tanto sus tierras como sus cargos en el marco de reiterados conflictos con estancieros vecinos. Es interesante notar, además, que como en otros contextos hispanoamericanos mientras las instancias locales de justicia y gobierno tratan de socavar tanto las demandas de tierras como la legitimidad de los cargos de cacique, al menos en los litigios cuya documentación ha sido hallada, la Real Audiencia de Chile y luego la de Buenos Aires ratificaron siempre tales derechos. Esta situación fue reconocida hasta fines del siglo XVIII en diversas oportunidades por ejemplo, como hemos visto, por Sobremonte.

En suma, retrospectivamente las fundaciones de pueblos y villas parecen haber servido menos a los españoles y autoridades criollas para establecer un control sobre los indígenas que a estos para mantener o reforzar el arraigo sobre sus tierras. Y como veremos, este afianzamiento o reconocimiento de derechos a la tierra fue la base principal de los argumentos legales para la defensa de sus tierras durante el siglo XIX.

Según hemos analizado a partir de las diversas actuaciones, el sostenimiento de memorias colectivas, linajes, la reiteración de argumentos y las prácticas señaladas en los testimonios sobre su accionar, los caciques parecen haberse inspirado en, y sostenido, un conocimiento histórico sobre el pasado y sobre las estrategias a seguir, tanto judiciales como de hecho. Resulta interesante constatar también que mantenían en su poder los documentos sobre adjudicación de tierras de los pueblos y tal vez otros referentes a sus intereses y derechos. A su vez, estos archivos eran un capital político y objeto de disputa en sí mismos. Tanto los caciques Puscama de Valle Fértil, y los Alcani de Mogna —y como según veremos en el próximo capítulo los Semeyán de Corocorto y más adelante los controvertidos Sayanca de las lagunas— presentaron estos documentos en demandas de amparo o fueron requeridos por los mismos, o bien, por intermedio de sus defensores, reclamaron su devolución por parte de funcionarios, autoridades coloniales o notables que los habían retenido.

---

década de 1840 en sus semblanzas de San Juan que hasta 1830 vivió el cacique de Mogna con más de ciento veinte años de edad (Sarmiento, 1966:32). Esa información la ratificó en otra obra de 1867 donde afirmó que Mogna tenía un cacique que "vivía ahora cuarenta años" (Sarmiento, 1947: 86).

En síntesis, estos indicios nos muestran prácticas de formación, preservación y uso de archivos concretos que tal vez sean los antecedentes de los "archivos huarpes" de los siglos XIX, XX y XXI.

Tierras, servicios militares y geopolítica colonial en Corocorto y las Lagunas

En el juicio seguido por el terrateniente Asencio Balmaceda en 1763 contra el cacique Francisco Alcani de Mogna este se quejaba a través del protector de su aprisionamiento y el posterior secuestro de sus dos hijos, dos chinitas y "un gueñicito de menor edad".[1] *Gueñi* es un término del mapuzungun o lengua mapuche por "muchacho", que me sorprendió encontrar en el testimonio escrito —el cual parece haber reproducido el discurso literal— de un cacique de prosapia "diaguita" muy lejos en teoría de los territorios donde se hablaba su lengua, mediados por el área tradicional de los huarpes, Guanacache y los valles centrales cuyanos. Pensé también que el uso del término podría revelar una mucho más prolongada historia de presencia del cacique y sus antecesores en Chile, cuando acudía a la Real Audiencia en Santiago como se desprende de los juicios que hemos analizado. O también quizá a remotos traslados forzosos de su grupo durante el siglo XVII. En el litigio de 1737 que hemos analizado encontré sin embargo un indicio que me pareció más plausible para explicar el "préstamo" lingüístico. Cuando Francisco Alcani pretendía demostrar los derechos al cacicazgo y las tierras de Mogna frente a Aguilar, un testigo citado por el protector mencionó que su padre, Santiago, había sido nombrado capitán por el corregidor para reclutar indios y formar compañías militares con el fin de defender la frontera de Cuyo contra la amenaza de indios alzados.[2]

Me pareció bastante plausible en ese punto que las relaciones entre indígenas del centro y norte de Cuyo y los grupos de habla mapuche en la frontera sur hubiera sido realmente significativa a partir de una experiencia militar y

---

[1] AHNC, Capitanía General, vol. 522 f. 229.

[2] AHSJ, caja 4, carp. 22, doc. 12, f. 1-28.

de intercambio con mapuche hablantes, tanto "alzados" como reducidos. Y que esta participación, efectivamente, hubiera sido la llave para obtener el reconocimiento de las tierras para el grupo o para su linaje. Sin embargo, si bien en las jurisdicciones próximas de la Rioja y Tucumán en el norte argentino existieron como de ordinario durante la colonia "indios amigos", y es probable que esta modalidad haya dado acceso a la ocupación o posesión de la tierra, no hay datos suficientes de que sobre esta base hayan sostenido derechos en los siglos siguientes.[3] En nuestro caso, además de estos indicios para Mogna, durante los procesos fundacionales de pueblos de indios y villas que ocurrieron durante el siglo XVIII en las lagunas de Guanacache y en Corocorto al sur, esta dinámica se observa con más extensión y proximidad histórica. Por ello, en este capítulo me centraré en la historia de las tierras y liderazgos indígenas en Mendoza durante el siglo XVIII, destacando la geopolítica de la frontera del sur de Cuyo en la adjudicación de tierras y la capacidad de los indios de intramuros para mantenerlas y sostener su poder relativo en las lagunas hasta fines del período colonial. Se trata del actual norte y centro de Mendoza, desde Guanacache hasta el río Tunuyán, donde se fundaron pueblos y villas también durante el siglo XVIII. Como hemos establecido, mientras los grupos que hemos mencionado y analizado fueron incorporados al dominio español desde el primer siglo de la conquista –entre mediados del XVI y del XVII–, al sur de la región se mantuvo una frontera colonial hasta fines del siglo XIX. Pretendo explorar estos procesos fundacionales para completar un panorama de las tierras indígenas en la región y específicamente en Guanacache y avanzar una hipótesis: las relaciones fronterizas de los españoles con los indígenas libres, pehuenches, puelches, aucas, huilliches, pampas y otras denominaciones relativas al "mundo mapuche" fueron decisivas para la dinámica de reconocimiento político y acceso territorial de los indígenas incorporados: huarpes, chiquillanes y tal vez yacampis o capayanes/diaguitas. Concretamente, que sus servicios militares fueron la clave para la obtención o ratificación de derechos de tierras y cargos de caciques.[4] También desarrollaré

---

[3] Sugerencias en tal sentido para algunos grupos desnaturalizados luego de las campañas contra los calchaquíes en la segunda mitad del siglo XVII han sido fundamentadas por investigadores sobre la región (López y Bascary, 1997, Cruz, 1997 y Giudicelli, 2012).

[4] Estas clasificaciones son relativas porque existieron intercambios poblacionales y culturales de diversa índole y en distintos contextos entre los grupos. En las diásporas y desplazamientos forzados, en Cuyo, Chile y otras áreas del este como Córdoba y Buenos Aires, y en

otro argumento. Que la capacidad de maniobra de los laguneros y a la vez el proceso de establecer un dominio efectivo colonial del área se disputaba también en la reconfiguración ambiental con su paulatino desecamiento del complejo lacunar a lo largo el río Desaguadero, que ya en la segunda mitad del siglo XVIII se estaba produciendo con la creciente captación de las aguas para los cultivos de españoles e hispano-criollos aguas arriba de Guanacache.

Frontera mapuche y procesos reduccionales

Entre 1660 y 1730 aumentó la beligerancia de los denominados puelches, pehuenches y aucas en el sur mendocino, los cuales incursionaban en los valles de Uco y Jaurúa "matando y destrozando" al punto de provocar el abandono de las estancias españolas entre 1558 y 1672 (Espejo 1954: 237; Prieto, 2000). Estas incursiones lograron retrotraer la frontera efectiva hacia el norte hasta que en 1680 "a razón de haber venido la nación chiquillan a dar la paz cuando otras naciones estaban en guerra" se produjo la paz con la parcialidad puelche de los chiquillanes (Espejo, 1954: 513)[5]. Por tal motivo se los redujo en Cormañe en el valle de Uco (Espejo, 1954: 676), mandándoles abrir acequias para sus cultivos.[6] Las antiguas estancias se transformaron según algunos autores en una "frontera de amortiguación" (Prieto, 2000: 212) mientras que la frontera efectiva se trasladó desde el río Diamante al Tunuyán. Los chiquillanes y otros grupos que fueron pactando la paz ocuparon esas

---

la misma frontera. Y también porque siguiendo a las teorías interaccionistas de la etnicidad y su contraparte bourdiana, estas clasificaciones eran mutuamente articuladas en las mismas relaciones y también por parte de los colonizadores. La bibliografía al respecto es muy vasta con diferencias que en este momento no son relevantes para nuestro análisis. Para el contexto argentino podemos mencionar los aportes de Lidia Nacuzzi (1998), sobre los pampas, aucas y otros del área pampeana y de Christophe Giudicelli (2011) para los calchaquíes en el Tucumán colonial. Para los reche-mapuche de Chile el de Guillaume Boccara (2007). En cuanto a las bases teóricas principales citaremos a Barth (1976) y Pierre Bourdieu con su concepto de "luchas de clasificación". Una aplicación influyente de este último enfoque fuera del contexto americano es la de Jean-Loupe Amselle (1998).

[5] La referencia a una parcialidad puelche de los chiquillanes puede aludir a la porción más al este (puelche="gente del este en mapudungun) de dicho grupo, en contraposición a los que se ubicaban en el interior de la cordillera, que recién acordarían la paz a fines del siglo XVIII. Parlamento de los Chiquillanes 1772, AHNC, Fondo Varios. Vol. 288, fs. 137-146.

[6] AHM, carp. 12, época colonial, doc. 6. Espejo, según Prieto la ciénaga de Cormallín en el actual departamento de San Carlos.

tierras como "indios amigos" cuya misión era guardar la frontera y hacia 1701 se designó inclusive un corregidor de la reducción de los chiquillanes.[7] Otros grupos provenientes del sur se fueron agregando a los primeros. Un informe del presidente de Chile sobre los puelches y pehuenches del lago Nahuel Huapi da cuenta de que para la época setenta familias de indios "pampas" se habían asentado en el Valle de Uco y que dos caciques habían ido a Mendoza insinuando al corregidor que si los dejaban asentarse recibirían gustosos un misionero.[8] Los denominados pampas recorrían las costas del Desaguadero al este de la "zona de amortiguación" pero también comenzaron a instalarse en Uco y Jaurúa, que con el paulatino retorno de los españoles a las estancias se convirtió en un área multiétnica con fuertes tensiones y permanente amenaza de guerra. En este panorama, parece claro que los indígenas de diversas parcialidades negociaron durante algunas décadas con ventaja su relativo sometimiento, obteniendo acceso a la tierra a cambio de servicios militares, que a veces eran bastante vagos y se limitaban al hecho de no atacar a los españoles. A su vez, estas alianzas o incluso algunas de las incursiones estaban dictadas tanto por la búsqueda de territorios de pastoreo como sobre todo por los conflictos con otras parcialidades que habitaban tanto al este como al oeste de la cordillera. Un cacique pampa, por ejemplo, afirmaba en 1724 haber venido con su gente a Jaurua donde había estancias de españoles porque "a su hermano lo querían matar otros indios de otra parcialidad de gente que llaman güiliche de arriba, auca [...] con el cacique del Río de los Sauces."[9]

Hacia fines del siglo XVII y durante el XVIII, según ha afirmado María del Rosario Prieto, se acrecentó notablemente la concesión de patentes militares a españoles cuando se otorgó esta prerrogativa a los corregidores. En su interpretación, los nombramientos se habrían producido esencialmente por el interés de los actores en el prestigio social que conllevaban o respondiendo a estrategias clientelares de los corregidores, más que por una real actuación en la guerra (Prieto, 2000: 220-221). Cueto (1989: 93) refuerza esta idea y agrega en cuanto a las mercedes como premios por servicios militares, que difícilmente las obtuvieran los no españoles. Sin embargo, como hemos visto, diversas fuentes sugieren el otorgamiento de cargos militares y mercedes de

---

[7] AHM, carp. 12, época colonial, doc. 2.

[8] Archivo General de Indias (en adelante AGI), Chile, leg. nº 159.

[9] AHM, carp. 29, época colonial, doc. 15.

tierras asociados a los mismos a indígenas en la región. Las investigaciones realizadas hasta la fecha sin embargo no profundizaron en el estudio de estas prácticas y sus implicancias, las cuales creo cruciales para el análisis de la política indígena y la historia de sus tierras hasta bien entrado el período republicano. Es posible que en algunos casos los cargos y tierras por servicios militares en la frontera sur hayan sido, en efecto, la base de futuros derechos y reivindicaciones, como así también de tradiciones políticas de larga duración.

Los indígenas de las Lagunas y Corocorto estuvieron incorporados en compañías militares desde una fecha imprecisa a fines del siglo XVII hasta principios del XIX, y desde 1739 se hallan antecedentes de formación de milicias indígenas en la ciudad de Mendoza (Prieto, 2000: 234). Y en 1744 un observador afirmaba que en San Juan y San Luis no existían encomiendas porque los indios estaban incluidos "en la lista de gente de guerra o contemplados como mestizos" (González Pómez, 1966: 75).

En diversos documentos del siglo XVIII vemos que caciques huarpes y puelches tienen reconocidos cargos y tierras en Corocorto y las Lagunas, Además de en Mogna, en función de su participación en la reducción de los chiquillanes. En 1704 se menciona al cacique Sebastián Paucán "que asiste en Corocorto desde el alzamiento de Don Lorenzo Chiquillan" (Espejo, 1954: 546-547). En un juicio por la sucesión del cacicazgo de una encomienda 1696 los caciques Talquinca de las lagunas defendían su legitimidad en contra de los Cunampa, entre otras cosas por su participación en la guerra contra los indígenas del sur. El cacique Bartolomé Talquinca había sido reducido con su gente en las Lagunas por el oidor Don Gaspar Cuba y Arce. Los descendientes de su linaje argumentaban que habían servido "con armas como tales caciques, en las entradas del enemigo". El sargento mayor del batallón de Mendoza, por su parte, testificaba que Juan Talquinca:

> [...] ha acudido en toda ocasión contra el enemigo especialmente cuando en tiempos del corregidor Don Antonio de Catabajal se redujo a Don Lorenzo Chiquillán y recorrió toda la tierra hasta el Río Latuer y bajo el Gobernador D. Bernardo Cruzat fue [...] a la ciudad de Santiago en el invierno para llevar pliegos de importancia. (Espejo, 1957: 360-363)

En 1723 los caciques Don Melchor Tunuyán y Don Diego Seme o Semeyan, naturales de Corocorto, advertían a los españoles "como leales vasallos de S.M." sobre los movimientos de aucas y pehuenches que preparaban una posible invasión a Mendoza.[10] Estos datos permiten considerar la plausibilidad histórica, sino la veracidad, de otro caso que ha sido considerado dudoso y que trataremos más adelante. El de la merced real de 1713 al cacique Diego Sayanca de la laguna de la Quijada[11] que coincide con los aprestos bélicos en la frontera sudeste de Mendoza. Figuran en ella las firmas de los mismos funcionarios que en 1723 tomaron declaración a los caciques de Corocorto, Diego Seme y Melchor Tunuyán, sobre la temida invasión de los aucas: El corregidor Thomas de la Llana y el teniente de corregidor Ángelo Francisco de Mayorga. Más adelante, en 1785 cuando Cuyo integraba el virreinato del Río de la Plata, el gobernador intendente de Córdoba Marqués de Sobremonte otorgó "por gracia y Merced" a un indígena, Juan José Ayminu, las tierras que ocupaba en las lagunas de Guanacache "con consideración a los notables servicios prestados por el suplicante".[12]

Hasta aquí hemos reseñado situaciones de derechos de tierras de los indios haciendo hincapié en la controversial información sobre reconocimiento de cacicazgos y cargos militares y adjudicaciones de tierras en áreas rurales, y su posible vinculación con la participación militar en la defensa fronteriza. En algunos casos se refieren a títulos individuales, pero con mayor frecuencia este dato no está expresado y si la existencia de reducciones. En este capítulo completaré los análisis sobre las tierras indígenas en Cuyo abordando los litigios en torno a las tierras en el siglo XVIII en Corocorto y las Lagunas. Intentaré destacar la relación existente entre los reconocimientos a la posesión o propiedad de la tierra y de cargos y liderazgos con la geopolítica de la frontera sur y sureste de Cuyo, resaltando las estrategias indígenas que aprovechaban las necesidades o debilidades de los españoles.

---

[10] Don Melchor Tunuyán y Don Diego Seme avisan a la ciudad de Mendoza sobre una reunión de indios. (Morales Guiñazú, 1938: 208-209)

[11] Existe una larga controversia sobre la autenticidad de este documento sobre la que no abundaré y que trataremos más adelante en el capítulo 5. La principal impugnación a su contenido es que la fecha de la Merced, 1713, no coincide con el servicio activo de dichos funcionarios, 1723. Pero si tomamos en cuenta el contexto de producción del otro documento y las fuertes coincidencias en cuanto, ¿podría haberse otorgado una merced de tierras en 1723 como parte de una apurada negociación de apoyo militar y un copista posterior que escribió el texto que apareció a comienzos del siglo XIX transcribió mal un dígito de la fecha?

[12] AHM, carp. 16, época colonial, doc. 11. La superficie es de cinco leguas lindando al norte con las lagunas de Guanacache y Cochagual, al este con el río Mendoza, al sur con el Chañar y tierras realengas y al oeste con el camino que conecta Mendoza con San Juan.

Mapa 2: Centro y Sur de Cuyo en el siglo XVIII. Situación de Corocorto y los pueblos de indios de las Lagunas de Guanacache.

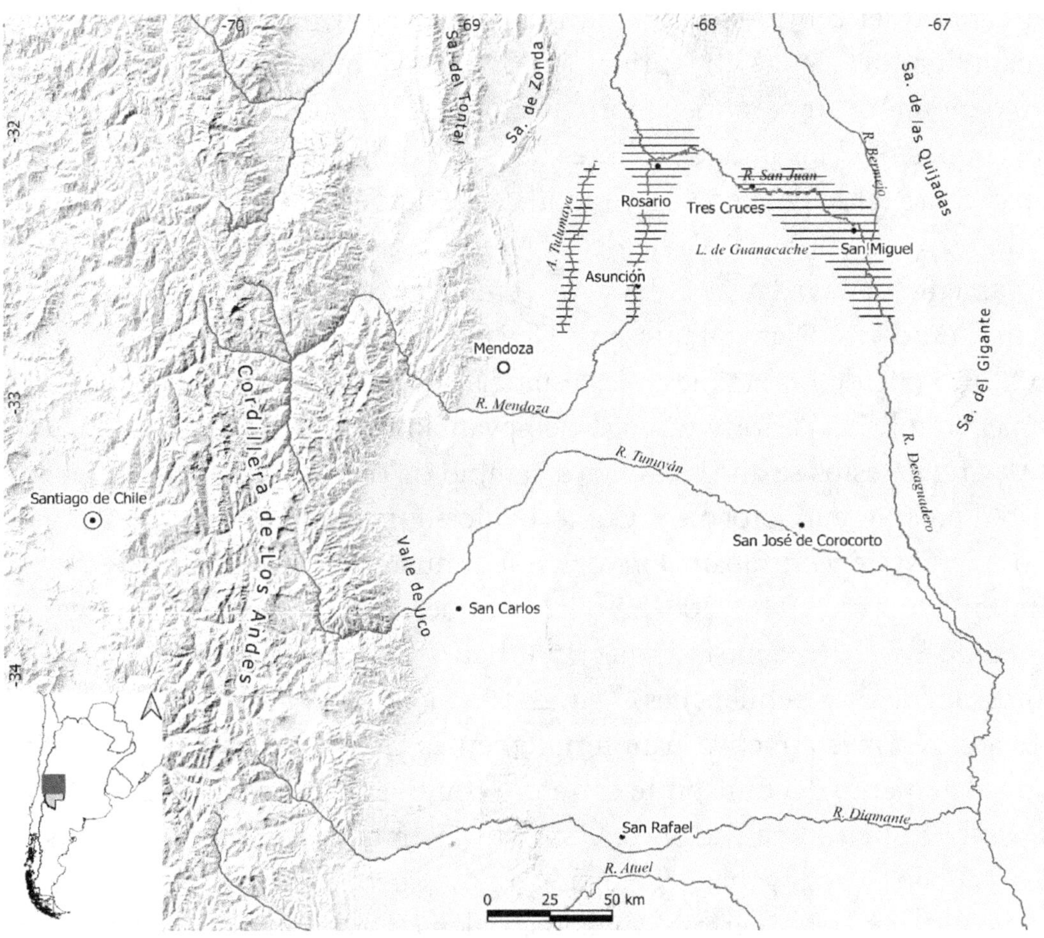

Realización: Laura Zalazar.

Fundaciones de pueblos de indios y conflictos con los españoles

Por el momento los datos más antiguos conocidos sobre las reducciones a pueblo de los indígenas de Cuyo son de 1664, cuando el oidor Gaspar Cuba y Arce cruzó la cordillera y permaneció varios meses en Mendoza con la misión de reducir a los indios a pueblo.[13] Estos intentos se produjeron en el área de Guanacache y los ríos Tunuyán y Diamante. Corocorto fue uno de los

---

[13] AGI, Chile, Escribanía 939 A. Residencia de Gaspar Cuba y Arce como Oidor y Alcalde de Corte de la Audiencia de Chile. Año 1672.

primeros parajes poblados que se mencionan, próximo a la desembocadura del Tunuyán en el Desaguadero, hacia el sur de las lagunas de Guanacache, en la llanura del centro-este de la actual provincia. Constituiría parte de lo que para fines del siglo XVII y principios del XVIII, como hemos mencionado, Prieto denominó "frontera de amortiguación" de los enclaves de dominio español con los pueblos indígenas libres del sur y del oriente: puelches, aucas y pampas y más tarde pehuenches y ranqueles (Prieto, 2000: 213). Aguas arriba del Tunuyán, en el actual paraje denominado precisamente "Reducción" del departamento de Rivadavia, Cuba y Arce creó otra reducción que reunió puelches de Corocorto, Diamante y Cerro Nevado.[14] Como vimos, hacia fines del siglo XVII a raíz de los ataques a las estancias del valle de Uco, los españoles se replegaron hacia el norte y, luego del levantamiento de los chiquillanes en 1680, parte de estos se alió con ellos a cambio de tierras en el valle de Jaurúa y aparentemente en Corocorto. Como hemos anticipado, entre los caciques de Corocorto se encontraban Don Melchor Tunuyán y Diego Seme o Semeyan (Morales Guiñazú, 1938: 208-209), a los que aparentemente se agregaron otros como Sebastián Paucán,[15] que advertían a los españoles sobre los movimientos de aucas y pehuenches.[16] Avanzado el siglo XVIII, la zona comenzó a ser cada vez más atractiva para terratenientes y comerciantes de Mendoza debido el aumento del transporte carretero con Buenos Aires y Córdoba, cuya ruta pasaba por las inmediaciones. Las pasturas eran procuradas para repostar mulas, caballos y criar ganado y la madera de algarrobo para rodrigones de viñedos, construcción de carros y viviendas, y leña (Prieto, M. de R. y Abraham, E., 2000). La competencia por el territorio se intensificó al parecer drásticamente y generó un nuevo ciclo de conflictos.

En 1743 el Maestre de Campo Don Francisco Mayorga pidió desalojar al cacique Diego Lemu con su familia y agregados.[17] Mayorga argumentaba poseer la escritura de 2500 cuadras de tierra vendidas a su padre en 1703, parte unos títulos de merced de 1629. Se dio intervención al protector de indios quien impugnó el reclamo aduciendo que la causa estaba radicada en la Real

---

[14] *Ibid.*

[15] En 1704 se menciona una encomienda cuyo cacique era "Sebastián Paucán que asiste en Corocorto desde el alzamiento de Don Lorenzo Chiquillán" (Espejo, 1957: 546-547).

[16] *Ibid.*

[17] AHM, carp. 164, época colonial, doc. 38.

Audiencia por lo cual el juicio "sobre la propiedad y señorío a dichas tierras" debía ser continuado en aquel tribunal:

> […] esa causa está radicada ante los señores de la Real Audiencia por haberse presentado ante dichos señores Nicolas Moyano indio con poder del Cacique Don Diego el zurdo que llaman por cuyo motivo ordenaron y mandaron por despacho dichos señores al general Don Juan Bermionsola que era corregidor al presente hiciese una sumaria información para saber el paraje donde son las tierras mencionadas que demanda dicho Maestre de Campo Don Angelo Francisco de Mayorga y que fecha dicha información luego la remitiese como así lo hizo dicho general Don Juan de Bermionsola por lo cual se ha de servir […] mandar a dicho Maestre de Campo ocurra ante dichos señores de la Real Audiencia.[18]

Hacia 1751 los indios de Corocorto reclamaron y obtuvieron el derecho al cobro de una tasa por la explotación de la madera, situación que acrecentó las tensiones con comerciantes por los recursos del lugar. Al parecer, como se desprende del juicio anterior, ya existía un pueblo de indios. El mismo año, ante la negativa de pago por parte de un comerciante portugués, el alcalde Marcelo Díaz amenazó al superintendente del partido con que los indios se retirarían del pueblo. Este planteo sirvió para que el superintendente adujera que en la zona no existían pueblos formados ni curas doctrineros, como se había informado un mes atrás en otro dictamen.[19] Los conflictos fueron escalando e involucraron al cacique y al alcalde. En 1755 el protector de Mendoza radicó una denuncia del cacique Joseph Semeyan sobre introducción de ganado y extracción de madera en sus tierras sin pagar arriendo.[20] Semeyan denunció que el alcalde Marcelo, quien desde hacía siete años ostentaba el cargo, no era natural de allí y usurpaba las tierras y el agua para él y sus acólitos.[21] También que arrendaba las tierras a españoles a pesar de que los "legítimos dueños" eran el cacique y sus deudos, mientras que el alcalde solo tenía la parcela de tierra "que les señaló el año pasado el señor Don Gregorio Blanco

---

[18] AHM, carp. 164, época colonial, doc. 38.

[19] AHNC, Real Audiencia, vol. 2907, f. 76-77.

[20] AHM, carp. 29, época colonial, doc. 22.

[21] El alcalde llevaba siete años en el cargo, pero la fundación del pueblo por el oidor Blanco había sido el año anterior, según manifiesta el Protector en el mismo documento. Por lo que se comprueba que existían autoridades coloniales nombradas y un pueblo previamente a ese ciclo fundacional.

de Laisequilla, Oidor de la Real Audiencia de este reino, para que viviere por no ser natural de Corocorto".[22]

En el mismo pleito, al igual que señalamos para los casos de Mogna y Valle Fértil a fines del período colonial, se disputó la posesión de documentos. Una de las principales demandas de Semeyan fue precisamente que Don Francisco de Videla, vecino de Mendoza, le restituyera "un papel o instrumento para sacar una copia el que no se le ha devuelto" y que le había entregado su padre, Diego Semeyan. Estos documentos, anteriores a los de la fundación que se intentaría concretar al año siguiente, podrían estar relacionados con otro acto más antiguo de fundación del pueblo, otorgamiento de tierras o el cacicazgo. Además, su existencia en poder de los indios remonta la formación de archivos de caciques o comunidades por lo menos hasta principios del siglo XVIII. El fiscal ordenó finalmente que el escribano Don Francisco de Videla, bajo apremio, restituyera a Joseph Semeyan el "instrumento" y que "se dividan a los indios tierras, aguas y montes".

En 1756 se reconoció o refundó el pueblo de Corocorto[23] y fueron repartidos solares a los indios según su jerarquía, como era de uso. Don Joseph Semeyán mencionó en el acto las herramientas que se les entregaron "para el común beneficio de los indios y que labrasen sus tierras" por ser dueños de "aguas, tierras y montes" al mismo tiempo que renovó sus quejas por la introducción de foráneos en sus tierras.[24] Pocos años después, como ocurrió con todas las primeras fundaciones o intentos de fundación de pueblos en Valle Fértil, Mogna, y las Lagunas, Corocorto se halló nuevamente despoblada, al decir de un informe de la época, debido a los continuos ataques de los "indios enemigos". Sus habitantes se habían retirado al noroeste, a las lagunas de Guanacache, precisamente a los parajes de Capilla del Rosario, Asunción y San Miguel.

Más de treinta años después, hacia 1789, se reactivaría la idea de fundar una Villa en Corocorto, a raíz de una renovada presión de las autoridades del virreinato del Río de la Plata por reforzar las fronteras contra los indígenas libres en la frontera sur y las vías de comunicación internas del dominio colonial. El famoso comandante de armas de Mendoza, José Francisco de Amigorena,

---

[22] AHM, carp. 29, época colonial, doc. 22.

[23] AGI, Chile, leg. n° 138.

[24] AHM, carp. 29, época colonial, doc. 22.

quien para la misma época desarrolló una política de alianzas selectivas con grupos pehuenches que garantizaran la frontera sur fue encomendado por el virrey Marqués de Loreto para inspeccionar el área de Guanacache y repoblar Corocorto, devenido, como veremos, punto estratégico. Paradójicamente, para el proyecto de la villa de "españoles" debió convocar a los habitantes indígenas dispersos de origen huarpe o chiquillan, tal vez de los pueblos de indios de mediados del siglo XVIII. Admitiendo sostener al pueblo de Capilla del Rosario en su ubicación, conminó empero a los habitantes de Asunción y San Miguel a repoblarse en Corocorto y les ofreció para ello guarnición armada y construir una acequia de regadío (Sosa Morales, 1965: 68). Amigorena logró que propietarios de la ciudad que poseían propiedades en Corocorto donasen 2000 cuadras de tierras para fundar la villa. En diciembre de 1791 pasó revista a las milicias del lugar, las dotó de armas y municiones, agregó soldados hasta sumar cuarenta y un hombres hizo abrir una acequia y logró reunir cuarenta y cinco familias, a las que exhortó a asentarse en la villa por "el beneficio que les redundaría la sociedad en forma de república".

Aunque Amigorena nunca mencionó el pueblo de indios en Corocorto ni la existencia de sus autoridades, la villa fue poblada, al igual que la de Valle Fértil y los pueblos de Mogna y las Lagunas, y en gran medida Jáchal, básicamente por indios. El cura Obredor, a cargo de todos los parajes mencionados, informó expresamente que sus feligreses eran en su mayoría *indios puros* "descendientes de los primeros pobladores infieles" y que su principal ocupación era la crianza de ganado de invernada (Sosa Morales, 1965: 65). Ciento cuarenta y cuatro de ellos estaban matriculados en Corocorto, doscientos cuarenta y tres en Rosario y ciento ochenta en Asunción y San Miguel; pero la mayoría vivían sin paradero determinado en ranchos dispersos en el monte por miedo a las invasiones y otros en estancias que se encontraban a quince leguas.

Inclusive, estos habitantes exigían aún el reconocimiento de sus tierras otorgadas a mediados del siglo XVIII. Entre 1804 y 1807 el cura de Corocorto, Juan Crisóstomo Pérez se opuso como defensor de los indios a una denuncia de tierras hecha por Don Mateo Delgado en el paraje de La Paz, a ambos lados del río Desaguadero.[25] La denuncia o denuncio de terrenos y el posterior remate era el procedimiento legal desde la Real Instrucción de Independientes de 1754 para la apropiación privada de tierras consideradas realengas (Cueto,

---

[25] AHM, carp. 30, I, época colonial, doc. 50.

1989). En este caso Rafael de Sobremonte, entonces virrey del Río de la Plata, suscribió al propio Pérez el oficio en que se ordenaba realizar la mensura en base al denuncio. Delgado era un empresario de tropas de mulas y carretas que disputaba el control del camino a Buenos Aires y las tierras de pastoreo en el área, junto con el derecho a cruzar el río Desaguadero por un puente que a fines del siglo XVIII fue objeto de una gran controversia legal (Sosa Morales, 1965: 56-63). Pérez escribió a Sobremonte cuestionando por "quererles robar a cara descubierta a estos infelices lo que legítimamente es suyo":

> [...] ¿Cómo puede el virrey anular una donación Real hecha en nombre de su magestad, con particular comisión por el Sr, Oidor Blanco como es constante? ¿Cómo puede el dicho Virrey desposeer una posesión jurídica que les dio este Ministro Real, estando, como están en actual, inmemorial, y no interrumpida posesión de dichos terrenos sus legítimos dueños?[26]

El defensor acudió así a dos argumentos distintos que probaban la propiedad en común por pate de los indios: la prescripción por posesión inmemorial y la donación implicada en la reducción del pueblo de 1756 (Cueto, 1989). Denunció una intención fraudulenta de despojo a los indios en la que podría verse involucrado el propio virrey: "si los terrenos son realengos (como dice el denunciante y usted supone). ¿A qué fin se me hace saber esta providencia? Luego, conocen que los indios poseedores son legítimos dueños." En la misma línea, cuestionó el hecho de que el protector de indios de la ciudad, que debía haber tomado la defensa, no había intervenido sea porque Sobremonte eludió darle vista del expediente o porque el propio defensor se había negado. Pérez, aceptando esta última posibilidad –que exculpaba al virrey– dijo que se había constituido como defensor solo "en defecto de aquel" agregando que le hiciera saber "que siempre que este haga constar, que no quiere hacer, yo me apersonaré y bajaré a hacer su defensa, y el castigo y deposición de aquél, si no lo hace." Finalmente, denunció también maniobras de ocultamiento de los títulos originales de la propiedad de los indios por parte de los funcionarios del cabildo de Mendoza:

> [...] pues sacando del Archivo de ese cabildo los documentos originales de la donación y posesión Real que se les dio a los indios de estos terrenos, desde el Agua Dulce, que es el fondo del Rincón que forma el Tunuyan hasta el mismo Corocorto, no habría más que hacer. Pero no lo he podido conseguir sin

---

[26] AHM, carp. 30, I, época colonial, doc. 50.

embargo de tantas representaciones que ahora reitero. [...] Pues aun cuando diga ese cabildo, que no existen dichos. documentos (como se dice) es lo más fácil saber en tiempo de qué escribano se han substraído con (¿?) los mismos inventarios de las anteriores entregas del protocolo.

A pesar sin embargo de su encarnizada defensa legal de los indios, los juicios que les prodiga Pérez son contradictorios. En diversas oportunidades se queja amargamente de su indolencia y falta de respeto. Esto se vincula a las dificultades que encuentra para un megalómano proyecto de desarrollo para el área que insistentemente despliega en sus cartas a Sobremonte. En junio de 1807 escribe al cabildo de San Luis diciendo que a pesar de que habían transcurrido sesenta años desde la fundación del pueblo, los naturales tenían aversión a la agricultura y a todo trabajo y que se andaban "mudando de un lugar a otro y viven en chozas miserables peor que los animales".[27] El mismo mes dirigió otra carta al virrey diciendo que la villa de Corocorto estaba destruida y que lo habían dejado solo "en este desierto". Que era hostigado por parte del Comisionado del gobierno de Mendoza, quien había convocado a los indios situados en la villa que "se vinieron a insultarme a la misma iglesia, amenazándome que me habían de amansar".[28]

En la misma carta volvió a denunciar a Mateo Delgado por querer apropiarse de:

> [...] el mejor territorio que tiene el lugar por realengo y baldío, teniendo más de 200 almas y siendo legítimamente de mis feligreses [...] sin embargo de las reiteradas representaciones a la Real Audiencia, virrey, Gobernador de Córdoba y Subdelegado [...] estando en actual, quieta y pacífica posesión sus legítimos dueños.[29]

Finalmente, nos enteramos de que un cacique de Corocorto Pedro Semeyán, posiblemente el sucesor de Joseph, había fallecido el mismo año porque se menciona a su viuda como objeto de la violencia de Delgado, quien parece haber aprovechado para matarla y arteramente ocupar sus tierras:

> [...] llegando a tanto la iniquidad que el mismo capataz de Delgado hubo de matar a espolazos a la viuda del cacique Pedro Semellan, haberle pegado fuego a su corral, e irla a buscar con otros armados para matarla, y se ha quedado

---

[27] Archivo General de la Nación (en adelante AGN), Sala IX- 3-5-2, f. 3.

[28] *Ibid.*, f. 7-8.

[29] *Ibid.*, f. 9.

impune pues aunque a mi instancia, promovió la Real Audiencia el asunto, en Mendoza lo han suprimido.

Pérez amplió su cuestionamiento a las autoridades de Mendoza mostrando la corrupción generalizada de los miembros del gobierno quienes "nombran alcalde, corregidor y procurador de su parcialidad para no tener ninguna oposición" y denuncia el cobro de tasas ilegales a nombre del rey a los troperos del camino Real, graficando poéticamente la maniobra: "Esta contribución se distribuye como la limosna de nuestra señora de las Estrellas, esto es, la mitad para mí, y la otra, para ella." Finalmente, Sobremonte atendió el reclamo del defensor y ordenó la suspensión de las mensuras, aceptando los derechos de los indios y oponiéndose a las pretensiones del cabildo mendocino.[30]

Veamos ahora lo ocurrido en las lagunas de Guanacache. Desde el siglo XVI se otorgaron allí la mayor cantidad de encomiendas de indios huarpes además de funcionar una de las primeras doctrinas eclesiásticas de Cuyo. También fue una de las principales áreas de saca de indios para encomiendas que se utilizaron en su gran mayoría como base para la extracción de mano de obra indígena hacia Chile y no se crearon asentamientos permanentes. En 1664 el oidor Cuba y Arce había fundado el primer pueblo de que tengamos datos en el sitio que llamaban del Corral, o Corral de Chaparro, "junto a las lagunas doce leguas de la ciudad de Mendoza", donde edificó ranchos y construyó una iglesia poniendo a dos caciques como alcaldes y un administrador español.[31] Uno de los caciques era Bartolomé Talquinca cuyo descendiente, Juan Talquinca, como hemos mencionado, reclamaría en 1696 su cargo en un pleito reforzando sus derechos por haber servido "en las entradas del enemigo" Lorenzo Chiquillán hasta el río Atuel (Espejo, 1957: 360-363).

A mediados del siglo XVIII, la Junta de Poblaciones de Chile había determinado que se fundaran nuevamente pueblos de indios en las Lagunas y en otras partes de Cuyo. En 1753 ordenó al corregidor, Eusebio de Lima y Melo que repartiera tierras a los indios y construya iglesia no sin antes tratar de persuadirlos de trasladarse a Corocorto, con el argumento de que el pueblo ya existente en las Lagunas se hallaba en una tierra estéril y medanosa y con la promesa que Corocorto en cambio era fértil y abundaba el agua y la madera. Meses después Lima y Melo hizo citar a los pobladores de los parajes de San Miguel y Asunción

---

[30] *Ibid.*, f. 19.

[31] AGI, Chile, Escribanía 939 A; Prieto, 2000: 170.

–ambos distritos ubicados actualmente en Mendoza– y realizó una matrícula que mostró la mayor cantidad de población de todos los pueblos fundados, con ochenta y un grupos familiares y un total de cuatrocientos ochenta y ocho personas, cincuenta en San Miguel (288) y treinta y una en Asunción (199).[32] Pero el reparto de solares con sus cuadras, plaza e iglesia se suspendió por no haber concurrido todos los indios que constaban en la matrícula.

El optimismo fundacional se revelaría excesivo. Al igual que en los demás casos que hemos analizado hubo marchas y contramarchas sobre la localización del pueblo por la resistencia de los indígenas, la cual no fue una respuesta monolítica, sino que se vio atravesada también por antagonismos preexistentes entre ellos. En San Miguel, donde se había realizado la primera compulsa, los pobladores sugirieron enfáticamente el emplazamiento en Tres Cruces, tres leguas al oeste,[33] donde según afirmaron podían sacar agua del río –al contrario que en San Miguel donde el río corría encajonado muy abajo–. El corregidor realizó una inspección comprobando la factibilidad de realizar una toma y acequia para regar tierras, ya que la barranca del río era menos pronunciada que en el resto de la costa. La junta aprobó la ubicación y mando se fundase el pueblo y repartieran los solares de tierras, instruyendo para ello al oidor Blanco de Laysequilla, quien citó a los pobladores de San Miguel y Asunción en Tres Cruces para fundar "el pueblo de las Lagunas".[34] El 23 de julio de 1754 Blanco acudió a realizarlo y aunque comprobó que –pese a lo manifestado por los pobladores y Lima y Melo– la profundidad del cajón del río no permitiría sacar agua, los locales insistieron en concretar el reparto lo cual se realizó de inmediato. Los habitantes de Asunción, en cambio, resistieron poblarse en el sitio por los mismos motivos que observó Blanco, a lo que agregaron la escasez de tierras aptas para cultivo.[35] El mismo día el oidor aceptó su contrapropuesta de fundar el pueblo en Asunción, para lo cual encargó revisar el terreno al superintendente de las Lagunas, Matías Barros, y a los ancianos del lugar. Esta pesquisa arrojó que en las inmediaciones de la capilla existente en Asunción había suficiente

---

[32] AHNC, Real Audiencia, vol. 2907, f. 141.

[33] Se halla a menos de 15 km del actual pueblo de San Miguel, frente al paraje del Encón.

[34] AHNC, Real Audiencia vol. 2907, f. 141.

[35] *Ibid.*, f. 147. El terreno se encontraba entre dos cadenas de médanos y poseía escasa superficie plana.

tierra plana apta para sembrar y con facilidades de riego. Los pobladores dijeron que aceptaban construir el pueblo si les deban herramientas y sobre todo si se les aseguraba que no serían desalojados por nadie en lo sucesivo, y la nueva fundación fue aprobada. Barros entregó las herramientas al alcalde Pascual González[36] y Blanco ordenó trasladar a todos los habitantes de San Miguel a Asunción, donde quedarían divididos con su propio alcalde, mientras que su ganado podía continuar en San Miguel.[37] Barros renunció en diciembre del mismo año alegando tener que trabajar para mantener su numerosa familia y los de San Miguel, como era de esperar, no se trasladaron a Asunción bajo la excusa de que el terreno se inundaba habitualmente por las crecidas del río. Finalmente, quedaron vigentes ambos pueblos con sus propios alcaldes electos.[38]

Pero los conflictos por las tierras y la autoridad continuaron a lo largo del siglo. En 1771 el alcalde de Asunción Feliciano Díaz solicitó la actuación del protector de naturales contra María Chuquía que reclamaba unas tierras como herencia, pero éste terminó representando a Chuquía,[39] alegando su posesión inmemorial ante la desaparición de unos documentos que "se perdieron en una avenida grande que hubo, cuya notoriedad me releva de prueba".[40] Luego, existen ciertos datos continúan evidenciando la conflictividad interna en los pueblos de las Lagunas, tal como observamos para fines del siglo XVII, en cuanto a los cargos de gobierno local, en este caso de alcaldes, que terminó derivando en su unificación para ambos pueblos.

---

[36] *Ibid.*, f. 147, 150.

[37] *Ibid.*, f. 153.

[38] AHNC, Morla Vicuña, vol. 22, f. 76-77.

[39] AHM, carp. 140, época colonial, docs. 20 y 24.

[40] AHM, carp. 140, época colonial, doc. 24.

Mapa 3: Las lagunas de Guanacache en el siglo XVIII

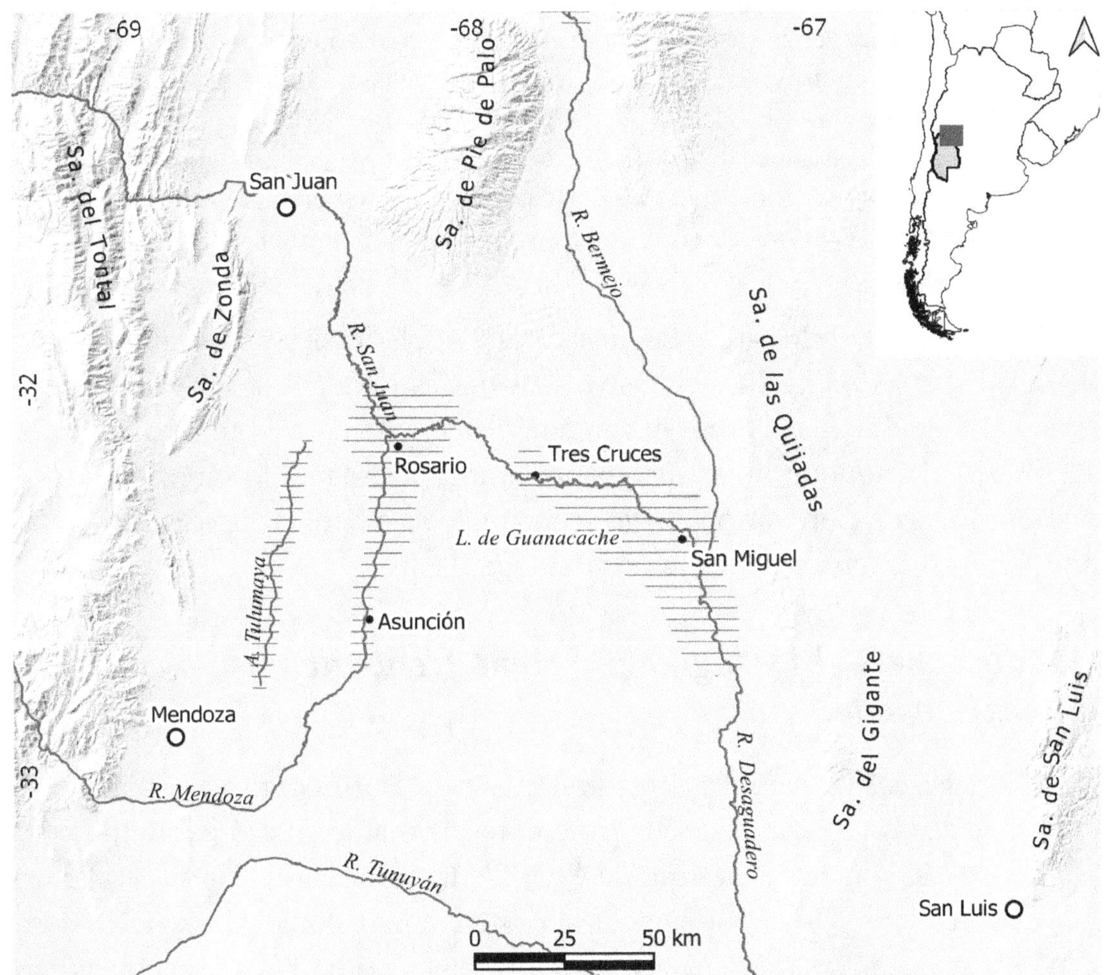

Realización: Laura Zalazar.

Más allá de estos pormenores, en el marco del proceso fundacional o re-fundacional iniciado a mediados del siglo XVIII los laguneros, al igual que los habitantes de Valle Fértil, Mogna y Corocorto parecen haber continuado ocupando las tierras que ya habitaban, con reconocimiento por parte del gobierno colonial hasta avanzado el siglo. Prueba de ello es que en 1785 Sobremonte admitió que no podía dar lugar a los reclamos de vecinos de la ciudad de San Juan para apropiarse de las tierras de las lagunas de Guanacache y Mogna porque los indígenas tenían real provisión de la audiencia de Chile sobre las mismas (Torre Revello, 1946: XCVI, XCVII):

> [...] por aquellas dilatadas llanuras y quebradas que de tiempo inmemorial viven de esta forma sin que los jueces sean bastantes a vigilar sus operaciones, ni pueda alcanzarles el Pasto Espiritual, y es presumiblemente que al quererlas sacar de este género de vida para reunirlos a población se profugan los más porque aborrecen la sociedad, y los del paraje que llaman Mogna y las lagunas, tienen real provisión de la audiencia de Chile para que se les deje el uso de la tierra [...] por su constitución no pagan tributo, no merecen las tierras que poseen y solo viven ociosa e inútilmente en sus ranchos infelices, robando el ganado de las estancias inmediatas (Torre Revelo, 1946: XCVI).

El dato de que en Mogna y las Lagunas los pobladores tenían real provisión de la Audiencia de Chile para el uso de sus tierras y además no pagaban tributo sería reiterado en 1796 por el propio Sobremonte en un informe (Garzón, 1968: 471). Y aunque no lo mencionó, el mismo estatus le sería reclamado por los indios de Corocorto y luego aceptado, como hemos visto, en un pleito por parte del defensor de los indios del lugar.[41]

Guanacache y el Desaguadero como frente defensivo colonial a fines del siglo XVIII

Desde el siglo XVII la significación estratégica para la geopolítica colonial de los indígenas de las Lagunas y Corocorto con relación al territorio de dominio de pampas, aucas y pehuenches que se extendía hacia el este y sureste desde los ríos Desaguadero y Tunuyán parece haber funcionado como fundamento para la posesión y propiedad de sus tierras, reforzada por la dificultad de poblar con españoles el área debido a su complicada geografía. Para fines del siglo XVIII, en plena restauración borbónica y recién fundado el virreinato del Río de la Plata, la región recapturó la atención estatal ante los intentos de fortalecer la frontera con los indígenas no sometidos y retomar el control de áreas que estaban siendo parcialmente reocupadas o incursionadas por estos.

Como hemos visto, el comandante de armas de Mendoza José Francisco de Amigorena, artífice de una conocida política de consolidación de la frontera sur de Cuyo, fue comisionado también para desarrollar un proyecto de fortalecimiento fronterizo en el este de Mendoza para lo cual entre otras cosas repobló y refundó el pueblo de Corocorto. Como parte de aquella misma misión su principal tarea, que llevó a cabo personalmente, fue relevar el área de

---

[41] AHM, carp. 27, época colonial, doc. 50.

las Lagunas produciendo un informe, un mapa y un diario de viaje que son las fuentes más importantes para el período.[42] Este interés del gobierno colonial se debió a la necesidad de salvaguardar las rutas de comercio que pasaba por la frontera indígena del sur y reforzar esta última en el marco de una más vasta reconfiguración geopolítica virreinal. El camino de Mendoza a Buenos Aires, por donde circulaba un importante comercio carretero que a su vez conectaba con Chile y el Alto Perú, pasaba por el área de Guanacache. El problema principal de este recorrido era por un lado la vulnerabilidad al ataque de los indios desde el sur, pero también la potencial amenaza de los propios pobladores de la travesía de Guanacache y las inclemencias de la naturaleza, especialmente falta de agua potable.

La ruta que unía Santiago con Buenos Aires pasando por Mendoza y eventualmente Córdoba cruzaba el río Desaguadero, que en el verano no tenía agua a partir de la laguna de Las Quijadas. El primer objetivo del relevamiento de Amigorena además de fidelizar a los laguneros era dotar de agua potable a la travesía y reforzar la frontera para evitar la introducción de los indígenas alzados. El proyecto era ambicioso: conseguir un caudal permanente en el Desaguadero a partir de complejas obras de canalización y la realización pozos de agua que pudieran llenarse en invierno y mantenerse en verano. Sin embargo, la misma idea de mantener con agua el Desaguadero aparejaba un grave riesgo en función del objetivo fronterizo: que ante la perspectiva de obtenerla en esa travesía los indígenas alzados del sur pudieran profundizar sus entradas hacia el norte. Por ello, parte fundamental del proyecto era la fijación de poblaciones leales en el Desaguadero, papel reservado, desde el siglo XVII, a los indígenas incorporados de las Lagunas y Corocorto.

---

[42] Esto consideraba el antropólogo Milcíades Alejo Vignati (1953), quien publicó ambos documentos considerándolos como las principales fuentes etnohistóricas sobre los huarpes o sus descendientes en las Lagunas para la época. El mismo diario es citado posteriormente por Sosa Morales (1965: 56-63).

Mapa 4: Lagunas de Guanacache (incluye también los ríos Mendoza, Desaguadero y Tunuyán) levantado por el Ingeniero Don José Giménez Inguanzo en 1789.

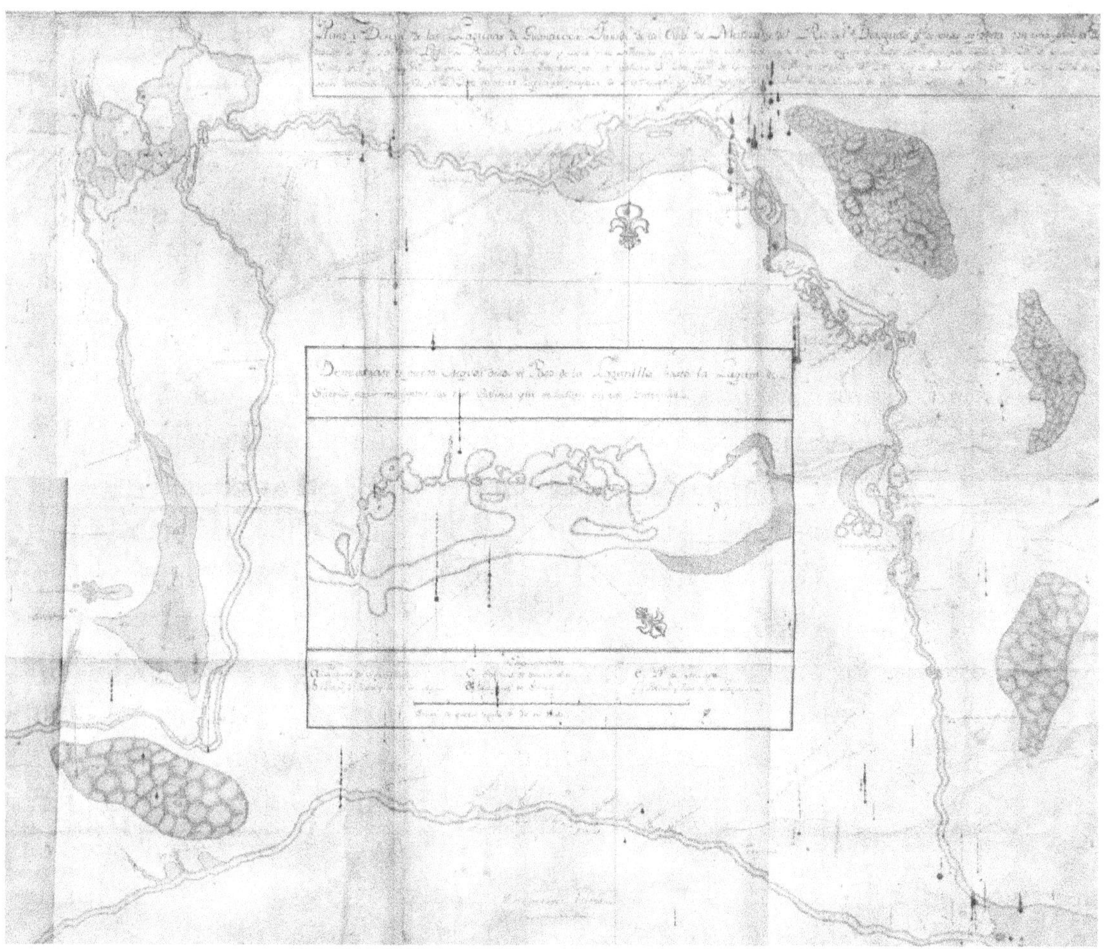

Archivo General de Indias.

Amigorena realizó entonces una minuciosa inspección en todo el arco de lagunas desde el paraje de Capilla del Rosario hasta Corocorto. Con la participación del ingeniero José Jiménez Inguanzo hizo levantar un impresionante mapa que hasta la actualidad es el más detallado jamás realizado sobre el área sin medios satelitales (Vignati, 1953). Todos los puntos poblados, relieve, vegetación, caminos –incluyendo sobre todo los "caminos de los indios" y los "ranchos de los indios"– fueron cartografiados y las lagunas sondeadas en toda su extensión. Estas llegaban hasta los dieciocho pies de hondo y aunque eran consideradas como diversas, o solo unidas por canales, formaban en las grandes crecidas una sola jalonada por inmensos totorales que crecían donde había menor profundidad. Para la época comenzaban a perder sus caudales, retrogradándose hasta secarse a veces las de más al sur, a lo largo del Desaguadero, como las de Las Quijadas, La Faltriquera y Los Chomes.

Si el informe de Amigorena, que retomaremos en breve, detalló las viscisitudes hidrográficas y geopolíticas del área, su diario de viaje es el primer documento que reseñó extensamente y de primera mano las costumbres y situación de los laguneros. El acceso a los parajes habitados de las lagunas no era tarea fácil aún para un experimentado militar de frontera con la disponibilidad de medios que podemos imaginar por su cargo y comisión virreinal. Estos totorales eran, tal como describiera Bialett Massé (1985: 415) un siglo después, "más altos que los de la manigua cubana" y junto con los esteros, pantanos, bosques y arenales que los circundaban formaban una geografía defensiva que los laguneros habían aprovechado desde los inicios de la conquista. El calor era agobiante aun en época invernal. El día 2 de agosto Amigorena tuvo que acampar a las nueve de la mañana por "la fuerza del sol" y luego continuar durante la tarde y noche hasta el siguiente destino (Vignati, 1953: 82).[43] Pero lo peor eran los mosquitos, jejenes y zancudos que hacían insoportable la existencia. El comandante de armas repite en diversas oportunidades su padecimiento. "Las ricas truchas que producen estas lagunas hicieron algo tolerable la insufrible fatiga con que nos mortifican los innumerables insectos de mosquitos y jejenes" (*Ibid.*: 75). Más adelante vuelve sobre el tema: los mosquitos "hicieron la guerra todo el día, pero [...] cuando entró la noche, vinieron ejércitos de otros que llaman zancudos, que a pesar de los humazos de estiércol de vaca que pusimos en los toldos no podíamos librarnos". Y en otro pasaje abunda: "al ponerse el sol notamos que salían de los carrizales varios humos [...] y vimos que eran innumerables ejércitos de mosquitos zancudos" (*Ibid.*: 77). Parece exagerado que un hombre curtido en la guerra contra los pehuenches en la frontera sur de Mendoza insistiera con metáforas bélicas para ilustrar la acción de los insectos. Sin embargo, estas mismas imágenes fueron utilizadas por cronistas y misioneros en siglos anteriores para expresar los hechos. Un sacerdote comentaba a principios del siglo XVII que "mis manos y mi cara me las pasaron tales que no parecía sino sarnoso o leproso" y

---

[43] Las descripciones de Amigorena coinciden con mis propias experiencias en la zona. Desde fines de la primavera es muy difícil permanecer sin refugio después de las nueve o diez de la mañana porque el calentamiento de la arena genera una atmósfera calcinante. Una medición que realicé un mediodía de noviembre arrojó 52 grados centígrados.

concluía que las "nubes de mosquitos [...] nos han hecho una guerra no menos sangrienta e insufrible que los habitantes de estas provincias" (*Ibid.*: 96). El Jesuita Alonso de Ovalle escribía a su vez que "hay mosquitos tan pequeños como puntas de agujas, su aguijón no se puede sufrir [...] se entran por la barba y se pegan" (*Ibid.*: 96) mientras que Rosales mencionaba que si bien unas variedades de mosquitos "pasan el pellejo de un toro [...] otros apenas se ven", agregando un interesante dato que sugiere que los indios los utilizaban como arma natural disuasoria, adoptando estrategias para soportarlos: "el defensivo que tienen los indios es estarse en el agua hasta la garganta y en hoyos hechos a propósito" (*Ibid.*: 96).

El diario del viaje ofrece pareceres personales sobre los laguneros quienes "a manera de brutos se han determinado a vivir dispersos en los campos" (Vignati, 1953: 76). Son acusados de indolentes, indisciplinados y sin ambición económica pese la abundancia de recursos. "Por allí habitan unos altaneros y vagos que viven ociosos y abandonados" que "se contentan con adquirir lo muy preciso para no morir de necesidad y que no se les vean las carnes" (Sosa Morales, 1965: 56-68). Le resultaba notable "la miseria que padecen estos naturales por la inacción y la flojedad, en medio de las buenas proporciones para repararse" (Vignati, 1953: 76). Existían en efecto recursos relativamente abundantes y se practicaban diversas actividades productivas. La pesca continuaba siendo una de las principales aunque en la época no era objeto de un gran despliegue comercial, pese a haber abastecido en los primeros siglos de la colonia a las ciudades de Cuyo e incluso a Santiago de Chile con pescados frescos o secados al sol. Era realizaba mediante grandes redes movidas por balsas de juncos[44] y fue objeto de disputas por su explotación comercial y la utilización de mano de obra indígena.[45] Otro renglón significativo era la recolección de sal que era importante en la economía colonial para la conservación de la carne entre otros usos. Sin embargo, Amigorena planteaba que la industria fundamental en la economía lagunera era la tejeduría de las mujeres,

---

[44] Su uso está documentado desde principios del período colonial hasta la década de 1940.

[45] En 1623 por ejemplo una defensa "del cacique e indios del Pueblo de Guanacache y sus lagunas en la provincia de Cuyo" planteaba que el corregidor provincial había nombrado un amigo como corregidor del pueblo y lagunas de Guanacache que ocupaba "a los miserables indios en las pesquerías" "y los despacha con recuas de mulas y ganados a las ciudades de Córdoba y La Rioja con la pesca sacada" prohibiéndoles que siembren para sustentarse (Espejo, T. 1, p.69-70).

que "[…] con las lanas para sus trabajos en que verdaderamente se ejercitan con aplicación tanta que puede asegurar, que ellas sostienen las familias y a los mismos hombres" (*Ibid.*: 81-82).[46]

Pero más allá del énfasis de Amigorena en la tejeduría era seguramente la ganadería el principal rubro económico de los laguneros, quienes poseían cabras, ovejas, vacas, caballos y sobre todo mulas, cuya calidad continuó siendo afamada en toda la región inclusive, como nota Vignati con sorpresa, hasta la época en que escribe su artículo (*Ibid.*: 81). Otros observadores de la época, como el cura de la región de Corocorto y las Lagunas Juan Manuel Obredor, sostuvieron también que la ganadería, especialmente de invernada, era su principal actividad (Sosa Morales, 1965: 65). Esto coincide con lo planteado por otros autores y fuentes quienes para el período colonial y hasta los siglos XIX y XX situaron a las Lagunas en un circuito de crianza y tráfico de ganado en pie con destino a Chile que se nutría con animales traficados desde la llanura pampeana el litoral y Córdoba y engordados en invierno en torno a los humedales de Cuyo, para ser trasladados en el verano a través de la cordillera (Michieli, 1992; Igarzabal, Escolar, 1996). Además de estas prácticas económicas la mayor parte de la dieta se obtenía con la pesca, la caza de aves, quirquinchos y guanacos y la recolección de huevos y vegetales, sobre todo de vainas de algarrobo. La disponibilidad de estos recursos se daba sobre todo en el verano y también en otras partes de la región, siendo una habitual queja de las elites cuyanas la falta de trabajadores en el período estival por la facilidad de estos de encontrar sustento en el monte. Llama la atención, finalmente, la nula mención de Amigorena a la agricultura, pese a que su propuesta de ofrecer en Corocorto tierras para cultivo a los laguneros, más los antecedentes de similares preocupaciones durante las fundaciones de pueblos y villas de años anteriores, sugiere que estos tenían un antiguo desarrollo e interés en ella. Es posible que la actividad no haya sido significativa en el período, pero también que los laguneros no hayan mostrado sus sitios de cultivo o que el propio Amigorena, interesado en justificar las obras hídricas para la fundación de Corocorto como emporio agrícola, haya obviado mencionar la agricultura en estos parajes.

---

[46] Coincide con lo analizado para la economía rural en el territorio pampeano por algunos autores que adjudican a la producción femenina de ponchos, mantas y otras prendas de lana la principal vía de obtención de ingresos monetarios o intercambio (Garavaglia, 1986; Palermo, 1994).

Vignati criticará la imagen de "flojedad" y miserabilidad de los laguneros que, como como en el texto de Amigorena, permea buena parte de las crónicas coloniales y se ha reproducido abundantemente en los discursos históricos (Michieli, 1992; Igarzábal, 1873). La ocupación dispersa del espacio y la precariedad de las viviendas, en general realizadas con materiales livianos tales como paneles de ramas embarradas, cañas, juncos y totora, han sido habitualmente consideradas como el signo principal de su pobreza y desidia (Vignati, 1953: 79, nota 8). Sin embargo, como señala el autor, las chozas debían su simpleza no a la miseria del medio sino a la poca practicidad de construirlas con mayor inversión de trabajo y recursos dado que los sitios debían ser frecuentemente abandonados por el movimiento de las arenas y las constantes inundaciones. Por la misma razón, Vignati planteó que aún en la época en que él escribía las viviendas solían ubicarse en la cima de médanos que según la estación quedaban constituidos en islas.

El informe realizado por Amigorena, a diferencia del diario tiene un tono menos personal y más técnico. Consistió básicamente en una encuesta a los "prácticos del lugar", en general autoridades locales, sobre la conformación hidrológica y la afluencia de los indios del sur. Las preguntas apuntaban a reconocer la situación hidrográfica de las Lagunas para cotejar si con ciertas obras, básicamente cortes en los endicamientos naturales –denominados localmente "bordos"– entre lagunas, se podría dotar de agua permanente al río Desaguadero, pero evitando que se vacíen las lagunas y perjudique la pesca; evaluar si los "indios bárbaros" podían internarse para obtener agua o por el contrario, podía lograrse por este medio que se poblaran con agricultores criollos esos parajes; y finalmente, qué medio era más seguro para abastecer de agua, si el del cauce permanente o la realización de aljibes. La hidrografía era sin duda la principal preocupación, por la cambiante dinámica de los cauces no solo de las lagunas, sino de los ríos: el Mendoza, principal formador de la cuenca, variaba su curso según la dirección de las crecientes cuando inundaba repentinamente la llanura, o cuando el movimiento de los médanos taponaba parcialmente su cauce, luego de que se secaba. Precisamente doce años antes había cambiado de curso corriéndose decenas de kilómetros hacia el norte, desde San Miguel hacia la capilla del Rosario (*Ibid.*: 72).

Los prácticos consultados fueron, excepto un par de casos, los alcaldes y mandos militares que allí revistaban.[47] Sus respuestas dieron referencias sobre las inquietudes del relevamiento, pero –sobre todo las más completas– también intentaron influir sobre el proyecto desde sus propios intereses, que básicamente dependían de su ubicación en la cuenca. Los que habitaban en la laguna del Rosario, que se encontraba más al noroeste, aguas arriba de las demás, y la más retirada de la frontera, se excusaron de opinar sobre el posible éxito de las obras, excepto el Alcalde Pedáneo Feliciano Díaz, quien ofreció un extenso reporte cuestionando la posibilidad de abastecer en forma permanente al Desaguadero:

> [...] dichas Lagunas [...] corren desde el camino de San Juan de poniente la naciente, hasta donde desembocan en un río caudaloso, que este declarante, y otros de su vecindario llaman de San Juan y hasta donde habrá once o doce leguas, teniendo de ancho de norte a sur cuatro a cinco leguas de orilla a orilla según el paraje por donde se mide. Que dichas lagunas toman sus crecientes mayores desde el mes de octubre, hasta el mes de enero, que es cuando se derriten las nieves de la Sierra [...] y que por esta misma razón crece el nominado río que sale de las Lagunas y prosigue hasta más abajo de la capilla de San Miguel, que no sabe cuántas leguas, pero sí que se desparrama en otros muchos bañados, y Lagunas que prosiguen encadenándose hasta el Desaguadero a excepción de algunos años en que suelen no alcanzar las aguas al paraje de Las Quijadas en la estación del verano, y que por esta razón no sabe si se podrá dar agua permanente al Desaguadero (*Ibid.*: 61).

Díaz agregó que "por la baquía que tiene de aquellos parajes" sabe que no podrá lograrse que las aguas corran en forma permanente en un cauce debido a lo guadaloso del terreno, que obligaría a una limpieza continua de los canales o cortes de "las muchas arenas y lodos que allí conducen las aguas llovedizas" (*Ibid.*: 62). Tanto Díaz como el Sargento Mateo Pizarro, quienes más información aportaron, manifestaron también como su prepocupación principal la merma de los caudales causada por "las muchas [aguas] que sacan para el riego de Mendoza [estas] aminoran y se cortan como a diez leguas antes de la entrada [de las lagunas]" (*Ibid.*: 63). Los inmensos caudales estaban

---

[47] De noroeste a sureste, en el paraje de Capilla del Rosario: el alcalde pedáneo Feliciano Díaz, el capitán de milicias Ramón Videla, y los sargentos Francisco Jufré y Mateo Pizarro; en Las Playas, el alcalde Miguel Durán y el capitán Martín Chay; en Los Chomes, el teniente de milicias Luis Montoya y en el Alto Grande, ya a ocho leguas de Desaguadero, el alcalde Ángel Acevedo.

efectivamente en franco retroceso y el informe señala por primera vez la preocupación de los laguneros por un proceso cuyo análisis retomaremos en el capítulo 7, que concluiría con el desecamiento de las lagunas en el siglo XX.

Al contrario que los habitantes de las Lagunas del Rosario, los de aquellas más próximas al Desaguadero, en la parte baja de la cuenca, manifestaron diversas dificultades técnicas desalentando el proyecto de canalización de las lagunas cercanas y recomendando en cambio la realización de los aljibes alimentados por agua de lluvia, no del río. La principal causa era que antes de la laguna de las Quijadas el río atravesaba otras que rodeaban grandes salinas, por lo que el agua era salada a partir de dicho punto (*Ibid.*: 68), no obstante los naturales la consumieran (*Ibid.*: 69). Asimismo, consideraron difícil el riego para sembrar en Corocorto a raíz de que el río corría muy encajonado a esa altura, por lo que su nivel no permitía su extracción mediante canales.

Como hemos visto, los naturales se habían replegado hacia las lagunas debido en teoría al acoso de los indígenas alzados, pero estos acudían atraídos por el agua: "siempre que tenía agua este río, solían entrar los indios por sus orillas […] que esta fue la causa por las que él y otros abandonasen sus habitaciones y se internasen a estos parajes" (*Ibid.*: 70, 61).[48] Pese a ello, Amigorena persistió en recomendar la realización de las obras para mantener el curso permanente del Desaguadero, tal vez por desconfianza en las sugerencias locales. Las expectativas locales chocaban con el proyecto. Los de las lagunas del Rosario temían que baje el nivel del complejo palustre y se vea afectada la capacidad pesquera. Los de las lagunas orientales, aguas abajo, rechazaban la idea por miedo a que favoreciera la introducción de los indios alzados; y también, como insinuaba Amigorena, porque las salinas eran uno de sus principales recursos económicos y el reencauzamiento del río secaría los canales que debían regarlas para que la sal "se crie y reproduzca" (*Ibid.*: 78).

Pero para Amigorena fijar la frontera era un objetivo principal y eso debía lograrse con la erección de un fuerte en Corocorto. Fue autorizado a erigir el fuerte y la villa trayendo "todos los indios que habitan a orillas de las Lagunas desde la Capilla de San Miguel hacia abajo" —es decir, exceptuando los del

---

[48] Notablemente, este dato coincide con relatos de algunos informantes actuales, como Juan Nylo Reynoso, quien recuerda que según las memorias de sus mayores las Lagunas habrían comenzado a repoblarse aproximadamente para esa época por gente que antiguamente había escapado de los españoles hacia el norte y el este de las Lagunas, a la denominada "medanada", el paraje más árido y alejado de las ciudades cuyanas.

Rosario y Asunción (*Ibid.*: 81)–. El maestre de campo puso mucho empeño en esta obra, que desarrollaría en 1791, refundando como hemos visto la villa de San José de Corocorto. Sin embargo, pese a este nuevo acto fundacional la asignación de las parcelas y entrega de las tierras siguió sin concretarse. En febrero de 1810 el ayudante mayor de las milicias urbanas Pedro Vargas todavía solicitaba al cabildo de Mendoza que formalizara la fundación de la Villa "ordenada hace más de 50 años por el gobierno de esta provincia y junta de población".[49] Y en 1813 los propios vecinos del partido de Corocorto pedían aún la delimitación de la villa y la entrega de los títulos de propiedad para que "podamos trabajar".[50] Recién en 1850 las tierras serían expropiadas por el estado provincial para fundar la villa de La Paz y el departamento del mismo nombre. La temida amenaza fronteriza, sin embargo, no desaparecería y los ataques de pampas y ranqueles a la villa y su entorno serían una realidad cotidiana hasta la década de 1870.

---

[49] AHM, carp. 1, época independiente, doc. 1.

[50] AHM, carp. 1, época independiente, doc. 2.

Jueces indígenas, caciques criollos. Autonomía y estatalidad en Guanacache a principios del período independiente

Hacia 1814 el gobernador intendente de Cuyo Don José de San Martín comenzó a formar en Mendoza el Ejército de los Andes para combatir a los españoles en Chile atravesando la cordillera. Se trató de un descomunal esfuerzo social y económico para la sociedad regional que aportó la gran mayoría de los soldados, mulas y ganado necesarios. Entre otros parajes que fueron requeridos para el reclutamiento estuvieron las lagunas de Guanacache. La dificultad que presentó la tarea obligó al comandante de frontera Pedro de Susso a acudir en persona, ya que los treinta hombres enviados por el capitán Martín Guaquinchay (Bragoni, 2005: 107), seguramente la autoridad local de milicias que Amigorena había anotado en su informe veinticinco años atrás como Martín Chay (Vignati, 1953), fueron considerados una contribución demasiado escasa.

En su clásico *Revolución y Guerra* (1979) Tulio Halperín Donghi afirmó que uno de los principales efectos de la movilización militar revolucionaria fue la modificación de la estructura sociopolítica rioplatense a través del novedoso empoderamiento y movilidad social de los sectores populares que podían por esa vía obtener influencia política o acceder a carreras y cargos antes negados. Una amplia producción historiográfica, que por falta de espacio no repondremos aquí, ha destacado diversos aspectos de este proceso. Gabriel Di Meglio por ejemplo mostró cómo la coyuntura militar revolucionaria en Buenos Aires dio una participación inédita a los sectores populares y en especial las antiguas castas. Salvatore (2018) y Santilli, Gelman y Fradkin (2014) entre otros demostraron el papel formativo de la experiencia de reclutamiento militar tanto en la movilización política como en las estrategias de supervivencia económica popular a lo largo del siglo XIX, mientras que Ariel De la Fuente (2000) enfatizó además su duradera influencia en la cultura popular "gaucha".

Específicamente para Cuyo, Bragoni (2005) señaló acertadamente que las autoridades militares de los parajes rurales en el período sanmartiniano eran líderes comunitarios con capacidad para negociar y resistir las presiones de los requerimientos de soldados, incluso en el marco de la creación del mayor ejército hasta entonces en la región. Algo que no fue notado, sin embargo, es que por lo menos para Guanacache caso destacado por la misma autora el papel de los líderes militares locales y su capacidad de resistencia y negociación se remonta a una historia mucho más larga de intercambio de servicios militares por tierras y autonomía indígena. Me interesa, entonces, destacar un aspecto poco tratado en las perspectivas que enfatizaron la importancia de la revolución de independencia como bisagra social y política. Una tradición de militarización más antigua de empoderamiento e intercambio de servicios militares de los indígenas incorporados o "indios criollos" con el gobierno colonial que se manifestó, como veremos más adelante, hasta los últimos coletazos de las insurrecciones montoneras en la década de 1870. En las Lagunas las estrategias de defensa de las tierras de antiguos pueblos indígenas apelaron centralmente durante el siglo XIX a la reciprocidad con el estado o los partidos que lo construían y se lo disputaban a partir de sus servicios militares en la guerra civil, marcando una importante continuidad con el pacto militar/fronterizo colonial . También se dio esta relativa continuidad en el tipo de liderazgo político. Las diversas autoridades locales de gobierno durante la colonia, como caciques, alcaldes, capitanes y sargentos y durante el período republicano jueces, subdelegados y comisarios, fueron además de representantes del poder central líderes comunitarios que defendían derechos territoriales y autonomía explícitamente como indígenas e invocando derechos como tales del período hispano.

En este punto, es necesario introducir brevemente algunas consideraciones que ayudarán a completar el cuadro de las nociones de continuidad indígena en el territorio. A pesar del tiempo transcurrido y las presiones, violencias, traslados y ocultamientos, en ciertas áreas rurales de Cuyo en donde existieron pueblos de indios se observa la presencia de la mayoría de los mismos apellidos y linajes entre los siglos XVIII y XX y en gran medida hasta la actualidad. Esto a pesar de la disminución e incluso desaparición de muchos apellidos de origen indígena. El caso de las Lagunas tomando las matrículas de los pueblos de San Miguel y Asunción de 1754 y 1756, es paradigmático.[1] En San Miguel los jefes de familia que figuran son Allaime, Argaña, Arias, Azaguate, Báez, Bailón, Bustos, Carmona, Córdoba, Covarrubias, Escudero, Guallama, Joaquinchay, Lencinas, Malla, Maravilla, Mayorga, Morales, Nieva, Núñez, Oscaris, Palavecino, Pasón, Pastrán, Pelectai, Pizarro, Polocon, Ponce, Puebla, Saianca, Segovia, Selán, Talquenca y Toro. Entre las cónyuges y apellidos de solteros encontramos, además de muchos de los mismos apellidos, otros como: Bion, Chalpia, Chanquetai, Cunampa, Hilchuna. Juárez, Molina, Sánchez, Sebeian, Ochoa, Pacape, Vealla, Chaal, Elchuna, Figueroa, Guillamo, Puebla, Pocape, Taian, Villagra y Yucumana. En Asunción los jefes de familia fueron Aimene, Asaguate, Benítez, Carmona, Coria, Díaz, Fredes, Gómez, González, Juárez, Mena, Morales, Moyano Pavón, Pereira, Polocon Sánchez, Torrejón, Valdez, Videla y Yunquetai. Y entre el resto de los apellidos se presentan además Atampis, Castillo, Chuqil, Córdoba, De Oro, Ilchuna, Lemos, Mera, Nieba, Ubeda, Videla, Yunguru, y Yungururu. Algunos de estos apellidos constan en registros de los primeros años de la conquista y continúan vigentes hasta la actualidad. Por ejemplo, en 1564 se nombra al cacique Allaime (Espejo, 1954, T. 1: 6); en 1574 un cacique Pilectay (*Ibid.*: 16-17), en 1587 al principal Guaquinchay y el cacique Guayamin (este último probable antecedente de Guayama)[2] y en 1618 al cacique Don pedro Callanga (luego Sallanca) (*Ibid.*: 53). A fines del siglo XVII encontramos también caciques Talquenca y Cunampa (*Ibid.*: 360-363).

Muchos de estos apellidos, prácticamente todos, los encontramos también en los listados, matrículas, petitorios e informes producidos en o sobre las Lagunas a lo largo de los siglos XIX y XX. Considerando solo los apellidos indígenas, por ejemplo, en la lista de reclutas elevada por Martín Guaquinchay para el ejército sanmartiniano[3] encontramos varios de los que constaban sesenta años antes en las matrículas de San Miguel y Asunción: siete Guaquinchay, siete Talquenca o Talquenqui, cinco Guallama, dos Allayme y un Sallanga. Además, se agregaron un Alcán (tal vez Alcani) y un Uscanis. Da un resultado de veinticuatro sobre sesenta y cinco soldados, incluyendo once desertores que constan en la lista, al

---

[1] AGI, Chile, leg. 138; AHNC, Real Audiencia, leg. 2907, f. 141.

[2] AHM, carp. 237, época colonial, doc. 7.

[3] AHM, carp. 456, época independiente, doc. 100.

parecer posterior al viaje del comandante Pedro Susso a negociar mencionado por Bragoni ya que este segundo listado prácticamente duplicó los treinta hombres enviados originalmente. Sin embargo, apenas unos años después en listas militares de 1819 y 1820 –ya iniciada la campaña sanmartiniana– la proporción de apellidos indígenas bajará drásticamente a menos de un diez por ciento.[4] Las razones de esta disminución no están claras. Según las narrativas locales, el ocultamiento de apellidos indígenas ha sido históricamente una estrategia para evadir la persecución, el secuestro o la expulsión de las tierras.[5] No sería descabellado pensar que ese fue el caso a partir de la experiencia de reclutamiento de Ejército de los Andes y ante la sucesión de requerimientos de tropas para las guerras civiles que iniciaron precisamente a partir de 1820 –con la escisión de San Juan de Mendoza a partir de un golpe de estado del famoso regimiento sanmartiniano de Cazadores de los Andes–.

Durante el proceso independentista en el actual territorio argentino –como en otros contextos latinoamericanos– las propiedades y posesiones indígenas fueron impactadas por leyes de privatización que desconocieron sus derechos corporativos y colectivos del período colonial. Estas normas no siguieron un camino lineal y fueron establecidas de modo diferente en cada provincia, junto con otras reformas del derecho liberal que se fueron imponiendo, pero coexistiendo, de modo contradictorio, con la legislación del derecho indiano. Existen estudios sobre este tema para el Tucumán colonial incluyendo Córdoba, que muestran que, si bien la mayoría de las tierras de los pueblos de indios fueron privatizadas o amortizadas en las primeras décadas del siglo XIX, en algunos pocos casos se mantuvieron como posesión y propiedad comunal hasta mediados o fines del siglo (Zubrzycki, Maffia y Pastorino, L., 2003; López, 2006; Fandos y Teruel, 2008; Rodríguez, 2010; Tell, 2010). Pese a la extendida negación de la inexistencia de indígenas en la región de Cuyo, a lo largo del siglo XIX se verificaron también conflictos por tierras indígenas en las lagunas de Guanacache. Sus particularidades principales fueron no solo la gran continuidad de las demandas sino su impacto en el sistema jurídico y cómo se conectaron con la activa participación de los sujetos en

---

[4] AHM, carp 457 época independiente, docs. 64 y 76.

[5] También la actitud inversa puede verificarse históricamente. Como he analizado en otra oportunidad, muchos de estos apellidos fueron rescatados y sostenidos en épocas posteriores en contextos de reafirmación local de su identidad indígena, como ocurrió en la década de 1930 (Escolar, 2007: 85-93).

la política regional. En efecto, Cuyo fue uno de los epicentros de las guerras civiles argentinas entre federales y unitarios y luego liberales y entre facciones de éstos mismos, hasta la década de 1870.

En relación con esta temática, el objeto de este capítulo y los dos siguientes es reconstruir la defensa de los territorios de antiguos pueblos de indios y sus conexiones con el contexto político y militar regional y nacional a lo largo del siglo XIX.

A partir de la década de 1820 y en consonancia con un fuerte avance para privatizar los terrenos de antiguas comunidades indígenas los laguneros iniciaron un ciclo de demandas que dio por resultado juicios y actos de reconocimiento de su propiedad. En este proceso invocaron tanto sus contribuciones militares y económicas al estado provincial como su historia reduccional. Asimismo, intentaron negociar con los distintos gobiernos que se alternaron durante las guerras civiles entre unitarios y federales, cuyas autoridades eran facciones de esa misma elite que presionaba por sus tierras. En este capítulo analizaré la continuidad y reconversión de estas tradiciones políticas y judiciales indígenas a principios del período independentista, atendiendo al vínculo entre autonomía y poder fáctico, demandas de justicia y construcción del estado. En efecto, como veremos, contra la suposición general de que la resistencia indígena al proceso colonial rechazaba genéricamente al estado, los laguneros fundaron sus reclamos y defensas territoriales en tradiciones republicanas que procuraron por momentos construir una estatalidad casi ausente, más que socavarla, demandando instituciones y autoridad jurídicas y haciendo valer su compromiso militar con proyectos políticos estatales y criollos.

Funcionarios locales designados o reconocidos por el incipiente gobierno provincial de Mendoza demandaron la propiedad colectiva indígena y lograron para su patrocinio legal la restitución del cargo colonial de protector de indios. El protector nombrado, el conocido liberal ilustrado Juan Escalante, inició en 1832 un proceso judicial para tal fin (Acevedo, 1979: 142-43)[6] y en 1834 el fiscal de estado dio por comprobada la posesión de aproximadamente un millón de hectáreas del norte de Mendoza por parte de los laguneros.[7] El juicio se realizó a lo largo de uno de los más cruentos períodos de la guerra civil en la región y los laguneros parecen haber sacado partido de los servicios

---

[6] AHM, carp. 574, época independiente, doc. 8., carp. 575 bis, época independiente, doc. 17.

[7] AHM, carp. 575 bis, época independiente, doc. 17.

militares que prestaron en ese contexto al bando federal. El 12 de marzo de 1838, el Gobernador expidió un decreto por el cual se dispuso que "considerando la insinuación en que se hallan los naturales de las Lagunas por no reconocer propiedad en los campos que poseen" y "por poderosas razones que ellos mismos a presencia del subdelegado y de su párroco han impuesto" las tierras quedaban a su beneficio y no se admitían nuevos denuncios de particulares.

Aunque hasta el momento no se hallaron disposiciones expresas sobre la exvinculación o amortización de las tierras de los pueblos de indios de Cuyo, de las fuentes relevadas podemos deducir que nuevas normas producidas en la década de 1820 fueron el disparador de renovados intentos de apropiación de tierras indígenas en Guanacache. En 1823 el gobernador de Mendoza Pedro Molina dictó un decreto "reglamentando el denuncio y venta de tierras públicas" (Cueto, 1988: 73-100). La denuncia o "denuncio", como hemos visto en el caso de Corocorto en la época colonial, consistía en la solicitud al gobierno del derecho de compra de un terreno baldío o de propiedad del Estado. Para ello, un interesado debía realizar y ofrecer un plano de mensura que ubique y delimite dicho terreno. El Estado debía publicar luego el denuncio y si nadie reclamaba por su posesión, el terreno podía rematarse y otorgarse en propiedad al mejor postor. Este procedimiento era muy similar a estipulaciones para el acceso a la tierra realenga mediante subasta que se remontan a fines del siglo XVI y que habían sido restituidos por Carlos III en 1754, época de las fundaciones de pueblos de indios en Guanacache.[8] Al igual que en el siglo XVIII, los denuncios habilitaron en la práctica la privatización de las tierras los antiguos pueblos de indios. Las subastas públicas fueron promovidas por terratenientes que formaban parte del gobierno local, mientras que los indígenas o campesinos rara vez accedían a leer los bandos del denuncio colocados en la ciudad y se enteraban mucho después de que sus tierras habían sido subastadas. Sin embargo, paralelamente a estas normas que habilitaban la privatización de sus tierras también persistió, como lo demuestra este juicio y otros que llevaron adelante los laguneros, el derecho de posesión por "justa prescripción" ante la ausencia de títulos para quienes demostraran que lo habían ocupado y usufructuado durante cierta cantidad de años o, como argumentarán los laguneros, desde "tiempo inmemorial" (Cueto, 1989:

---

[8] AHM, carp. 46, época colonial, doc. 30.

72-74). Sobre estas normas del derecho indiano, además de los antecedentes reduccionales, se apoyaron principalmente las defensas de tierras indígenas en Cuyo durante el siglo XIX.

El reglamento de Pedro Molina sobre venta de tierras públicas siguió vigente con algunos vaivenes hasta que se dictó la constitución nacional de 1853. En 1825, por ejemplo, se prohibió la enajenación de tierras –a tono con la ley de enfiteusis que se dictaría en 1826 en Buenos Aires durante el gobierno de Bernardino Rivadavia–. Sin embargo, entre 1826 y 1827 (cuando la provincia rechazó la constitución nacional promovida por Rivadavia) se produjeron nuevos denuncios y concesiones (Cueto, 1988: 83). Las demandas de los laguneros que analizaremos a continuación acompañaron los avances sobre sus tierras que comenzaron a fines de la década de 1820 y recrudecieron en la de 1830, cuando se verificaron nuevos denuncios en el área (Gobierno de Mendoza, 1834).[9] Entre ellos se encuentran los de Ángel Báez en el Gigante –actual provincia de San Luis–, Martin Morales en las Lagunitas y Antonio Manuel Segura en los Ríos Secos, al este del arroyo de Jocolí o Tulumaya, el cual junto con sus descendientes provocará litigios con los laguneros a lo largo del siglo XIX.

Un juicio del protector de los indios de las Lagunas en la década de 1830

En 1828 el juez del Rosario –una de las antiguas reducciones de indios de las lagunas de Guanacache– reclamó con vehemencia la restitución del cargo de protector de indios para proveer la defensa colectiva de los laguneros frente a los "pudientes" que estaban usurpando las tierras de la comunidad:

> D.n Miguel González Juez del Rosario por sí y a nombre de la Reducción con el mayor respeto digo: que hallándose la Reducción sin protector, carecemos del órgano que las Leyes nos han señalado, y con que quisieron favorecer nuestra imbecilidad, y miseria, promoviendo nuestro bienestar, y defendiéndonos contra la agresión, poder e influjo de los pudientes que por sus mejores conocimientos y relaciones sofocando nuestra voz aumentan nuestra miseria, adelantando su fortuna sobre nuestra ruina, al favor de nuestra ignorancia y pobreza. Y como hoy más que nunca necesitamos de otro protector para defendernos contra algunos que se han introducido en las tierras señaladas a la Reducción y al mismo tiempo promover el establecimiento de una Villa o

---

[9] *Registro Oficial de la Provincia de Mendoza*, 1834.

población más regularizada demarcándola en el paraje más adecuado, hemos acordado suplicar a V. E. se digne proveernos de dicho protector nombrando a D.n Juan Escalante que creemos animado de un justo celo por nuestro bien. V. E. que manifiesta las mejores disposiciones en favor de la prosperidad de la provincia sin duda accederá a una súplica que al paso que se funda en las Leyes debe contribuir mucho a las mejoras y adelantamientos de la población por tanto.[10]

Escalante fue nombrado protector pero en seguida tuvo que ausentarse por dos años a Buenos Aires abandonando su cargo[11] por la fuerte inestabilidad política y la persecución de unitarios por parte de gobiernos federales, como los que efectivamente controlaban la provincia en el momento. El pedido de su designación fue reafirmado nuevamente en 1832 por los jueces de Asunción y Rosario. Finalmente, el gobernador Pedro Nolasco Ortiz ratificó a Escalante como "protector de los naturales de las Lagunas" (Acevedo, 1979: 142-43),[12] paso previo a un importante proceso judicial que el nuevo representante encaró para determinar los derechos de los laguneros sobre las tierras en cuestión.

El expediente conformado por este trámite es una de las piezas centrales de lo que he denominado en la introducción "archivos huarpes" en sentido restringido. Los laguneros guardaron en archivos comunitarios o familiares esos documentos legales, los copiaron a mano para que no desaparezcan y los utilizaron a lo largo de casi dos siglos como un arca étnica, histórica y territorial. La "defensa de los naturales de las Lagunas" entre 1832 y 1835 fue –junto con la merced real y el testamento de los caciques Sayanca y un decreto de gobierno de Mendoza de 1838 que reconoció la posesión inmemorial de los laguneros– la principal base para la legitimación de la propiedad colectiva de sus tierras durante el siglo XIX.[13]

Ni la situación demandada ni la institución invocada para su representación en el juicio eran nuevas para los laguneros, quienes durante la época colonial habían recurrido habitualmente –como otros grupos indígenas de Cuyo– al protector de indios para abogar por sus derechos. Ahora, sin embargo, la institución era reclamada en pleno período independiente. Pasadas dos décadas de la revolución de mayo de 1810, en un contexto de

---

[10] AHM, carp. 574, época independiente, doc. 8.

[11] AHM, carp. 574, época independiente, doc. 8.

[12] AHM, carp. 574, época independiente, doc. 8

[13] AHM, carp. 575 bis, época independiente, doc. 17.

"desindianización" de la población criolla los pobladores locales conseguían entonces como *indios* que se designara esta figura ya abolida del derecho indiano. Aún más, los "jueces de las lagunas" que habían solicitado el nombramiento, Miguel González en 1828 y Nonato Salazar y Domingo Villegas en 1832, invocaban para tal fin su propio carácter indígena y el de la población local definiendo su jurisdicción como "reducciones" y las tierras en cuestión como "tierras señaladas" de reducción.

¿Cuál era el rol que correspondía a estos cargos? En 1820 en Mendoza, donde se encontraba principalmente la jurisdicción de las Lagunas se nombraron "jueces subdelegados" en cada villa (Sanjurjo, 2004: 35). Su función, continuando la tradición colonial, era muy amplia y abarcaba la autoridad de policía, justicia y en algunos casos militar (Sanjurjo, 2004; Bransboin, 2014). A partir de 1830 se creó la comandancia militar y subdelegacía de las Lagunas y los jueces laguneros fueron reemplazados por el cargo de subdelegado. Como veremos y ha sido mencionado (Sanjurjo, 2004: 287-88) algunos de estos subdelegados tuvieron bastante autonomía y mediaban con el estado intereses locales e incluso movilizaban reclamos de sus vecinos. En efecto, aunque se ha supuesto que estos funcionarios eran básicamente instrumentos disciplinarios al servicio del gobernador en la campaña, otros argumentan que ese carácter se observa especialmente mucho más adelante, a partir de 1862 (Bragoni, 2010: 29-60) cuando dichos funcionarios adquieren como principal misión sofocar la oposición política federal y la disidencia liberal. Probablemente entonces, si bien en general los subdelegados pudieron haber sido brazos del poder central en la primera mitad del siglo XIX, poseían bastante autonomía o dependían, más allá de su designación por el gobierno, de la legitimidad otorgada por sus comunidades además de defender sus intereses.

Ahora bien, la categoría "jueces laguneros" o de "reducción" no coincide con las jurisdicciones intraprovinciales hasta ahora aceptadas por la literatura especializada para la época en el contexto provincial (Sanjurjo, 2004; Bransboin, 2015). Los cargos de jueces que vemos mencionados como autoridades entre 1819 y 1834 nunca aparecen en la documentación categorizados como los del resto de la administración provincial, es decir, como pedáneos, de paz o de alzada, sino mediante términos con connotaciones locales y/o de jurisdicción indígena. En los testimonios que, como veremos, serán tomados por el protector a informantes calificados y en los decretos de gobierno se los mencionará solo como "jueces laguneros".[14] Y en la correspondencia remitida por ellos encontramos cartas firmadas como "juez de esta reducción", "juez de la reducción del Rosario" o "juez de la reducción de Asunción" destacándose términos que connotaban una condición indígena;[15] reforzando esta caracterización particular de los funcionarios de Guanacache. También, así como parece ser la única jurisdicción en donde se observan este tipo de jueces era la única donde hacia 1816 había un "alcalde de las Lagunas" y donde al año siguiente se nombró un primer subdelegado, de efímera duración. El cargo reaparecerá en la década de 1830, como en otros lugares (Sanjurjo, 2004: 30). Mi hipótesis es que la proliferación y aplicación local de esos cargos marcaría la necesidad de articular los liderazgos indígenas con la nueva estructura estatal, reemplazando las figuras de los caciques y luego alcaldes, capitanes y sargentos de milicias que también constituían autoridades indígenas. Esto coincidiría también con lo ocurrido en otros contextos latinoamericanos, donde en los inicios del proceso independentista los indígenas accedieron a cargos civiles como alcaldes y jueces de paz como una de las principales vías de participación política, y desde allí mediaron con los terratenientes y el estado.[16]

Los reclamos de Escalante recomenzaron en 1832 durante el tercer mandato del gobernador federal Pedro Molina, denunciando la mensura, enajenación y venta de terrenos por parte de Miguel Leyes sin previa citación de las partes ni autorización. Estos compradores habían comenzado a desalojar a los naturales que poseían los campos o exigirles que paguen arriendo.[17] Miguel Leyes era el albacea de la supuesta merced real otorgada en 1713 al cacique Diego Sayanca, que fue utilizada a partir de entonces para la apropiación de

---

[14] AHM, carp. 575 bis, época independiente, doc. 17; y "Decreto Gubernativo, sobre los animales desconocidos del territorio de las Lagunas, y reglamentando el modo de recoger, señalar y marcar" (Ahumada, 1860: 68-70).

[15] AHM, carp. 574, época independiente, doc. 8.

[16] En Arica y Tarapacá, durante la construcción de la república peruana del siglo XIX la participación política y administración de justicia por parte de los indígenas se dio también a través de la asunción de cargos civiles como alcaldes y jueces de paz (Díaz, Ruz y Galdames, 2011; Chiaramonti, 2005). En Valle Hermoso, en el Chile central, los cargos de autoridad indígena también se recategorizaron en cargos civiles hasta la década de 1950 (Godoy Orellana y Contreras Cruces, 2007). Sonia Tell describe una situación análoga para el pueblo de San Marcos en Córdoba (2014: 65-68).

[17] AHM, carp. 575 bis, época independiente, doc. 17.

terrenos en las Lagunas, aunque también para la defensa de sus tierras como veremos en los capítulos 4 y 6.

Al mismo tiempo una denuncia de los pobladores de Lagunillas, en el este del territorio reclamado, aseguraba que un vecino quería privarlos del campo de Las Chacritas, cerca de las sierras del Gigante.[18] El denunciante pedía al comisario local Jofré que "como padre de este departamento" informara que el usurpador, invocando ser arrendatario, quería despojarlos de campos que "*desde que abrimos los ojos* son nuestros".[19]

El protector invocó entonces la tragedia de "aquellos indígenas desgraciados" pidiendo al ministro general de gobierno que sancionara un decreto general por el cual "no pueda ser desalojado ningún individuo que corresponda a las Reducciones, y que esté posesionado de diez años acá". El ministro general de gobierno proveyó el decreto de prohibición de los desalojos el 16 de noviembre de 1832, acto que fue certificado por el escribano de gobierno.[20]

En mayo del año siguiente comenzó una averiguación sobre la legitimidad de las tierras por parte del ministro general en la cual indagó sobre los títulos de propiedad existentes en el archivo de gobierno. El encargado de la búsqueda informó que no podía asegurar si existían los documentos solicitados porque el tiempo no le alcanzó para revisar adecuadamente el archivo que estaba "demasiado enredado" por los sucesivos traslados que habría sufrido. Y aseguraba que estos documentos no se habían tenido a la vista en una reimpresión efectuada en la ciudad por una demanda privada.[21]

En noviembre de 1833 Escalante volvió a escribir desde su hacienda de Santa Cruz, elevando dos solicitudes: una para evitar tropelías contra ellos y la otra para esclarecer sus derechos.[22] Comenzada su defensa, planteó que durante el período colonial se les habría asignado a los laguneros la posesión y propiedad de las tierras por medio de una real provisión,[23] pero que no había logrado encontrar los títulos otorgados:

---

[18] Muy posiblemente se trataba de Ángel Báez, que como señalamos en la página 105, según el Registro Oficial de la Provincia de Mendoza de 1834 denunció un campo en El Gigante, en la actual provincia de San Luis.

[19] AHM, carp. 575 bis, época independiente, doc. 17.

[20] AHM, carp. 249, época independiente, doc. 4B.

[21] AHM, carp. 249, época independiente, doc. 22.

[22] AHM, carp. 249, época independiente, doc. 40.

[23] AHM carp. 575 bis, época independiente, doc. 17. Casi con seguridad serían las fundadas

[…] solicité de mis antecesores en el mismo los títulos respectivos de los terrenos que en tiempo de S. M. el Rey de España en Indias les fueron asignados en posesión y propiedad a los primeros pobladores reducidos, de los tres partidos de las Lagunas; a saber, Asunción, Rosario y San Miguel. Más ha sido inútil mi activa indagación, sobre el paradero de tales documentos, sin los cuales, no puedo gestionar sobre internación de que se quejan aquellos naturales en varios puntos de sus pertenencias, ni evitar que algunos particulares ya abusivamente, ya bajo títulos especiosos, hagan correrías en territorios de mis protegidos, señalen sus animales, o se los arrebaten.[24]

Ante el extravío de los títulos Escalante inició el proceso judicial tramitando, al igual que en el período colonial, una "información sumaria" para determinar tanto la antigüedad de la posesión y la posible existencia de títulos como los límites asignados a las tierras de los laguneros. La misma consistía en la toma de testimonios a un conjunto de personas que por su conocimiento del área, y sus pobladores, o las "voces" locales, o por su edad madura, se consideraba podían tener un conocimiento autorizado sobre el asunto. Las preguntas efectuadas fueron las siguientes:

1. Si por una constante y general noticia, trasmitida de boca en boca de los antepasados, han sabido que los terrenos pertenecientes a los naturales laguneros en común lindando del modo siguiente: por la costa del río San Juan, Lamarcito, Bermejo y Gigante; por el naciente el dicho Gigante y Desaguadero; por el poniente, punta de lagunas, Guanacache, frente del Chañar, y Costa del arroyo de Jocolí; por el sur Placeta ahumados y el mismo Desaguadero.

2. Si desde tiempo casi inmemorial han conocido los naturales laguneros libre uso de todo el campo comprendido en los linderos que señala la pregunta anterior.

3. Si tienen noticia de algún tiempo a esta parte, experimentan los laguneros algunos extravíos y pérdida de sus ganados: den la razón por qué lo saben.

4. Cuanto sepan de público y notorio sobre las particulares de que son preguntados.

---

por la Junta de Poblaciones de Chile a mediados del siglo XVIII y cuya existencia como hemos visto era esgrimida por los defensores o protectores de indios hasta fines del período colonial hispano. AHM, carp. 27, época colonial, doc. 50, y carp. 30, época colonial, doc. 50.

[24] AHM carp. 575 bis, época independiente, doc. 17.

La información sumaria indagada a cinco testigos calificados arrojó en forma unánime que los laguneros habían ocupado esos campos desde siempre. También, que de un tiempo a esta parte hacendados vecinos se introducían con ganado en sus campos persiguiéndolos. A su vez "los jueces laguneros" habían marcado como propio de los laguneros parte del ganado que los usurpadores reclamaban como suyo en el territorio, por el cual habían "andado en litis" con ellos. Los principales eran los miembros de la familia Segura, una de las más poderosas de Mendoza, colindantes por el oeste con sus tierras. Manuel Antonio Segura había sido uno de los terratenientes que según consta en el Registro Oficial de la Provincia de Mendoza de 1834 denunció un campo en Jocolí. La mayoría de los testimonios afirmaron que Don Clemente había despojado a los laguneros desde la costa del arroyo de Jocolí hasta al Chañar diciendo que el campo pertenecía a él por compra pero que nunca habían sabido ni oído decir a quién había comprado. La mayor parte de los testigos, también, dijo haber visto a los laguneros en posesión de sus campos desde que tuvieron noticia por su edad, por lo menos desde treinta y cinco años atrás.

Sobre la base de estos testimonios Escalante dio por demostrada finalmente la "posesión inmemorial" del territorio reclamado, aduciendo que según la legislación indiana ese trámite sería suficiente para otorgarles a los laguneros el "título de justa prescripción" de sus terrenos[25] y acotando que "está privilegiada por las leyes la Comunidad a quien represento, que no solo debe ser restituida de los terrenos que le hayan cercenado, sino que se le debe aumentar la extensión en todo los que necesite para la crianza de sus ganados". Los alegatos del protector se apoyaron en normas del derecho indiano, con argumentaciones semejantes a las de los defensores de indios del período colonial, apelando a dos figuras que, como hemos visto, dispensaban de la posesión de títulos para demostrar derechos de tierras: la posesión por "justa prescripción" y la ocupación de tierras en común por "tiempo inmemorial", ratificadas en la real instrucción de Carlos III de 1754 que Escalante cita expresamente.[26]

Los límites del territorio reclamado, finalmente, fueron ratificados como los planteados en la primera pregunta de la sumaria.

---

[25] Escalante cita la Real Instrucción del 15 de octubre de 1754 del Código de Independientes en su art. 18, inciso 4°. AHM, carp. 575 bis, época independiente, doc. 17.

[26] AHM, carp. 575 bis, época independiente, doc. 17.

Mapa 5: Linderos de las tierras de los laguneros de Guanacache en 1838.

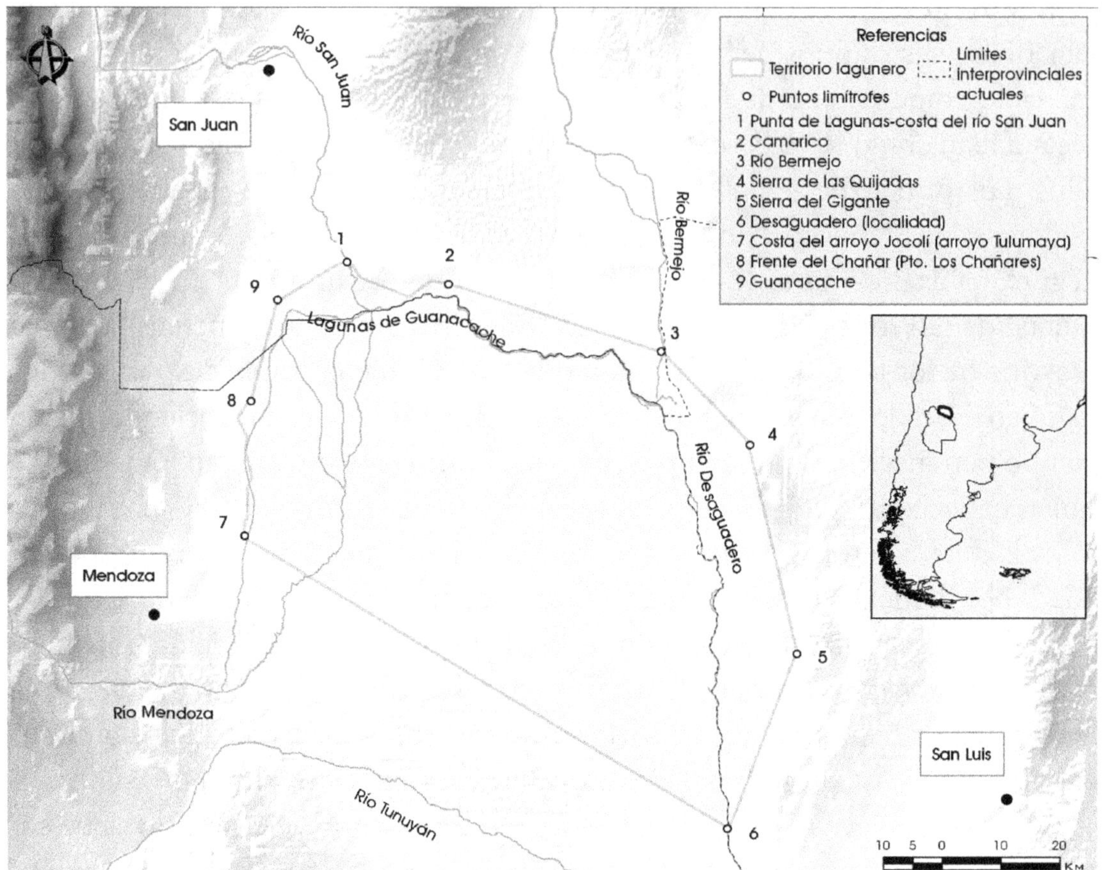

En marzo de 1834 el Fiscal del Gobierno aprobó el proceso dando por comprobada la posesión por parte de los laguneros de los campos menciona-dos.[27] Y más importante aún, acordó que la información suplía el extravío de los títulos de propiedad en función de "la protección que las leyes de indias especialmente dispensan a los naturales como una justa compensación de las usurpaciones que sufrieron". Pero planteó una única objeción a la solicitud de Escalante: la magnitud de los terrenos referidos en relación con la cantidad de población que lo reclamaba, demasiada extensión para pocos individuos. Agregó que si bien esto había sido de poca importancia "en épocas del gobier-no peninsular" sí lo era en un "gobierno libre" porque éste debe aumentar el número de pobladores ya que "[...] de ello resulta el aumento de la riqueza

---

[27] AHM, carp. 575 bis, época independiente, doc. 17. f. 15, 16.

pública porque es innegable que cuando las propiedades territoriales se hayan acumuladas en pocas manos resulta un mal directo a la Población y [...] se acercan a ese estado feudal que debemos siempre evitar entre nosotros".[28]

El alegato de Escalante en respuesta al fiscal constituyó un apasionado discurso que buscó refutar la idea de que las tierras reivindicadas tuvieran una extensión excesiva para la cantidad de habitantes que la ocupaban, utilizando para ello explicaciones culturales, ecológicas y demográficas. El reparo de la gran extensión, afirmó, solo podría aplicarse a tierras de labranza, pero como las reclamadas eran yermas, sin agua y solo servían para el pastoreo, era forzoso distribuirlas en porciones mayores cuanto mayor su esterilidad. Continuó luego con una descripción de las prácticas de pastoreo y su relación con las condiciones ambientales. Las tierras en cuestión, dijo:

> [...] se componen de inmensos medanales, inmensas travesías, elevados cerrillos de arena, sin más agua que la eventual del cielo [...] en los años secos [...] el único pastoraje para los ganados es el que presentan las sinuosidades de la margen de los ríos. De aquí la necesidad de llevarlas a pastar a grandes distancias, con el doble trabajo de tener que abrir pozos o sistemas para darles agua, que tan pronto tienen que abandonarlos como se acaba el pasto en las circunferencias para trabajarlos en otra parte. Esa vida errante de los ganaderos y esas chozas tan deleznables y como provisorias en que los vemos habitar [...].[29]

La argumentación del protector permite aproximarnos a aspectos sociales de los laguneros de Guanacache –y tal vez una parte mayor de la inhóspita travesía cuyana– para un período sobre el cual tenemos muy pocas fuentes. En primer lugar, el expediente aporta una nueva perspectiva demográfica; el defensor adjuntó un padrón de 1181 personas para una superficie de doscientas leguas cuadradas, mencionando cinco partidos principales: Asunción, Rosario, Punta de Lagunas, San Miguel y Alto Grande. Este número podría indicar cifras totales sustancialmente mayores, dado que él mismo afirma que el padrón sería incompleto porque habría "muchas [personas] ausentes y otras que por temor se ocultan cuando se les va a empadronar." Sobre la base de este padrón, Escalante determinó que deberían corresponderle doscientas ochenta cuadras de tierra a cada cabeza de familia, dando por refutada la desproporción entre el tamaño de la superficie y la cantidad de habitantes, y

---

28 AHM, carp. 575 bis, época independiente, doc. 17. f. 16.

29 AHM, carp. 575 bis, época independiente, doc. 17. f. 18.

asumiendo que en caso de adjudicárselas la población se vería duplicada en pocos años. Si tomamos la población sugerida por el padrón vemos que las cifras son mayores a las reseñadas en fuentes oficiales. No contamos para la época con datos específicos de población del área, pero el censo más próximo en el tiempo, el de 1857 practicado por Martin de Moussy, afirmó que el departamento mendocino de "Rosario" contaba con 1086 personas –sobre un total provincial de 47.478–. Otras fuentes señalaron el doble de habitantes, como una estadística provincial de 1864 que arrojó 2197 para las "Lagunas" y el Censo Nacional de 1969, que determinó 2060 para el enonces departamento del Rosario (Massini Calderón, 1967: 12). Por otro lado, un informe estadístico de San Juan de 1873 refirió que eran miles los laguneros ocupados en la pesca en Mendoza, San Juan y San Luis (Igarzábal, 1873: 189). Creo que además de la dificultad de acceso y la fuga por temor al reclutamiento militar, las discrepancias en los registros podrían deberse a que el área total abarcaba tres provincias y la única que históricamente constituyó una jurisdicción en las Lagunas que permita rastrear aproximadamente la demografía del área fue Mendoza. Los laguneros de San Luis y San Juan, por ejemplo, que menciona el informe estadístico sanjuanino, estaban ubicados en diversas jurisdicciones como Caucete, que en los censos no distinguen la parte correspondiente a las Lagunas (República Argentina, 1872: 371-78).

En segundo lugar, Escalante efectuó una breve pero contundente descripción de las prácticas pastoriles que constituían la principal actividad económica del área, la cual se realizaba en forma semi nómade para aprovechar pasturas escasas en un ambiente árido con periódicas sequías. Esta necesidad de aprovechamiento de recursos renovables distantes y muy limitados explica también el patrón disperso de la población, que fue una constante desde la época colonial a pesar de los intentos de reducción efectiva a pueblo, y que se mantiene hasta la actualidad. Resulta revelador que cuando en 1828 el juez González de la reducción del Rosario solicitó el nombramiento de un protector, volvió a ofrecer al gobierno lo que los indígenas de Mogna, las Lagunas y otros parajes aceptaban a mediados del siglo XVIII para adquirir el estatus de pueblo de indios y obtener protección legal: establecer "una villa o población más regularizada demarcándola en el paraje más adecuado".[30] La vida trashumante de los laguneros impedía asimismo la construcción de instalaciones

---

[30] AHM, carp. 574, época independiente, doc. 8.

importantes en el terreno, ya que todas las descriptas –viviendas y pozos de agua para abrevar el ganado– resultaban efímeras y descartables. Escalante insinuaba también una situación de pobreza extrema entre los laguneros que había sido y sería habitualmente decodificada por distintos observadores como fruto de una carencia de interés en la acumulación económica. Un informe de Rafael Igarzábal de 1873 sobre San Juan refería que:

> Los laguneros no tratan de hacer fortuna; cuando están escasos de lluvias, y las estancias se encuentran pobres, ellos pescan y se vienen a la capital con una cantidad de pescado suficiente para la satisfacción de sus más urgentes necesidades de ropa, yerba, tabaco, etc. pero sino experimentan esas necesidades, bien poco se cuidan del negocio que pueden hacer, y prefieren la vida independiente y retirada de los centros de población de la provincia. (Igarzábal, 1873: 190)

A pesar de esta aparente pobreza general, la sociedad local estaba más diversificada, como veremos más adelante, de lo que alcanzaba a describir Escalante, quien acentuaba la esterilidad del ambiente como estrategia para quitarle valor a las tierras y favorecer su solicitud al gobierno.

Pero además de los argumentos económicos y jurídicos, en el juicio se deslizan otras razones que parecen haber sido decisivas a la hora de hacer valer las demandas de los laguneros. En las conclusiones de la información recabada, Escalante había aludido implícitamente a la difícil situación política reinante como causa de la escalada en la usurpación de tierras a los laguneros "[…] perturbados por la calamidad de los tiempos, que produciendo un encadenamiento de obstáculos insuperables [...] se hace preciso esperar otro favorable y tranquilo para vencerlos".[31] Al finalizar su respuesta a las objeciones del fiscal, agregó, además, que "solo ligeramente dio razones de política a favor de las pretensiones de los laguneros".[32] Estas parecen haber sido sin embargo importantes. Las solicitudes de provisión de un protector y el inicio del proceso en 1828 coincidieron con el protagonismo de Facundo de Quiroga y milicianos cuyanos y riojanos en la guerra abierta entre los federales y los unitarios comandados por los generales Paz y Lamadrid. El lapso que media entre esta primera solicitud y la segunda de 1832 fue un momento de breve restauración unitaria en la región, cuando en 1830, con la derrota de Oncativo en Córdoba, Quiroga

---

[31] AHM, carp. 575 bis, época independiente, doc. 17.

[32] *Ibid.*

perdió el control de los gobiernos de Cuyo. Entre fines de 1830 y principios de 1831, guerrillas federales apoyadas por Quiroga hostigaron a los gobiernos unitarios de Mendoza y San Juan. Uno de sus centros era precisamente el área de la Lagunas, donde el gobierno unitario mendocino de Videla Castillo acantonó cien hombres –una fuerza considerable para la época y la región– sin lograr controlarlas.[33] Estas guerrillas, al mando del futuro caudillo sanjuanino Nazario Benavides[34] cortaron las comunicaciones entre ambas provincias propiciando así la derrota de Videla Castillo en Rodeo de Chacón por parte de Quiroga. A partir de allí Facundo comenzó a preparar un gran ejército con el que logró tomar La Rioja, controlando todo Cuyo en 1832. Este período coincide con un momento de fuertes persecuciones políticas a los unitarios en la región cuando sugestivamente Escalante viaja a Buenos Aires y al volver encuentra su anterior nombramiento sin efecto. El proceso iniciado por Escalante que se había sustanciado entre 1832 y 1835 parece haber entrado en un *impasse* desde ese año cuando vemos al protector declararse "temeroso de que sus repetidas diligencias le traigan una odiosidad con grave perjuicio de sus representados ha resuelto dejar en suspenso todas sus diligencias".[35] Pero finalmente el 18 de marzo de 1838, un par de días antes de culminar su tercer mandato, el gobernador Pedro Molina expidió un decreto por el cual se dispuso que:

> El Capitán General de la provincia, considerando la insinuación[36] en que se hallan los naturales de las Lagunas por no reconocer propiedad en los campos que poseen y advirtiendo que por poderosas razones que ellos mismos a presencia del subdelegado y de su párroco han impuesto decreta:
>
> 1. Queda a beneficio de los naturales de las Lagunas todo el campo correspondiente a dicho departamento y no se ha enajenado hasta esta fecha.
>
> 2. En fuerza de lo dispuesto en el artículo anterior no se admite denuncia alguna de los terrenos que compren de dicho Departamento.[37]

Este decreto, el proceso judicial y las argumentaciones tomadas en consideración, constituyen sin duda piezas clave en la jurisprudencia sobre las tierras de los laguneros, pero también sobre derechos comunales indígenas

---

[33] Archivo del Brigadier General Nazario Benavides (En adelante ANB), tomo I: 102-116.

[34] Esta es la grafía correcta del apellido.

[35] AHM, carp. 575 bis, época independiente, doc. 17.

[36] En algunas copias del documento se lee "inacción".

[37] *Ibid.*

durante el temprano período independiente en el actual territorio argentino considerado bajo dominio efectivo de los estados provinciales. Es decir, no solo se produjo este reconocimiento en pleno período independiente sino en el seno de una región considerada cultural y políticamente "criolla". A su vez, las autoridades locales del gobierno provincial como jueces, subdelegados departamentales y comisarios presentaron las demandas como representación de los pobladores frente al propio gobierno del que formaban parte, y se identificaban ellos mismos como parte de esos *indios* o *naturales*.

Demandas de justicia, mediación política y formación del Estado en contextos de guerra civil

Los jueces laguneros no solo intentaron articular canales jurídicos y un sistema judicial legítimo sino que maniobraron con sectores políticos antagónicos, federales o unitarios, o liberales, para construir su propia base de poder. En general los antagonistas de los laguneros eran miembros de la elite política y económica mendocina que aprovechaban su posición relativa para avanzar sobre tierras y legalizarlas al parecer en forma dudosa, como al parecer ocurría en otras áreas de la provincia. El protector Juan Escalante defensor pedido expresamente por los jueces laguneros era de ideario liberal y un proto unitario. Había formado parte del primer grupo ilustrado de Mendoza en la década de 1820, participando en sociedades literarias y grupos de intelectuales liberales como la Sociedad Lancasteriana, que en general nutrieron la parcialidad unitaria. Siendo dueño de la única imprenta provincial, publicó y redactó en 1820 los dos primeros periódicos locales *El Termómetro del Día* y *La Gaceta de Mendoza* (Varela, 2003: 119). El pedido de su nombramiento en 1828 coincidió con el dictado del primer reglamento de policía en Mendoza, que procuraba la centralización del control estatal de la campaña (Sanjurjo, 2004), en particular en las Lagunas. El efecto del reglamento no se hizo notar demasiado y dos años después, en agosto de 1830, el gobernador unitario Videla Castillo dictó un decreto "a los jueces de las Lagunas" para corregir "[...] los frecuentes desordenes que se observan en el territorio [...] muy particularmente respecto de las haciendas de propiedad particular" (Ahumada, 1860). El decreto otorgaba importantes facultades a los jueces. Mostrando un especial interés por controlar el área, el gobernador creó en octubre del mismo año la comandancia militar y subdelegacía de las lagunas (Sanjurjo, 2004: 46-49), aunque lejos de responder a una imposición unilateral de un poder central, está claro por lo anterior y por lo que veremos a continuación que existía una articulación y negociación con los liderazgos laguneros.[38]

El breve interregno del gobierno unitario de Videla Castillo favoreció a los laguneros con el otorgamiento de las facultades a los jueces, pero supuso la postergación del proceso judicial a pesar de que Escalante era en principio de similar extracción política. Significativamente, su reinicio "y la restitución del protector Escalante en su cargo" se produjo con el gobierno del federal Pedro Molina poco tiempo después de que, como hemos visto, las Lagunas habían constituido un exitoso albergue de las guerrillas federales que propiciaron el triunfo de Quiroga y Benavides, resistiendo una tropa enviada por Videla Castillo y cortando sus comunicaciones hacia San Juan.[39] Muchos laguneros, como insisten tradiciones literarias locales, formaron parte de estas milicias federales remontadas por Facundo Quiroga y Benavides (Estrada, 1962). Como fue propio de algunas iniciativas de gobiernos federales para paliar la deuda contraída con soldados y otros clientes, tal vez recibieron —o esperaron recibir— promesas de reconocimiento de tierras por servicios militares y esto les permitió oficializar sus demandas, como insinuaba Escalante, "por razones de política". El subdelegado Domingo Villegas reclamaría el cumplimiento de una tal reciprocidad cuando en 1845 pidió al gobernador federal Pedro Pascual Segura el nombramiento de otro protector para defender a los "naturales" que habían "[...] correspondido a la Provincia a la vez, con los servicios que se le han exigido [...] constantes en sostener la santa causa de la Federación con sus pequeñas fortunas y sus brazos según su voluntad y órdenes del Excelentísimo Gobierno de que dependen [...]".[40]

A partir de 1833 Escalante desarrolló el proceso judicial en una Mendoza gobernada por Pedro Molina durante el dominio de Facundo en la región. Los laguneros, a través de sus autoridades locales consiguieron en efecto que durante este período sus demandas fueran escuchadas y procesadas. Pero también, en el gobierno de Pedro Molina continuaron las medidas de control estatal en la campaña con el dictado en 1834 del Reglamento de Estancias que reguló normas de propiedad y restricciones al uso del suelo basadas principalmente en la cantidad de capital ganadero (Ahumada, 1860).

---

[38] Registro Ministerial de Mendoza, 1822-1834.

[39] ANB, I: 102-116.

[40] AHM, carp. 24, época independiente, doc. 251. Resaltado mío.

Como vimos el juicio se detuvo entre 1835 y 1837 durante un segundo Gobierno de Pedro Molina, por suspensión de Escalante debido según él al clima político poco favorable a sus representados posiblemente por el asesinato de Facundo y la decisiva influencia de Aldao y Rosas.[41] En este último año –en forma sugestivamente coincidente con la larga espera del fallo– el ahora subdelegado Domingo Villegas se había quejado de grandes mensuras practicadas en zonas sensibles de los campos laguneros por importantes personajes de la sociedad provincial.[42] El primero de ellos era Luis Molina, el hijo del entonces gobernador federal Pedro Molina quien había sido parte del temprano riñón liberal al que pertenecía el mismo Escalante –y en 1862, como veremos, sería colocado como gobernador de Mendoza por los liberales luego de la derrota decisiva de los federales en la batalla de Pavón–. Molina había mensurado una franja de ocho leguas de frente por la margen oriental del río Mendoza, un sector estratégico donde los laguneros pastaban la mayor parte de su ganado y donde estaban sus aguadas. De verificarse la mensura, denunciaban los jueces laguneros, "[…] quedarían arrinconados en un pequeño campo el que a más de ser tan chico es el peor de todos por la escasez de pastos y ninguna aguada" […] Y aun éste se ha dicho […] se le va a entregar al Sr. General Don Félix Aldao, de donde resulta quedar todo este vecindario sin tener dónde contener sus haciendas por los fondos [que] según se dice comprenden hasta la costa del Río de San Miguel."[43] Aldao era el otro personaje importante denunciado por los laguneros: el personero de Juan Manuel de Rosas en Mendoza, el máximo y temido representante de la causa federal en la provincia hasta su muerte en la década de 1840. Aldao, además, había capitaneado la división cordillerana de la primera "campaña del desierto" contra los indígenas del sur en 1833 dirigida por Rosas. Villegas no solo manifestaba al propio gobernador Molina la indignación e inquietud general de los pobladores, sino que lo hacía en un lenguaje marcadamente inusual para un subordinado, que suponía cierta extorsión, alegando apenas contener el descontento de los laguneros: "Yo excelentísimo señor que no he podido creer se nos despoje enteramente de los campos he tratado de persuadir a los vecinos se tranquilicen, hasta

---

[41] AHM, carp. 575 bis, época independiente, doc. 17.

[42] AHM carp. 574, época independiente, doc. 25.

[43] *Ibid.*

tanto su excelencia me informe de su disposición".[44] Como hemos visto, pese
a que el decreto de 1838 reconoció a los laguneros derechos sobre sus tierras
dictaminando que los campos quedaban "a beneficio" de los laguneros no expidió hasta donde sabemos un título de propiedad. Los pleitos, denuncios y
defensas continuaron a lo largo de todo el juicio y mucho después del decreto
de 1838, como veremos en los siguientes capítulos.

Más allá de la coincidencia del ambiente político federal y las demandas laguneras públicas, llama la atención la existencia durante el proceso de ciertas
ambigüedades en la relación de los laguneros y sus autoridades con unitarios
y federales. Ni los federales fueron siempre atentos a los reclamos laguneros ni los liberales fueron siempre opuestos a ellos. Parecía evidente también
que la población lagunera era vista como un problema político para todos
los sectores en el gobierno. En una carta de 1851 el gobernador federal de
Mendoza Alejo Mallea reclamaba al de San Juan, Nazario Benavídes, medidas
para controlar efectivamente el territorio, afirmando que estaba tratando de
"dar a aquel distrito una mejor organización":

> [...] conociendo que la residencia en las Lagunas de hombres en su mayor par-
> te de costumbres perjudiciales, inutilizaba aquel departamento para el ramo
> de crianzas de algunas más importancia, y era generalmente el albergue de casi
> todos los ladrones que eran perseguidos en los demás departamentos.[45]

La respuesta de Benavides es reveladora tanto de su simpatía para con los
laguneros como de la movilización de archivos y búsquedas de alianzas por
parte de estos. Informó al gobernador de Mendoza que los laguneros le habían
hecho llegar una "copia legalizada" de un documento sobre sus conflictos, la
cual le remitía en su contestación. Y contradiciendo la visión de los laguneros
como "ladrones" aludió a los laguneros con el título de "vecindario", sosteniendo que su problema radicaba en los abusos del comandante de armas del
lado mendocino de las Lagunas.[46] Es interesante también notar que los laguneros parecieron apelar en este caso a caudillos federales sanjuaninos en contra
de federales mendocinos, en una explotación de conflictos interprovinciales
que como veremos continuará en el tiempo se apoyaron también el gobierno
de Mendoza frente a pretensiones de terratenientes sanjuaninos. En Mendoza,

---

[44] *Ibid.*

[45] ANB, doc. 1206.

[46] ANB, doc. 1209.

finalmente, obtuvieron un reconocimiento territorial que nunca acreditaron al parecer en San Juan. Sin embargo, desde 1860 jugaron fuertemente en la política de San Juan.

Más allá de las luchas partidarias de nivel regional y nacional, la evolución de las demandas laguneras parece guardar una estrecha relación con el progresivo despliegue de estrategias estatales de control político y social en la campaña tanto por gobiernos federales como unitarios y la presión por las tierras laguneras. Pero también evidencian los compromisos locales con una estatalidad a menudo vista por la historiografía como ausente y "externa", irradiada sólo desde un centro y como un proyecto exclusivo de las elites centrales, visión que permea tanto a miradas liberales como subalternistas, especialmente las indigenistas.[47] A contramano de la imagen predominante de los caudillos federales como vectores de desinstitucionalización, progresivamente los historiadores han tendido sin embargo a ver a las décadas de 1830 y 1840 –la hegemonía rosista– como el origen de la temprana estatalización de la Argentina.[48] Los subdelegados y jueces, en este sentido, fueron prestigiados como representantes de los gobiernos provinciales en la campaña apoyados, como en Mendoza, por leyes y reglamentos orientados a controlar la vida social y económica de sus pobladores. Constituyeron también brazos políticos para los gobernadores o los caudillos que los controlaban (Bragoni, 2010: 29-60), ya que además de tener a su cargo la recaudación impositiva colectaban contribuciones en ganado, dinero y hombres para la guerra en curso. Pero contrariamente en el caso estudiado se observa que desde el comienzo mismo de estos esfuerzos de institucionalización, especialmente hasta principios de la década de 1860, los agentes locales tuvieron una significativa autonomía y actuaron al mismo tiempo como constructores del gobierno y representantes de la población local frente al poder central provincial que como meros brazos de este, demandando y articulando inclusive prácticas y estructuras estatales, como la administración de justicia. Tanto jueces, como subdelegados y comisarios, promovieron juicios y peticionaron por la tierra de los laguneros en contra de terratenientes externos, caudillos y altos funcionarios

---

[47] Por ejemplo, Halperín Donghi (1994, 1995) y Guerra (1993). Una perspectiva sorprendentemente similar en este aspecto la encontramos en parte de la historia indígena en Argentina (ver por ej. Delrio 2005).

[48] Entre otros Halperin Donghi (1993); Goldman y Salvatore (2005) y Goldman (1993).

a lo largo de todo el período estudiado y existió una gran continuidad en su posición tanto como funcionarios como líderes locales, pese a las décadas de conflicto y cambios de signo político del gobierno. Tomemos por caso el principal de ellos, Domingo Villegas. En 1819 aparece por primera vez firmando documentos como "Juez de la Reducción de la Asunción" (Maza, 1980: 109). Hasta 1832, cuando pide se asigne como defensor a Escalante, continúa de ese modo. En 1833 lo encontramos como "Juez de las Lagunas de Guanacache", ante el asesinato del anterior, a su vez calificado como "Juez de la Reducción del Rosario".[49] Entre 1837 y 1851 es designado subdelegado, según consta en partes enviados desde Asunción y Rosario como "Subdelegacía del 9° Departamento". Entre 1851 y 1854 el departamento de Las Lagunas se fusiona con el de La Paz para formar el de "Rosario", siendo designada La villa de La Paz como cabecera. En 1855 nuevamente se divide al departamento, quedando Las Lagunas como "Rosario", y se designa otra vez a Villegas como subdelegado. Como hemos dicho, además de su continuidad llama la atención la constancia con la cual estos funcionarios, que se incluían como miembros de la comunidad indígena, transmitían al nivel más alto del gobierno sus reivindicaciones a veces en un tono que sugiere cierto desacato o una velada amenaza. Como el propio Escalante y el mismo texto del decreto de reconocimiento de tierras de 1838 sugerían, además de los argumentos legales era necesario atender a "razones de política", "la insinuación en que se hallan los naturales de las Lagunas" o las "poderosas razones que ellos mismos a presencia del subdelegado y de su párroco han impuesto".

El juicio de Escalante y el reconocimiento de derechos resultante se produjo discutiendo argumentaciones del derecho indiano y por un proceso llevado a cabo por una institución de ese cuerpo legal, el defensor o protector de indios, constituyendo un ejemplo cabal de la centralidad de la "antigua constitución" –cuerpos de derecho, instituciones políticas y jurídicas indianas–, en este caso para la propiedad indígena, durante la formación de los estados independientes en la Argentina (Chiaramonte, 2010: 455-488; Díaz de Rementería, 1995: 11-30). Esos argumentos perdurarían a lo largo del siglo, como vemos todavía con fuerza en una solicitud de Villegas al gobernador, muy similar a aquella por Escalante, sobre la designación de una "persona" y "ciudadano" para que represente y defienda los derechos de los naturales:

---

[49] AHM, carp. 574, época independiente, doc 8.

> [...] hemos quedado sin persona que nos represente y proteja desde enton-
> ces [la asunción del gobernador] hasta la fecha, en circunstancias que con
> mis representados necesitamos urgentemente que algún *ciudadano* (como se
> ha acostumbrado y los anteriores a V.E. aún desde los tiempos del Gobierno
> Español) encabece, mire y favorezca los derechos y privilegios de aquella po-
> blación de naturales que bajo ese amparo se ha aumentado considerablemente
> y correspondido a la Provincia a la vez, con los servicios que se le han exigido
> cumpliendo fielmente con las leyes y mantenido su culto observando cuanto
> es propio de fieles católicos; a más constantes en sostener la santa causa de la
> Federación con sus pequeñas fortunas y sus brazos según su voluntad y órde-
> nes del Excelentísimo Gobierno de que dependen.[50]

Esta apelación a las normas de los tiempos del "Gobierno Español" no constituía una retórica como la invocada por los caudillos o intelectuales para discutir la legitimidad de las reformas liberales (Chiaramonte, 1997: 159; 2010), sino que se trataba de un uso pragmático por parte de poblaciones campesinas e indígenas para demandar derechos de propiedad y el reconocimiento de condiciones de desigualdad que percibían agravadas por figuras de ciudadanía y propiedad teóricamente igualadoras e inclusivas. Al discutir la idea predominante del desprestigio de la vía judicial como modo de resolver conflictos durante las primeras décadas del período independentista, algunos autores demostraron la utilización de las cortes en diversos contextos latinoamericanos durante las guerras civiles, adjudicando este hecho al éxito temprano de las reformas liberales y su expansión en la vida social (Zahler, 2010). La actitud de los laguneros demostraría en efecto la importancia conferida a la acción judicial para dirimir conflictos, inclusive por parte de actores sociales prototípicos de la "barbarie iletrada", que tuvieron como una práctica central el uso de las cortes para tramitar sus demandas. Sin embargo, cabría revisar esta asociación entre reformas liberales y cultura jurídica. En línea con lo planteado por Chiaramonte, si bien la apelación a la justicia podría ser considerada en primera instancia producto de una cultura liberal, los cuerpos legales, instituciones, cultura política y principios invocados por los laguneros rescatan una tradición republicana de origen colonial. Sus demandas remitían mucho más a la "antigua constitución" que a principios, concepciones de ciudadanía y tipos de sujetos políticos liberales. Los mismos jueces y subdelegados laguneros, pese a constituir autoridades gubernamentales con

---

[50] AHM carp. 24, época independiente, doc. 251.

responsabilidades de policía e imposición de justicia, no se presentaban a sí mismos como "ciudadanos" sino como *indios* o *naturales* legalmente incapaces de procurar su propia defensa de derechos, pese a lo cual tuvieran poder como para presionar por la restitución y nombramiento de protectores, avanzar en su causa judicial afectando intereses de miembros de las elites gobernantes en contextos de gran inestabilidad política y durante los períodos más violentos de la guerra.

Sería limitado, sin embargo, reducir el significado social y político de las estrategias legales de los laguneros a marcos generales de "antigua constitución". Como muestra Gotkowitz (2007) en el caso muy posterior de los caciques apoderados de Bolivia durante los siglos XIX y XX, los líderes indígenas lejos de meramente continuar determinadas tradiciones jurídicas se reapropiaban creativa y pragmáticamente de las mismas e integraban activamente sus propios archivos y conocimiento histórico, intentando más bien generar nuevos estándares de legalidad para garantizar la propiedad de sus tierras. Mientras algunos líderes invocaban las "antiguas leyes de la corona española" y las tradiciones indígenas ancestrales como "caciques de sangre", otros apelaban al "progreso", la "civilización" y las "leyes recientes" con más o menos idénticos fines (Gotkowitz, 2007: 49-56). De modo análogo, en Perú tanto indígenas realistas (Méndez, 2005) como independentistas (Díaz, Ruz y Zagal, 2011) desarrollaron una institucionalidad republicana que combinaba pragmáticamente elementos liberales y de antiguo régimen para defender sus intereses e insertarse en el juego político. La pervivencia de la institucionalidad indiana durante el siglo XIX tanto para la estructura de gobierno como para la apropiación de la tierra y la aplicación de justicia, ha sido señalada por varios investigadores para Mendoza (Cueto, 1989; Sanjurjo, 2004; Bransboin, 2015). Sin embargo, el largo conflicto por las tierras indígenas, caso paradigmático de esta dinámica, nunca había sido analizado. Sobre la base del derecho indiano, los laguneros no solo denunciaron y frenaron la expropiación de sus tierras comunales sino que impactaron en el propio sistema de justicia, logrando que se restituyera el cargo colonial de protector de indios y se reconozca la propiedad colectiva indígena en base a la posesión inmemorial. Pero además, estos resultados se produjeron desde una posición relativamente autónoma de los laguneros, es decir desde un *locus* político a la vez conectado pero relativamente externo al estado provincial. A la persistencia de figuras mediadoras de autoridad local que se observa a lo largo del siglo, se asocia la persistente imagen de la larga autonomía de Guanacache, tanto en la literatura como en la memoria colectiva.

Sarmiento, en su explicación de la emergencia de las montoneras del Chacho Peñaloza en 1862, se refirió recurrentemente a Guanacache y su peculiar autonomía local como reducto huarpe, acuñando incluso el sintomático neologismo político "lagunatos" (Sarmiento, 1947, ver especialmente p. 85). Pedro Echagüe, por su parte, aunque errando en la supuesta paz y ajenidad de los laguneros de las conflagraciones civiles, definió en su novela sobre la heroína huarpe Martina Chapanay a las Lagunas como una "especie de minúscula república independiente" en la cual los pobladores elegían a sus propias autoridades:

> Los vecinos vivían allí como en familia [...] sus convecinos lo habían elegido [a Juan Chapanay] juez de paz del lugar, pues los laguneros constituían entonces una especie de minúscula república independiente que elegía sus propias autoridades. La justicia de la provincia solo intervenía en los casos de crímenes o de grandes robos por medio de un oficial de partida [...] El ruido de las armas no turbó la tranquilidad de aquellos lugares; y ni siquiera cuando el caudillaje trastornó todo el país, dejaron de ser los laguneros un pacífico pueblo de pescadores y pastores, aislado al resto del mundo a orillas de sus lagunas. (Echagüe, 1932: 95)

Juan Chapanay, el padre de la protagonista que en otras versiones es calificado como cacique huarpe (Estrada, 1962; Fernández Peláez, 1934) es elegido en el relato como juez de paz, graficando la continuidad que hemos insinuado entre figuras de autoridad indígena colonial y nuevos cargos civiles.

Los ancianos laguneros suelen referirse también a caudillos del siglo XIX como Santos Guayama o a las autoridades locales de la década de 1920 o 1930 como "caciques" o "caciques huarpes". Establecen también que los líderes de las familias fueron habitualmente representantes del gobierno en la zona. El hijo de Domingo Villegas, Juan Manuel, por ejemplo, era considerado la principal autoridad y terrateniente local todavía hasta la década de 1930. Fue pintado como prototipo de la serie *"vestigios huarpes"* por el pintor de origen catalán Fidel Roig Matons en los mismos años en que acudió a la ciudad de Mendoza con cien laguneros para demandar nuevamente por sus tierras y agua (Roig, F., Roig, A. y hnos., 1999; Rusconi, 1961; Escolar, 2007).

Pese a la narrativa de extinción, las identificaciones indígenas de los laguneros y gran parte de la población rural no parecen haber sido solo fruto de una inventiva literaria o popular. En la misma época en que el protector Escalante desarrollaba su defensa de los indios laguneros y Sarmiento construía la tipología del gaucho en el *Facundo*, numerosas parroquias de San Juan y Mendoza bautizaban individuos como "indios" y llevaban libros parroquiales de casta. Las mismas autoridades laguneras impulsaron aparentemente esta adscripción: Aunque el nombramiento de 1828 había designado inicialmente a Escalante como "protector de los vecinos de las Lagunas de Guanacache" tanto el juez de paz Miguel González en 1828, como Villegas y Salazar, en 1832, se referían a sí mismos como delegados de "esta reducción" o "reducciones" invocando su carácter indígena y finalmente, el decreto ratificatorio designó, como vimos, a Escalante como "Protector de los Naturales de las Lagunas de Guanacache."

En suma, el conflictivo desarrollo de la construcción estatal y una institucionalidad republicana, como así también el poder político y la defensa frente a la progresiva presión por las tierras que ocupaban fue el marco en el que los laguneros lograron importantes formas de reconocimiento de su posesión y propiedad colectiva como indígenas en una región y período en los que se consideraba inexistente la población indígena. Estos antecedentes –como en parte la creación o refundación de pueblos en la segunda mitad del siglo XVIII– fueron una pieza central de las memorias aborígenes locales, de los archivos huarpes y de las reivindicaciones de tierras que sostendrían episódicamente hasta el siglo XXI. Sin embargo, avanzado el siglo XIX, con la consolidación del estado nacional, la derrota del federalismo y una nueva y poderosa reacción contra los campesinos e indígenas de la región las vías judiciales y negociaciones políticas se verían seriamente degradadas, dando paso a un ciclo de represión y rebelión.

Rebeliones montoneras y tierras indígenas: del levantamiento del Chacho Peñaloza a la Revolución de los Colorados

Como hemos visto, en el interior de Cuyo los conflictos sobre tierras y autonomía indígena alcanzaron el siglo XIX y se vincularon fuertemente con la política regional durante las guerras civiles. Sin embargo, a la par de la falta de reconocimiento de una historia indígena moderna, no se ha indagado el impacto de identificaciones, tradiciones políticas y demandas indígenas en dichas guerras y en la política regional. Esto es particularmente notable con la persistencia de estos conflictos durante el período de los levantamientos montoneros más tardíos ocurridos en la región como los de Ángel Vicente "El Chacho" Peñaloza y Santos Guayama durante las décadas de 1860 y 1870, aunque este señalamiento no sería privativo para la historiografía cuyana.[1] Ariel de la Fuente (2010a) destacó los componentes étnicos y raciales de la población rural subalterna en los levantamientos federales riojanos y cuyanos; y David Rock (1998, 2006) retrató agudamente el clivaje racial de la política sanjuanina que asociaba los sectores populares movilizados en torno a identificaciones federales con condiciones de casta y origen indígena. Sin embargo, en ambos casos faltó una compulsa mayor sobre la historia política indígena concreta que informaba tanto la movilización subalterna rural como las representaciones e imaginarios raciales vigentes. En el capítulo que sigue

---

[1] Refiriéndose a los Llanos, Judith Farberman y Roxana Boixadós plantean certeramente que "a partir de fuentes secundarias, suponemos que los finales del siglo XVIII y la primera mitad del XIX presenciaron una intensa conflictividad en torno del usufructo y la propiedad de la tierra. El fenómeno de las montoneras del siglo XIX tiene indudable relación con esta conflictividad de larga data y todavía por conocerse" (Boixadós y Farberman, 2009:81).

nos centraremos precisamente en esta relación histórica. Continuando la línea temporal de nuestro análisis, abordaremos las vicisitudes de las luchas por las tierras, liderazgos, memorias y archivos indígenas en el mundo "criollo", la tensión entre autonomía y construcción del estado y sus relaciones con la movilización política en Guanacache durante las rebeliones montoneras de las décadas de 1860 y 1870.

Luego del decreto de 1838 donde se dispuso que las tierras de Guanacache quedaban a beneficio de los naturales de las Lagunas estas continuaron siendo amenazadas y sus linderos sujetos a interminables litigios. Los laguneros siguieron siendo representados y defendidos en sus derechos por Domingo Villegas, quien mantuvo funciones de subdelegado, y ocasionales protectores nombrados. Sin embargo, las funciones de Villegas en el estado mendocino cesaron con las rebeliones del Chacho Peñaloza entre 1862 y 1863. Estos levantamientos fueron el inicio de un estado casi permanente de insurrección en las Lagunas que se extendió hasta fines de la década de 1870 y se encadenó con rebeliones regionales de menor envergadura y otras de alcance nacional, como la Revolución de los Colorados entre 1866 y 1867, que se enlazó con la de Felipe Varela en el noroeste, y las insurrecciones lideradas por Santos Guayama, un caudillo lagunero que había participado en la anterior rebelión y posiblemente en la del Chacho, que continuó manteniendo un relativo control del área hasta finales de 1870.

Desde la derrota de Juan Manuel de Rosas en 1852 por una coalición de liberales y federales dirigida por el caudillo entrerriano Justo José de Urquiza, los primeros habían comenzado a socavar los gobiernos federales en varias provincias. Uno de los blancos de estas conspiraciones era el gobernador de San Juan, Nazario Benavides, baluarte del federalismo en Cuyo. Había gobernado con intermitencias entre 1836 y 1857 y desde la batalla de Caseros se mantuvo como árbitro de la política regional y principal líder federal, aunque retirándose paulatinamente. En 1855 fue nombrado comandante en jefe de la Circunscripción Militar del Oeste de la Confederación Argentina —de los ejércitos acantonados en San Juan, La Rioja, Mendoza y Catamarca— con el grado de brigadier general. Pero en 1857 volvió a ocupar la gobernación por un breve interregno, deponiendo al anterior mandatario. En 1858, habiendo salido del gobierno, pero conservando una cuota muy significativa de poder y apoyo popular, los partidarios de Benavides ganaron una elección de legisladores que fue desconocida por el gobernador en ejercicio, partidario liberal.

Este mandó a apresar a Benavides y otros miembros del ejército que le eran fieles. Los diarios liberales de Buenos Aires, principalmente bajo la pluma de Sarmiento, reclamaban su ejecución. La fuerte agitación popular derivó en un intento de liberación de Benavides que fue aprovechado por sus enemigos para asesinarlo. Su cadáver fue vejado, mutilado y expuesto en la plaza principal de la ciudad. En el ínterin, el Chacho Peñaloza, antiguo lugarteniente de Facundo Quiroga y antiguo enemigo de Benavides, pero ahora su aliado y subordinado, acudía a San Juan con sus tropas para auxiliarlo.

La secuencia de crímenes políticos que este hecho inició tuvo importantes consecuencias en la política nacional. El interventor nombrado de San Juan por el presidente Derqui, José Virasoro, fue asesinado junto con su familia por los liberales dirigidos por Antonino Aberastain y en forma mediata por Sarmiento, de la misma forma cruenta que Benavides. El gobierno nacional mandó intervenir nuevamente la provincia con un ejército al mando del caudillo federal y gobernador de San Luis, Juan Saá. Al resistirse Aberastain, que fungía de gobernador interino, Saá derrotó a las fuerzas de los liberales sanjuaninos y éste fue asesinado por sus tropas. Estos sucesos desembocaron en la batalla de Pavón de 1861 que marcó un punto de inflexión en la formación del estado nacional argentino: la derrota del ejército federal al mando de Urquiza por parte del de Buenos Aires, liderado por Bartolomé Mitre y un año más tarde la asunción de la presidencia de la Nación por este último. A pocos meses de la derrota comenzaron a producirse conatos de rebelión en La Rioja, Córdoba y Cuyo, bajo el liderazgo del Chacho, entonces general del ejército nacional al mando de la Circunscripción Militar del Oeste. Ocurrieron dos levantamientos masivos entre 1862 y 1863 que abarcaron todo Cuyo y parte de las provincias de Córdoba, Salta y Catamarca que fueron duramente reprimidos por el ejército de Buenos Aires, convertido en ejército nacional. Bajo la dirección del designado gobernador de San Juan y director de la guerra, Domingo Faustino Sarmiento, el Chacho fue perseguido y asesinado en 1863.

Las invasiones de Luis Molina y Sarmiento y el fin de los "jueces laguneros"

Uno de los incidentes que anunciaron la primera rebelión de Peñaloza fue la congregación de una montonera precisamente en las Lagunas, dirigida por el cabecilla riojano Gerónimo Agüero. A instancias de Luis Molina, gobernador liberal de Mendoza instalado por el ejército porteño, el entonces subdelegado del Departamento del Rosario, Domingo Villegas, y nuestro viejo conocido hacendado Francisco Alvino o Albino fueron procesados bajo la acusación de connivencia con la montonera y el movimiento del Chacho en las Lagunas.[2] Alvino, junto con sus dos hermanos, Cruz y Víctor, eran integrantes de la familia de hacendados más importantes del departamento y tenían sus principales tierras de cultivo en la zona sur del departamento de Rosario, más cercana a la ciudad de Mendoza. En el sumario realizado, el subdelegado Villegas de sesenta y ocho años mantuvo un lenguaje republicano y legalista y una expresión que sugiere una relación personal previa con el gobernador. Declaró que "cuando llegó al pueblo [la ciudad de Mendoza]" el gobernador le preguntó "si se había estado carteando con Gerónimo Agüero". Rechazó la idea de haber conspirado contra el gobierno y dijo que Agüero lo había invitado imperativamente por carta para levantar a la gente de Lagunas del Rosario, a lo cual él le habría respondido que "no reconocía ninguna autoridad en él y que no pertenecía a esta provincia". Villegas fue destituido del cargo, aunque como veremos más adelante, siguió representando como apoderado a los laguneros en juicios por sus tierras por unos años. Los hermanos Alvino que tendrían una vida política ascendente, negociaron según el caso tanto con los gobiernos liberales como con los montoneros y serían la cabeza del proceso de construcción de un control político gubernamental sobre el departamento que iría desplazando al de los líderes laguneros y que se consolidaría en la década de 1880.

En una interesante correspondencia señalada por Ariel de la Fuente (2010a: 85), Sarmiento, Luis Molina y otros políticos y militares intercambiaron pareceres en torno a la represión en las Lagunas que, según sabemos ahora, ocurrió inmediatamente después de la destitución de Villegas. [3] Molina y Sarmiento invadieron las Lagunas con fuerzas de ambas provincias en dos oportunidades que sumaron más de doscientas tropas de línea, en previsión de la posible adhesión de sus habitantes a Peñaloza (Escolar, 2007: 142-143). Como alertó a Sarmiento un amigo informado de los planes del gobernador de Mendoza, Molina preparaba una tercera expedición mucho más cruenta con la idea de despoblar las Lagunas pretendiendo "limpiar los fondos de su

---

[2] AHM, judicial criminal, época independiente, carp. 2 A, doc. 27.

[3] Archivo de Domingo Faustino Sarmiento (en adelante AS), armario I, doc. 5016.

estancia" y "traer a cuanto vecino haya por allí para que pueblen en el sur más bien".[4] Como vimos en el capítulo anterior, el gobernador había realizado un gran denuncio de tierras en las Lagunas que eran parte de las usurpaciones que motivaron los reclamos de los lagueros. Sarmiento escribió a Molina diciendo que no era necesario desalojar a los lagueros sino que alcanzaba con mandar tropas nuevamente a patrullar al área para "desacreditar las Lagunas como asilo".[5] Estos "patrullajes" no ahorraban violencia. En las dos expediciones anteriores enviadas por el sanjuanino había capturado y fusilado a tres hombres en la ciudad de San Juan "con toda la pompa". Pero ahora sostenía que no convenía intentar despoblar las Lagunas porque:

> [...] sobre todo las de Mendoza están muy pobladas de gente, con más de diez mil cabezas de ganado. Créese que la montonera ha sido de más de 200 hombres, lo que da un total de población considerable. La violencia necesaria para arrancar gentes de los lugares en que han nacido traerá una sublevación, fundada en sentimientos legítimos, aunque extraviados, y acaso Peñaloza adquirirá una centena de desesperados que le ayuden. [6]

Sarmiento fue como siempre premonitorio: "esa población, atacada por sus fuerzas, dará por resultado engrosar las filas del Chacho". El 20 de mayo, sin embargo, a escasos días de que Villegas fuera traído y procesado en la ciudad, y un día después de leídos los consejos de Sarmiento, Molina invadió las Lagunas por tercera vez con un total de doscientas cincuenta tropas de infantería y caballería en dos divisiones entre fuerzas de Buenos Aires y provinciales, que alcanzaron los parajes de la Capilla del Rosario y San Miguel.[7] Lino Almandoz, entonces comandante de armas de Mendoza que acompañó al contingente enviado a las lagunas, escribió más tarde a Mitre sobre la invasión. Al recibir la carta de Sarmiento, Molina la leyó en un banquete y "se desplegó en chorreos contra Sarmiento y sin aceptar su buen consejo llevó a cabo su empresa".[8] Su testimonio ofrece una infrecuente descripción de las prácticas represivas del ejército contra las montoneras –denunciadas en cartas y proclamas de líderes montoneros como el propio Chacho y Felipe Varela, años

---

[4] *Ibid.*

[5] AS, carp. 35, doc. 3805.

[6] AS, carp. 35, doc. 3805.

[7] AS, armario I, doc. 5016.

[8] *Archivo Édito Mitre*, 172-183.

más tarde– por parte de un oficial a cargo. Según contaba Almandoz, Molina "les quitó a las familias los hijos de ambos sexos, los que se hallan repartidos en diferentes puntos".[9] De los hombres que se presentaron al llamado de los comandantes Flores y Pais cuatro fueron fusilados sin formación de causa. Uno de ellos, Gregorio Morces, "estaba arreglado por Don Marcelino Quiroga" un oficial sanjuanino que fue con las fuerzas de Buenos Aires. Otro, Juan José Ochoa, "manco y trabajador", había acompañado al Chacho cuando acudió a San Juan tras el asesinato de Benavides. Esto sugiere la adhesión de al menos parte de los laguneros a Benavides, que como hemos visto recibió apoyo a sus guerrillas en 1858 y no había tomado parte en la nueva campaña del caudillo. Sostenía a la madre y una hermana viuda con seis hijos y el mayor Flores secuestró además a su único hijo varón.[10] Las dudas sobre la real culpabilidad de los prisioneros tomados o asesinados se extendían al propio Sarmiento. En su carta a Molina señalaba que el cabecilla de unos bandidos que sus tropas habían apresado –y en su mayoría fusilado–, Tomás Núñez, era "un paisano formal, al decir de todos honrado, dueño de una buena fortuna y padre de una numerosa familia".[11] Esta opinión coincide con lo que publicaría más tarde –contradiciendo su propio discurso de criminalización de la montonera– sobre el inicio de la represión de la rebelión del Chacho: "de los prisioneros tomados, solo quince en más de ciento no tuvieron quién solicitase su libertad y los acreditase honrados, lo que probaba que eran todos gente conocida y de buena familia" (Sarmiento, 1947 [1866]: 109).

A instancias de Molina las tropas arriaron también haciendas hasta San Juan y, según afirmara el propio gobernador, parte de ese ganado engrosó los puestos de su estancia. Molina también ordenó al mayor Flores que apartara un par de caballos para su carruaje y "seis chinitas para regalar". El propio Almandoz le pidió a Flores que le apartara también un muchacho para su servicio, para el cual le entregaron a Domingo Agüero de trece años. Tres días después de invadir las Lagunas, con los hechos consumados, Molina respondió a las peticiones de Sarmiento: justificó su accionar diciendo que el despoblamiento de las Lagunas era una suerte de política de estado inconclusa desde los primeros gobiernos de la provincia:

---

[9] *Ibid.*, 179.

[10] *Ibid.*

[11] AS, carp. 35, doc. 3805.

Todos los gobiernos antecesores al mío han tenido la idea de desalojar esos parajes por que han comprendido, sin duda, el beneficio que resultaría al país. Esos habitantes jamás han prestado servicio alguno a la Provincia: siempre han estado dispuestos a hacer armas contra las autoridades y a favorecer entre sus madrigueras a los criminales de la Rioja, San Luis y San Juan que escapan de la justicia. Yo he sido el protector que han tenido; pues siempre me opuse y me empeñé a fin de que tales proyectos no se realicen, esperando que algún día podrían moralizarse y ser útiles al país; pero los últimos acontecimientos ocurridos allí alejaron completamente mi esperanza y me prueban que esos malvados son incorregibles.

Lo de las Lagunas se inscribía según Almandoz en una política más general para lograr el sometimiento político de los habitantes de la campaña mendocina. Joaquín Villanueva, jefe de policía y "mano negra" de Luis Molina:

> [...] salió por los departamentos [rurales], amenazando al vecindario, que iban a ser desterrados por el gobernador Molina; pero que votasen por la lista que les repartía, que el influiría con Molina para que no fuesen desterrados. El pueblo, tímido y conocedor de las arbitrariedades que el testarudo Molina ha cometido desde el principio de la administración, y de las antiguas [...] y que, por otra parte la provincia de Mendoza es un país pacífico y contraído a la labranza, se humillaron completamente.[12]

En estos documentos no se observan alusiones a identidades indígenas en relación con las políticas represivas que se practicaron en las Lagunas. Pero el propio Sarmiento años más tarde le daría estatus teórico y estético a la noción de la existencia de raíces históricas indígenas en la cultura política de los laguneros y en gran parte de los campesinos cuyanos que se movilizaban en las montoneras federales. Como vimos en la introducción de este libro, en su *Vida del Chacho* postuló de diversas maneras esta teoría que explicaba que su alzamiento "bien mirado en sus localidades y propósitos era casi indígena" (Sarmiento 1947, 83).

> Las lagunas de Huanacache están escasamente pobladas por los descendientes de la antigua tribu indígena de los huarpes. Los apellidos Chiñinca, Juaquinchay, Chapanay, están acusando el origen y la lengua primitiva de los habitantes. (*Ibid.*, 85). [...] los descendientes de los indios de Mogna, los de los huarpes de Guanacache, y los raros pobladores del desierto al oriente de Pie de Palo, estaban desde el principio en abierta insurrección (*Ibid.*, 151).

---

[12] Archivo Édito Mitre, 172-183.

La represión en las Lagunas inauguró un ciclo insurreccional de más de quince años en los que el área pasó a ser considerada prácticamente un frente militar, como graficaría en un discurso a la cámara de representantes de Mendoza en 1874 el gobernador Elías Villanueva , comparándola con la frontera indígena sur: "otra frontera, no menos peligrosa para la vida de sus moradores".[13] También, los sucesos parecen marcar el final del reconocimiento oficial a las autoridades locales, que serían reemplazadas o comandadas por subdelegados ligados a los gobiernos liberales que trataron de ejercer un control externo. Villegas no volvió a ocupar el cargo de subdelegado –luego de por lo menos cuarenta y tres años de ejercicio del gobierno local– pero continuó como comisario de Asunción.[14] Contrastando con la negociada pero continua articulación institucional que representaban las autoridades laguneras previas, a los nuevos subdelegados les será muy difícil someter a los pobladores al control efectivo del estado mendocino y el nacional. Su presencia será precaria y la construcción de su autoridad muy trabajosa, y el control del territorio un problema militar de envergadura. Menos de un mes antes del asesinato del Chacho, el 12 de noviembre de 1863, y a pesar de las muchas incursiones previas del ejército, el principal diario de Mendoza publicó un artículo en primera plana sobre la necesidad de ocupar militarmente las Lagunas para persuadir a sus pobladores de que no sigan a los caudillos; pero aclaraba que para lograrlo se requería de una proporción de diez soldados por cada lagunero capaz de tomar armas.[15]

Aunque el cargo de subdelegado nunca volvería a manos de los laguneros, la gran mayoría de los mandos intermedios y bajos serían siendo ocupados por estos, mostrando la dependencia del liderazgo local para una relativa gobernabilidad. En 1864 el nuevo subdelegado, Juan Villamil, recorrió los parajes de la capilla del Rosario, Asunción y San Miguel y toda la costa de las Lagunas, reuniendo a los vecinos con el fin de "arreglar los empleados".[16] Villamil reorganizó la administración local nombrando una planta mayor que la previamente existente, con doce empleados en cada uno de los tres distritos, conformada por un comisario, un teniente de comisario, dos ayudantes

---

[13] Registro oficial de Mendoza, 1873-1874. En Sanjurjo, 2004: 315.

[14] AHM, carp. 574, época independiente, doc. 98.

[15] *El Constitucional*, 17 de octubre de 1863. En Fernández, 1989: 72.

[16] *Ibid.*

del comisario, un alcalde del primer cuartel, con su teniente y dos ayudantes y un alcalde del segundo cuartel, a su vez con un teniente y dos ayudantes. Pero esta designación masiva no bastaba para garantizar la disciplina política de los laguneros. Al año siguiente el subdelegado informó que varios vecinos del sur se quejaban de que no había fuerzas militares suficientes para garantizar la seguridad. Los guardias nacionales faltaban a su función; primero, para trabajar en la cosecha del trigo; luego, para ir al pueblo de fiesta entre el domingo y el martes. En las Lagunas el comisario local había pedido refuerzos de guardias nacionales porque los soldados de policía que había se manifestaban enfermos aunque cobraban su sueldo. Villamil entonces planteó que estaba aislado en el departamento por no tener tropas útiles a lo que se sumaba que "la gente lagunera no reconoce cuerpo".[17]

El triunfo de los liberales y su desconocimiento de las autoridades locales previas implicó en principio un quiebre de los canales de negociación local con el gobierno de Mendoza. Pero el hecho de que las segundas líneas continuaron en manos de laguneros, que incluso como Villegas habían sido sumariados por su posible apoyo al Chacho, muestra las limitaciones del control que el gobierno ejercía en el área. También se evidencian esas limitaciones en la dudosa lealtad de los funcionarios y hacendados locales al gobierno. Luego de la muerte del Chacho y la derrota de las montoneras en 1863 la situación política no solo era inestable en las Lagunas, sino también en el arroyo Tulumaya, Jocolí y el sur del departamento. Los principales terratenientes allí ubicados tampoco eran claramente leales a los porteños o a los liberales de Mendoza y muchos, como los Segura, eran tradicionalmente federales. En un parte de 1863 de Nicolás Villanueva a Molina durante una nueva expedición a San Miguel Ibarzabal manifestaba que en el vecindario ya no quedaban reses para auxiliar a la tropa y que los vecinos más oficiosos habían sido los tres hermanos Alvino, principales hacendados del departamento.[18] Sin embargo, cuatro años más tarde, en el contexto de otra rebelión federal, Ibarzábal, ahora subdelegado, se quejaba de que los Alvino protegían a los bandidos o montoneros al igual que las autoridades intermedias y los mismos soldados:

> Se sabe que Don Pancho Alvino ha abrigado algunos bandidos y su hermano Don Víctor Alvino también [pide al gobernador] se sirva mandarme militares

---

[17] AHM, carp. 574, época independiente, doc. 100.

[18] AHM, carp. 574, época independiente, doc. 87.

armados para ya hacer pesquisa de dichos individuos porque los militares que tengo no tengo confianza en ellos, porque son del mismo Departamento, aunque lleguen a verlos no me los han de presentar, antes bien les han de dar escape.[19]

Y como veremos más adelante Cruz Alvino, otro de los hermanos, se uniría más adelante al caudillo lagunero Santos Guayama en un nuevo ciclo de rebeliones. La misma connivencia de las autoridades con los "bandidos" será descripta para 1871 por el intendente general de policía de San Juan que comunicaba que "el Comisario o autoridad de Mendoza en las Lagunas" recibía las cabalgaduras robadas por Guayama a pastar en el territorio provincial y había guardado también allí varios robos. Y que el propio hijo del comisario había estado con Guayama en una reciente refriega, dándole el aviso de que sería atacado por fuerzas de San Juan (Siri, 1947: 83).

Los Alvino, Segura y otros propietarios ricos del sur del departamento competían por las tierras de los laguneros intentando ocuparlas aprovechando sus contactos o coyunturas políticas. Del mismo modo, los laguneros maniobraban cuando podían accionando judicialmente o jugando en el plano político, construyendo alianzas, intercambiando servicios militares o "gobernabilidad" o propiciando insurrecciones. Luego de la derrota de la rebelión del Chacho, los conflictos por las tierras continuaron y aquí vemos la última actuación de Domingo Villegas como apoderado de los laguneros y protector del archivo de documentos sobre las tierras. A fines de 1865 presentó un escrito ante el juez de hacienda diciendo que se había enterado por el diario *El Constitucional* de que Enrique y Maximino Segura y Víctor Alvino habían denunciado como baldío un terreno en San Miguel de las Lagunas.[20] Villegas se oponía en nombre de los laguneros porque todo ese campo pertenecía a los "naturales" que, como él mismo, según recalcó, lo poseían en común. Argumentó primero este derecho por el decreto de gobierno de 1838 que ya hemos mencionado, fruto del juicio del protector Juan Escalante, y luego por una capellanía de dos leguas cuadradas que había en el distrito de San Miguel, que era donde habían efectuado el denuncio Alvino y los Segura. El apoderado adjuntó al expediente copias de ambos documentos y agregó en su declaración: "otro si digo: que conviniendo a los intereses que represento la

---

[19] AHM, carp. 574 bis, época independiente, doc. 9.

[20] AHM, carp. 120, época independiente, doc. 19.

conservación en mi poder de los títulos de mi referencia, se ha de servir V.S. mandar se me devuelvan sin perjuicio de exhibirlos cuando el juzgado me lo ordene".[21] Los denunciantes respondieron impugnando los derechos de los laguneros, el decreto de 1838 y la capellanía a través de una enrevesada discusión que prueba el conocimiento pormenorizado que tenían de los diversos documentos utilizados por los laguneros y de la historia judicial de sus tierras. Siguieron diversos traslados del expediente en los que Villegas no se notificaba, al parecer considerando desfavorable su situación y dilatando exprofeso el trámite del juicio. Luego de un tiempo, cuando el juez exigió por apremio su presencia, Villegas respondió mencionando la existencia del testamento del cacique Jacinto Sayanca como otro elemento de prueba de los derechos de los laguneros. Pasaron muchos traslados más en que se le solicitaba imperativamente la entrega del documento y Villegas no respondía. Hasta que lo hizo un nuevo apoderado en su nombre, Jesús Santander. Este manifestó entonces que "existen en el archivo de Don Francisco Mayorga [escribano de gobierno] las escrituras de los caciques Don Diego Sayanca, don Jacinto y Don Pascual Sayanca y Montesinos en la que hace esta misma donación a los naturales de las Lagunas para el sostenimiento de las capillas e iglesias del referido punto". Mayorga también dilató su contestación y negó tener en su poder los papeles, hasta que los Segura y Alvino pidieron que se lo declarara en rebeldía y se los sacaran mediante apremio. Finalmente, el testamento apareció en el expediente, certificado por Mayorga. Luego de eso el juicio parece haberse diluido en la nada quedando sin sentencia. Resulta sugerente que el juicio se interrumpió precisamente con el inicio del último gran levantamiento federal, la Revolución de los Colorados, luego de lo cual no volvió a retomarse.[22]

La situación política entre la derrota del Chacho (1863) y la Revolución de los Colorados (1867) en donde los laguneros tomarían parte principal, fue evidentemente muy inestable Cuyo. Todo indica que los apoderados de los laguneros esperaban una coyuntura política favorable para evitar una sentencia

---

[21] *Ibid.* f. 7-8. Villegas manifestó no saber firmar. Esto es notable teniendo en cuenta que durante varias décadas había fungido como apoderado de los laguneros y por el mismo o mayor lapso había sido funcionario, incluso el principal del departamento. Se evidenciaba además que conocía claramente el significado de los papeles de los cuales era depositario y de que no había sido impedimento inclusive su pericia lectora para su manejo legal y político.

[22] La copia legalizada del expediente que consta en el archivo de Juan Nievas está firmada precisamente por Francisco Mayorga.

adversa en el juicio –el que también fue iniciado por sus antagonistas en un momento en que podían tener mayor influencia en los tribunales–. Justo para la época, en 1865 y 1866, fueron publicadas dos gacetillas sobre las Lagunas en *El Constitucional*, principal periódico mendocino donde Villegas había visto denunciadas las tierras de San Miguel.[23] En ellas, la primera titulada "San Miguel" y la segunda "Departamento de Rosario", se retrataba a las lagunas de Guanacache como un mundo irredento, moralmente corrompido y amenazante. En San Miguel, por ejemplo, antro de "reuniones perjudiciales e inmorales", se producían permanentes:

> [...] chinganas y borracheras que inutiliza completamente cuanto el cura pudiera hacer para enseñar y domesticar aquellos hombres [...]. Se nos dice que las autoridades de aquel punto nada quieren hacer para contener los desórdenes [...]. En aquel punto, casi en contacto con La Rioja, se reúnen también los montoneros riojanos a beber y jugar.[24]

La economía lagunera en 1866

La comprensión de los conflictos entre diversos sectores que habitaban la sociedad rural en Guanacache y su entorno, y sus cambiantes alineamientos políticos, requiere de un somero análisis de la economía local en este momento histórico. Desde la época colonial hasta la actualidad diversas fuentes han descripto a la población local como pobre, incluso paupérrima, destacando por un lado su escasa infraestructura y por el otro la falta de interés en la acumulación de capital, leída como una desidia insanable propia del estado de barbarie. En 1866 el nuevo subdelegado del Rosario Casimiro Ibarzabal informaba que la falta de asistencia a la escuela por parte de los niños se debía a las grandes distancias y la pobreza de sus padres pese a lo cual hacían "todo lo que pueden": "yo he presenciado a estos jóvenes pasando por la puerta de mi casa con todo el rigor del frío y en un solo caballo cuatro niños y otros tantos a pie".[25] La pobreza también había sido señalada por el protector Escalante en su alegato y por Sarmiento en sus cartas a Luis Molina; y si nos remontamos en el tiempo, era habitual en los informes de misioneros y en las acusaciones

---

²³ *EL constitucional*, 5 de agosto de 1865 y 7 de junio de 1866.

²⁴ *EL constitucional*, 5 de agosto de 1865.

²⁵ AHM, carp. 574, época independiente, docs. 147 y 150.

de terratenientes coloniales para justificar la necesidad de expropiar sus tierras. Es posible suponer que la situación económica se haya agravado por el estado de guerra que se vivió en las Lagunas desde 1862.

Sin embargo, otro factor parece haber incidido aún más en el descontento popular: la falta de compra de ganado por parte de Chile, que era el mercado tradicional y el primero en importancia para la economía cuyana. El tráfico y engorde de ganado era una de las actividades centrales de los laguneros y de la economía cuyana. Ocupaba a toda una cadena de productores rurales: criadores, plantadores de forraje, peones y arrieros que trasladaban los animales desde las provincias más fértiles del este hacia el occidente de los Andes, pasando por una etapa de engorde en Cuyo. Esta crisis afectaba primordialmente a zonas de pastoreo como los Llanos riojanos, Valle Fértil y las Lagunas, que participaban de ese circuito y proporcionaban arrieros.[26] Su funcionamiento requería desde la época colonial el concurso de una serie de expertos subalternos, originalmente indígenas (Michieli, 1992; Escolar, 1996, 1997). Tanto las largas marchas a través de la cordillera, hacia Chile o según la época hacia el norte hasta Bolivia, como la producción de mulas y caballos y manejo del ganado, a menudo robado en las provincias del este, precisaba de arrieros, baqueanos, criadores y cuatreros. Muchos laguneros integraban este elenco como mano de obra para las empresas de arreo, como criadores de ganado, caballos y mulas en sus feraces bañados realizando también ellos por cuenta propia el tránsito y comercio cordillerano. La sociedad local era entonces bastante más diversificada de lo que podría suponerse según las caracterizaciones e imágenes de pobreza. Además de área ganadera, las Lagunas y su entorno eran una de las principales zonas de producción de trigo que abastecía la región y que requería una concentración estacional de mano de obra. Como vimos, el subdelegado Villamil elevaba quejas sobre la falta de contracción al trabajo de sus guardias en parte por la necesidad de acudir a la cosecha del trigo. Esta producción iría en marcado ascenso como veremos hasta principios del siglo XX.

La población del norte del departamento de Rosario en la década de 1860 era según censos de la época de aproximadamente dos mil personas (Massini Calderón 1967: 12; *Primer Censo nacional de población*, 1869). Se trataba del sector más densamente poblado del área de Guanacache, aunque

---

[26] Archivo Édito Mitre, Pacificación y Reorganización Nacional después de Pavón (Conclusión) Tomo XII). Carta de Domingo F. Sarmiento a Bartolomé Mitre, 13/3/1862. (1862).

los habitantes vivían básicamente dispersos en núcleos familiares a unos diez kilómetros de distancia entre sí, excepto en la costa de la laguna principal, la del Rosario donde había "muy buenas estancias pobladas y salinas que explotan los laguneros" (Igarzábal, 1873, 74-75). Sin embargo, debido que estos estaban ubicados en distintas provincias y en diversas jurisdicciones dentro de éstas, es muy difícil calcular la totalidad de los habitantes del área ya que en los censos no están desagregados claramente. Por ejemplo, el primer historiador sanjuanino, Nicanor Larraín, declaraba que en la realización del censo de 1869 en la provincia "no se ha tenido en vista la extensión territorial, sino sus centros poblados" (Larraín, 1906: 325). Rafael Igarzábal por su parte, creador del primer gran informe estadístico de San Juan (1873: 189) refería que eran miles los laguneros ocupados en la pesca en Mendoza, San Juan y San Luis y señalaba (ampliando las consideraciones de Larrain) que durante el censo de 1869, asociado al muy resistido enrolamiento militar para la guerra del Paraguay, "unos andarían de viaje y otros que serán el mayor número estarían en los bosques ocultándose para no ser inscriptos como soldados." Además de estos inconvenientes para la fiscalización se trataba de una población muy móvil con prácticas trashumantes y semi nómadas ligadas además al aprovechamiento de la pesca en las cambiantes lagunas, al movimiento del ganado entre diversas zonas de pastoreo y a la arriería a Chile. Por todo lo anterior, estimo posible que el número real de habitantes del área en general se acercara al doble de lo señalado por el censo, es decir unos cuatro mil habitantes.

La presión económica se hizo sentir también para los medianos y grandes terratenientes del sur del departamento. En 1866 el gobernador mendocino Carlos González aplicó una agresiva política fiscal. Se aplicaron gravámenes a la tierra, al ganado, los edificios e incluso a la tierra inculta en forma proporcional sobre los capitales, a partir de una valuación que debía efectuar el gobierno mediante comisiones *ad hoc* (Massini Calderón: 99-100). Anteriormente el impuesto era pagado en base a un denuncio voluntario efectuado por los propietarios que permitía un margen de maniobre importante. Esta avanzada implicó un relevamiento más exhaustivo sobre los bienes alcanzando incluso áreas y segmentos de población que anteriormente no tributaban, como los medianos ganaderos. Se realizaron padrones de propietarios y capitales, entre ellos del departamento del Rosario, que proporcionan los primeros datos estadísticos más o menos confiables sobre la economía local de que disponemos.[27] Los sujetos eran clasificados como "estancieros", "propietarios," "labradores", "peones" y "gañanes". Las propiedades reconocidas como tales fueron básicamente las tierras de cultivo bajo riego artificial mediante canales y acequias que se concentraban en la zona sur del departamento, más cercana a la ciudad de Mendoza y lejos de las Lagunas propiamente dichas; allí era donde se encontraban los individuos más ricos. La superficie cultivada –principalmente dedicada a la siembra de alfalfa o trigo– o inculta declarada en el padrón es sin embargo menos del 0,5 % de toda el área. También se declaran estancias donde se ubicaban los rodeos de ganado, difícilmente mensurables ya que ubicaban en campos abiertos y con límites bastante imprecisos. Las más grandes llegaban a tener cinco peones y las más chicas solo ocupaban la mano de obra familiar. En las cédulas del censo de 1869 se consignaron solo diecisiete estancieros, entre los que se encontraban por ejemplo Domingo Villegas, y ocho propietarios. El padrón de 1866, por el contrario, señalaba ciento cuarenta y dos individuos como poseedores de ganado o tierras de labranza. Los estancieros o criadores dignos de ser considerados "hacendados" para su evaluación fiscal eran aquellos que poseían ganado vacuno por encima de las cincuenta reses.[28] Es difícil calcular la cantidad real de ganado que tenían debido a la dificultad de contabilizarlo a lo que se sumaba el amenazante contexto para agentes que procuraban incrementar la recaudación en un área en vías de franca rebelión. Tomando lo contabilizado en el padrón de 1866 y aplicando la corrección estimada en la época, que como mínimo duplicaba las cifras de ganado oficiales (Igarzábal, 1873: 197), podemos arriesgar que en las Lagunas una cifra promedio rondaría las sesenta y seis cabezas de ganado mayor y cien de menor para cada estanciero, sobre un total de diez mil ochocientas cabezas de ganado mayor, una cifra similar a las más de diez mil cabezas de ganado mayor que estimaba Sarmiento en su correspondencia con Luis Molina.[29] Valores próximos a lo anterior, 12.688 cabezas, se contabilizaban hacia 1902, según cálculos oficiales.[30]

Sin embargo, más allá de estos valores promedio, las posesiones de ganado y los capitales eran muy dispares. En 1866 un estanciero medio como

---

[27] AHM, carp. 574, época independiente, doc. 142.

[28] AHM, carp. 574, época independiente, doc. 138.

[29] AS, 3805, carp. 35.

[30] AHM, carp. 578, época independiente, doc. 67.

Villegas poseía doscientas catorce cabezas de ganado mayor, ciento ochenta y cinco de menor y dos bueyes. Su capital según la valuación oficial era de 792 pesos, muy por debajo del que tenía el propietario más importante del sur del departamento, Víctor Alvino, de 5.964 pesos. Por su parte, la mitad más pobre de los empadronados, que excluía un conjunto más pobre aún no registrado, la mayoría de los cuales se encontraba en las Lagunas, disponían de un exiguo capital de entre 20 y 148 pesos. Además de Víctor Alvino, aquellos que poseían más capital en el departamento se encontraban también en la zona sur: Adolfo Segura, con 4.060 pesos, Francisco Alvino con 3.839 y José Ibarzábal, el subdelegado, con 3.027. En las Lagunas los más acaudalados eran Pedro Morales con 1.882 pesos, Elías Guaquinchay con 1.113, Daniel Báez con 1.029 y Villegas, como hemos visto, con 792.

Figura 1: Capital en pesos por número de individuos
registrados, departamento de Rosario.

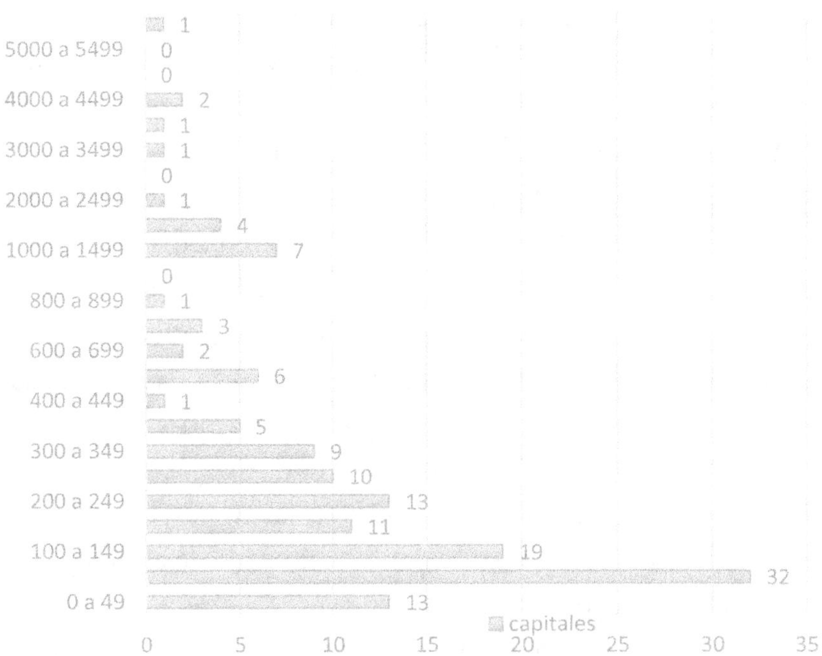

Elaboración propia según el Padrón de Propietarios del Departamento del Rosario, 1866 (AHM carp. 574, doc. 142).

Las categorías impositivas relevadas no dan cuenta sin embargo de un amplio sector, tal vez el más numeroso, de pequeños pastores, pescadores, recolectores y cazadores laguneros. Es prácticamente imposible mensurar su magnitud porque las estadísticas de la época no los toman en cuenta pero debemos tener siempre presente su existencia. En plena insurrección lagunera Rafael Igarzábal destacaba que en Guanacache "[…] viven aún hoy los laguneros que descienden de los huarpes, primitivos habitantes de San Juan […] tienen sus chozas cerca de las lagunas, y se ocupan de la cosecha de la algarroba silvestre de que hace Patai y Aloja […]. Cazan cisnes y sobre todo pescan (herencia de los huarpes) ayudándose con las balsas de totora" (Igarzábal, 1873, 76).[31] Señalaba también la producción artesanal proponiendo una lista de objetos de manufactura local que "debían figurar en la exposición en un punto especial":

> Algarroba, patay, aloja, cordobanes, quesos, cigarreras, tiradores plateras, cestillos, canastos, esteras, balsas de totora, botas de potro, sombreros de paja, alforjas de lana, recados de cuero y simbol, chifles de cuernos de vaca, piezas de tejido llamado picote, finalmente redes para pescar y boleadoras para cazar, ocupaciones que los Laguneros han heredado de los huarpes. (*Ibid.*, 245).

Las demandas laguneras parecen haber tenido como sus principales protagonistas o voceros al sector de medianos o incluso grandes –en la escala local– propietarios de ganado, más que a los pequeños pastores, pescadores o gañanes que masivamente participaron. A diferencia de la parte sur del departamento, con propiedades declaradas, predios de siembra y viñas, el capital excluyente consignado en las Lagunas eran vacas, ovejas, cabras y especialmente mulas y caballos. La única propiedad mencionada como tal era un campo de Adolfo Segura en San Miguel, seguramente las tierras del litigio entre los Segura y Alvino y los laguneros que como hemos visto se desarrollaba en la época.

Este cuadro coincide en parte con la tesis de Ariel de la Fuente sobre el protagonismo político en los Llanos riojanos de este sector, denominados habitualmente en los censos "criadores" o "labradores", poco considerado en los análisis históricos de la región (De la Fuente, 2000). En su breve comentario a los hechos de la invasión de Molina en Guanacache, el autor asumió acertadamente que quienes enfrentaban a los hacendados o grandes estancieros eran

---

[31] Director de estadísticas de San Juan y futuro senador, ganó el primer premio de la Exposición de Córdoba y la felicitación del presidente Sarmiento por su informe sobre San Juan.

estos "propietarios pequeños y medianos de origen indígena" (*Ibid.*: 85), aún desconociendo la historia concreta de las tierras indígenas de Guanacache. En los Llanos estos criadores medianos tenían entre doscientas y cuatrocientas cabezas y actuaban de voceros de los productores más empobrecidos, frecuentemente sus parientes, y de modo similar a lo que ocurría en las Lagunas hasta el comienzo de la década de 1860, ocupaban cargos públicos como jueces de paz y comandantes de milicias (*Ibid.*: 102). Los grandes capitales de los llanos, sin embargo, parecen haber sido el doble que en el departamento de Rosario, de hasta casi diez mil pesos (*Ibid.*: 104). Y en general el ganado en los Llanos tenía más valor monetario. En 1873, un rebaño de quinientas treinta cabezas estaba valuado en 6.042 pesos fuertes (*Ibid.*: 104, nota 60), lo que quiere decir que los medianos criadores estarían en posesión de alrededor de tres mil a cuatro mil pesos de capital igualando en este respecto el nivel de los más importantes propietarios en Rosario. Villegas, por ejemplo, sería un pequeño capitalista en los Llanos según estos parámetros con menos de mil pesos.[32] Los rebaños de los laguneros eran muy variables y es muy difícil establecer un patrón, mientras algunos se concentraban en la posesión de yeguas de cría, por ejemplo, otros tenían mulas, otros, vacas y otros predominantemente cabras u ovejas, o más habitualmente una porción variable de cada tipo. Los caballos eran el bien más valioso por su uso en la arriería, la mensajería o la guerra. Quienes más los poseían según al padrón eran Ignacio González con 80, José Ignacio Villegas, con 60, Domingo Villegas, 62, Elías Guaquinchay 40, Cruz Azaguate, 49, Domingo Díaz 45, Tomás Pelaytay, 60 y Tomás Núñez, 52.

En cuanto a las tierras agrícolas del sur del departamento, el mayor propietario era Víctor Albino con 118 cuadras de alfalfa, 160 de tierra labrada y 3884 cepas de viña. Lo seguían Francisco Puebla con mil cepas de viña y Melchor Bazán con 400. Luego, otros cuatro propietarios con alrededor de setenta cuadras labradas.

La elaboración del padrón, la valuación por parte del gobierno para gravar incluso a muy pequeños productores y la presión sobre nuevos bienes como las tierras incultas parecen haber configurado una ofensiva difícil de resistir

---

[32] Las reconstrucciones sobre la estructura económica de los Llanos que elabora De la Fuente no son sin embargo fácilmente comparables con nuestros datos ya que están referenciadas entre 1806 y 1888 y a veces se refieren indistintamente a cantidad de ganado o capitales.

tanto para los laguneros como para los propietarios más ricos. Como veremos más adelante, junto con otros factores políticos, esta situación parece explicar el generalizado levantamiento que sobrevendría ese mismo año.

La insurrección de Guanacache

Tanto el juicio de los Segura y Alvino contra Villegas como la recaudación impositiva a partir del padrón de propietarios de junio de 1866 tuvieron un corte con la Revolución de los Colorados. Desde la derrota del Chacho los federales dispersos o refugiados en Chile habían conspirado para retomar la rebelión contra Buenos Aires y los liberales del interior, y la guerra del Paraguay había exacerbado aún más los ánimos de los campesinos reclutados a la fuerza (De la Fuente, 2000; Rock, 2006). El oeste del país, especialmente Cuyo, Catamarca y La Rioja era el principal bastión federal. Numerosas deserciones o pequeñas rebeliones, donde los soldados llegaban a matar a sus oficiales, generaron un creciente número de potenciales rebeldes que se refugiaban en la campaña, en lugares como Guanacache, donde tenían más chances de ocultarse y ser resguardados. Estas levas fueron incorporadas en las memorias de los laguneros como parte de un *continuum* de prácticas coloniales repetidas en el tiempo asociada a su condición aborigen, comenzando con los traslados forzosos a Chile en el siglo XVI (Escolar, 2007).

En noviembre de 1866 se produjo un levantamiento general iniciado en algunos regimientos del ejército nacional acantonados en Mendoza, la policía provincial y la liberación de los presos de la cárcel, muchos de los cuales habían sido montoneros del Chacho (Massini Calderón, 1967). Los jefes principales eran Juan de Dios Videla y Juan Carlos Rodríguez, pero incluían a Juan Saá, reconocido caudillo federal y Manuel José Olascoaga, militar exiliado en Chile porque se había insubordinado en 1864 como jefe del fuerte de San Rafael, en la frontera indígena, junto con sus tropas que se negaron a entregar la guarnición al nuevo jefe, Pablo Irrazábal, asesino del Chacho (Morales Guiñazú, 1935: 14; Draghi, 1935: 39). Olascoaga, un topógrafo que sería considerado uno de los ideólogos de la denominada Campaña del Desierto, era íntimo amigo de los líderes de la rebelión y fue designado jefe de las fuerzas militares de la revolución. Junto con Juan de Dios Videla, y con el concurso de laguneros entre otras tropas, derrotó a las nacionales al mando del coronel Julio Campos y tomó la ciudad de San Juan (Morales Guiñazú,

1935:14). Allí se cometieron represalias contra sus habitantes, encadenadas con la historia de venganzas políticas y de clase que habían caracterizado a la oposición entre federales y liberales en la provincia desde la década de 1850 (Rock, 2006). Olascoaga había sido designado comandante de las tropas de la rebelión y afirmó que entre sus tareas estuvo evitar el desmadre de los saqueos, violaciones y asesinatos que según diversos testimonios se habrían producido. Según el propio Olascoaga manifestó, estas acciones eran obra de "los Guayamas", aludiendo seguramente al caudillo Santos Guayama y sus laguneros, sobre el que volveremos. Significativamente, la conquista de la ciudad por los montoneros fue calificada por Sarmiento, entonces presidente de la Nación, como barbarie indígena y su condición política como esencialmente india: "San Juan ha caído en poder de los revolucionarios, de ese partido de descendientes de indios que combatí toda mi vida" (Galasso, 1993:87).

La Revolución de los Colorados se articuló con la última gran rebelión federal en el oeste argentino, en Salta Catamarca y La Rioja, comandada por Felipe Varela, antiguo lugarteniente del Chacho, siendo ambas derrotadas en 1867. El color era una obvia referencia a la simbología federal, cuyos partidarios vestían con prendas rojas desde la década de 1820. El clima de desesperación y crueldad en que se desarrolló, con represalias generalizadas y personalizadas de ambos lados, dio origen a las memorias más violentas asociadas a las guerras civiles de la campaña cuyana. En la Encuesta Nacional de Folklore de 1921 hay abundantes referencias a los "colorados", Felipe Varela y Santos Guayama. Los laguneros aparecen con frecuencia también marcados políticamente como rebeldes. En un relato el antiguo miembro de una "comisión" de soldados contaba que encontraron cerca de Huaco un hombre pobre, cuyas únicas pertenencias eran "un caballo gateado y un saco de paño".[33] Le preguntaron "diande era y los contestó que era lagunero". Luego de tomarlo preso tres horas lo pusieron en libertad y lo encargaron de sobar cueros de oveja que habían carneado. Al día siguiente marcharon a Móquina (Mogna) y andando dos leguas hizo bajar al lagunero y a la tropa y que se formase, luego de lo cual ordenó asesinarlo con cuatro lanceros. En otra narración Ruperto Troncoso de noventa y un años de edad mezclaba eventos de la Revolución de los Colorados y el levantamiento del Chacho. Contaba que "una banda de gauchos llamados los colorados" entraban en las casas y saqueaban todo "y

---

[33] Encuesta Nacional de Folklore (1921), carp. 7, escuela 49.

algunas veces quitaban la vida a los moradores que se resistían a entregar lo que ellos pedían". En uno de esos ataques, según dijo, fue llevado a la fuerza para formar parte de su tropa y terminar "viendo desarrollarse las escenas más horrorosas". A raíz de ello, afirmaba, escapó y entró "al ejército de los unitarios cuyo jefe era el general Sández permaneciendo con ellos hasta que los colorados fueron exterminados". Troncoso contaba los actos de barbarie cometidos por una y otra parte: cuando capturaban algún sospechoso por el campo le agujereaban los tobillos y lo colgaban en un árbol del camino para que perezca.[34] Sin embargo, el anciano mezclaba la invasión de los colorados con la rebelión del Chacho, ya que el coronel Sández fue uno de sus principales y más sanguinarios perseguidores y murió mucho antes de la Revolución de los Colorados. También se observa una transposición entre el rol de víctimas y victimarios, colorados o federales y porteños o liberales. Troncoso narra que: "Cuando los colorados tomaron individuos para formar un contingente los encerraron en un corral que ya tenían hecho de antemano después los acollararon con lonjas y los llevaron a pie hasta Córdoba. En esta jornada perecieron muchos, unos de hambre, otros de sed y otros llegaron inútiles a causa de la caminata". En realidad, este era el destino de los contingentes forzosos tomados por las tropas de Buenos Aires y sus aliados liberales para la guerra del Paraguay, uno de los detonantes de la Revolución de los Colorados. Cerró su relato con otro evento de la represión del Chacho Peñaloza, el de su asesinato en Olta, La Rioja: "a los pocos días dice tuvimos un encuentro en Olta en donde vencimos a los colorados".[35]

Lo que estos y otros testimonios muestran, es por un lado, el recuerdo traumático de los eventos y la fluidez en las posiciones que ocupaban los montoneros y soldados durante las rebeliones, que contrasta con la crueldad con que podían matar a sus eventuales oponentes. Los mismos narradores evidencian haber pertenecido en general a ambos bandos, aunque siempre se excusan por haber militado en las tropas de Guayama, Varela y otros líderes federales, estigmatizados por las narrativas históricas impuestas después de su derrota. Pero también, esta actitud es propia del discurso de una memoria

---

[34] Estos relatos son similares a hechos que narran o narraban los ancianos laguneros hasta hace muy poco, como el origen de la leyenda de "El gritón" según Paulino Nievas que describimos en la introducción.

[35] Encuesta Nacional de Folklore (1921), carp. 28, escuela 13.

traumática sobre hechos de extrema violencia política en la que se pierden las referencias del contexto, se confunden las responsabilidades de los hechos y se intercambian las posiciones actanciales de la narración (Van Alphen, 1997). Esta huella parece la marca visible de la feroz represión que se desplegó durante y después de las derrotas de las montoneras que no fue solo militar y política sino también cultural, y tuvo un claro resultado económico. Desde la década de 1880 las elites conservadoras cuyanas gobernarían sin oposición política popular, desatando como veremos una descomunal presión sobre las tierras, recursos y fuerza de trabajo de campesinos e indígenas. A través de las escuelas públicas inspiradas en los proyectos sarmientinos, los intelectuales cuyanos elaborarían y difundirían una historia civilizatoria etnocéntrica con un panteón de héroes oligárquicos que denigraría o directamente borraría la historia de los subalternos, muy especialmente los conflictos por la defensa de las tierras, y las memorias e identidades indígenas (Escolar, 2007). La derrota además implicó la persecución, asesinato o cooptación de los ex montoneros y la masiva apropiación de las tierras campesinas. Como comentaba el intelectual socialista Avé Lallemant para San Luis, las tierras eran poseídas en común y "Los antiguos títulos de propiedad eran poco respetados"; en la mayoría de los casos a los pobladores "[...] se les iniciaron procesos bajo los más frívolos pretextos porque no tenían ningún título de propiedad". En este sentido, como afirmaba Lallemant y evoca David Rock, el resultado principal de las guerras civiles de las décadas de 1860 y 1870 fue la transferencia de las tierras de los pastores libres a los magnates liberales y la transformación de aquellos en peones o aparceros miserables (Rock, 2006: 112-113). Los liberales manejaban a los jueces y mediante maniobras judiciales hacían echar a las familias del campo cuyas tierras pasaban al fisco y luego eran adquiridas como ganga al estado provincial resistiendo luego los eventuales juicios. En Mendoza este tipo de prácticas y el manejo del sistema judicial estuvieron prácticamente institucionalizadas, como veremos en los siguientes capítulos. Una carta a Julio A. Roca de un personaje mendocino le informaba en 1875 que los jefes de las familias liberales –y conservadoras– más importantes, Civit y Villanueva, que se alternaron muchas veces en el gobierno eran:

> [...] los hombres más odiados del país. Sin embargo, tienen en la legislatura una mayoría, disponen de la fuerza pública y manejan a su antojo los tribunales en donde han colocado hombres que son verdaderos instrumentos [...] para dar a sus abusos una apariencia legal (Rock, 2006: 113).

A diferencia sin embargo de lo señalado por Lallemant y Rock, los laguneros pudieron mantener pese al mismo tipo de presiones la ocupación de una parte sustancial de sus territorios. Esto por un lado se debió a la persistencia en sostener sus derechos, su capacidad política y militar y la preservación de los "archivos huarpes". La militarización de la población rural local generada con el proceso independentista y el desarrollo de las guerras civiles había dado un importante poder territorial a los laguneros que formaron parte sucesivamente, como hemos mostrado, de las tropas federales lideradas por Facundo Quiroga, Aldao, Benavides, el Chacho Peñaloza, Felipe Varela, Santos Guayama y otros caudillos menores entre las décadas de 1820 y 1870 además de haber integrado guarniciones en la frontera sur. Gracias en gran medida a las relaciones y alianzas con sectores o individuos importantes de la elite, su capacidad militar y la dificultad para incursionar en el árido archipiélago de médanos, pantanos, lagunas y bosques espinosos, los laguneros mantuvieron una relativa autonomía política y el control sobre su territorio hasta fines la década de 1870 y en parte con posterioridad. En lo que sigue del capítulo nos remontaremos a la etapa final de la insurrección lagunera, desde fines de la década de 1860 hasta finales de las de 1870, ubicada por las memorias laguneras como la "época de Guayama".

La república perdida de Santos Guayama

En 1879, pocos meses después del asesinato de Santos Guayama en el cuartel de policía de la ciudad de San Juan, un grupo de pobladores de las lagunas de Guanacache presentó al gobierno de Mendoza un petitorio implorando "se eviten las infinitas y constantes tropelías que personas extrañas hacen en nuestro departamento". El documento elevado por el actual y el anterior comisario de las Lagunas, Rosendo González y Juan Pelaytay y firmado por los jefes de familia locales, pedía protección sobre sus vidas y tierras que estaban siendo usurpadas por terratenientes y milicias de San Juan.[1] Para sostener la legitimidad de sus derechos adjuntaban documentos de su archivo: el testamento del cacique Jacinto Sayanca de 1752, el pleito realizado por el protector de los indios de las Lagunas Juan Escalante y el decreto del gobierno de Mendoza de 1838 reconociendo la posesión de sus tierras. El petitorio se había originado por una nueva represión contra los laguneros quienes hasta la actualidad recuerdan las represalias desplegadas sobre familiares y seguidores de Santos Guayama y sobre los pobladores en general, aprovechando la muerte del caudillo. Quienes habían sido sus seguidores y sobre todo quienes portaban su apellido eran asesinados o sus ranchos incendiados y su ganado saqueado. El texto denunciaba, al igual que documentos cursados por el subdelegado José Ibarzábal, que José María Torres, propietario de vastos terrenos al norte de las Lagunas, junto con policías sanjuaninos, habían buscado a Juan Pelaytay incendiado ranchos de su propiedad y amenazando de muerte a los ocupantes.[2] Juan Pelaytay era un personaje importante que había sido comisario durante el peor momento de la rebelión de Guayama en las Lagunas y se sospechaba

---

[1] AHM, carp. 575 bis, época independiente, doc. 17, f. 1-3.

[2] AHM, carp. 575 bis, época independiente, doc. 18.

había colaborado con el caudillo. En su declaración al subdelegado mendocino, el capataz de un puesto de Pelaytay narró que Torres y un oficial:

> [...] ordenaron a los soldados pegasen fuego a los ranchos y corrales lo que efectuaron a presencia del declarante [y luego] lo hicieron marchar preso hasta el puesto de Luis Bergallo a dos cuadras y media y que ahí lo largaron por súplicas de la familia que lo seguía desde el punto donde lo tomaron suplicándoles a Torres y el oficial lo dejasen y al dejarlo le dijo el Sr. Torres que si otra vez lo encontraba al declarante o a algunos otros no los dejaría y que en el camino los iría dejando tendidos.[3]

De esta etapa deriva un tema central de las memorias huarpes: muchos laguneros cambiaron su apellido Guayama u otros apellidos indígenas que tenían por uno español. Esto ocurrió por ejemplo con Rosario Jofré, el abuelo de Sixto, un importante propietario de las Lagunas en las décadas de 1920 y 1930, que era según sus descendientes hermano, primo o sobrino de Guayama.

Los eventos marcaron el fin de la autonomía lagunera y la larga rebelión de Guanacache desde el levantamiento del Chacho Peñaloza más de quince años antes. Las autoridades mendocinas a partir de allí tendrían una mayor presencia en el área. Los laguneros parecen haber realizado una especie de pacto tácito, aceptando subordinarse al gobierno provincial para obtener cierta protección frente a las autoridades y propietarios de San Juan, explotando además conflictos de límites interprovinciales. Cierto reconocimiento –aunque parcial– y efímero a los derechos de sus tierras fue propiciado por los litigios sobre la determinación de la frontera entre San Juan y Mendoza en lo que restaba del siglo. Mientras los sanjuaninos argumentaron la antigua raigambre colonial de las propiedades privadas que supuestamente incluían a las Lagunas, los mendocinos parecen haberse apoyado en forma oportunista en los derechos indígenas de los laguneros, ahora "mendocinos", y su antigua ocupación del territorio (Ver Gil, 1938; Videla 1962b).[4] Pero estos resultados y la importancia de los arreglos territoriales en Guanacache se comprenderán mejor si analizamos la política y geopolítica de las lagunas y la prolongada insurrección de Guayama.

---

[3] AHM, carp. 575 bis, época independiente, doc. 19.

[4] AHSJ, Fondo Histórico, t. 470, f. 300-305.

La saga de Santos Guayama

Santos Guayama es un héroe de las travesías cuyanas que hasta la actualidad está presente en numerosas historias, apellidos y parentelas. A lo la largo de su carrera, como líder principal o secundario, participó en la toma de tres capitales de provincia, San Juan, Salta y La Rioja y numerosos pueblos de importancia como Chilecito, Jáchal o Caucete. Durante la rebelión de Felipe Varela y la Revolución de los Colorados, su famoso Batallón Laguneros fue una pieza clave en batallas como Pozo de Vargas y la toma de Salta en 1867. Luego de la derrota de Varela en 1867 Guayama reunió los restos del ejército desmovilizado y en 1868, junto con Aurelio Zalazar y Sebastián Elizondo entre otros líderes, ocuparon la ciudad de La Rioja. Después de una fallida negociación por un indulto que insistentemente reclamaban los líderes montoneros junto con cargos de funcionarios públicos en los departamentos rurales, comenzó un ciclo de insurrecciones, asaltos y permanente persecución cuyo pico se produjo entre 1869 y 1872. Las acciones se desarrollaron en todo Cuyo atacando haciendas, caravanas de carretas y arrías, y tomando pueblos y puestos fronterizos en el comercio con Chile. Con un cuerpo variable de guerrillas reclutadas principalmente entre llanistas riojanos y laguneros —muchos de ellos antiguos montoneros pero también desertores, peones, troperos y obreros viales— y con una red de importantes contactos políticos, mantuvo hasta su muerte en 1879 el control territorial efectivo de Guanacache y de buena parte de la campaña cuyana. Las lagunas de Guanacache, ubicadas entre tres provincias, San Juan, Mendoza y San Luis, y no lejos de La Rioja, fueron el centro de sus operaciones. Un itinerario interminable de asaltos y guerrillas, que movilizaron durante una década a las tropas de las cuatro provincias y del ejército de línea, y merecieron horrorizados o entusiastas comentarios en la prensa, encendidos debates en el senado y la obsesión del presidente Sarmiento.

Pese a las más o menos fundadas preocupaciones en la época sobre su proyección a un gran levantamiento federal de alcance nacional, y su presencia territorial que cuestiona los alcances del monopolio estatal de la violencia en Cuyo durante más de una década, Guayama no ha merecido trabajos históricos detallados. A través de algunos breves estudios (Siri, 1945; Funes, 1938; Carte, 1969) fue retratado desde la década de 1930 como un tema tangencial de la historia argentina, el último e inorgánico resabio de las rebeliones federales iniciadas en la década de 1860 bajo el liderazgo del Chacho, devenido bandolerismo luego de su derrota por un estado nacional cada vez más articulado y soberano. El montonero fue inscripto así como un protagonista secundario de las guerras civiles criollas y apenas en la égida de los estudios sobre caudillismo. Las memorias y revisionismo huarpe actuales, por el contrario, han apelado a Guayama como un referente histórico de la defensa de las tierras indígenas. Los trabajos de Hugo Chumbita (1994, 1998, 2000) hipotetizaron esa misma conexión entre las acciones políticas y militares del caudillo y una identidad indígena. No obstante ello, estas aproximaciones no alcanzaron a contar con una base documental suficiente y se basaron en la bibliografía anterior que tampoco había establecido la existencia empírica de esa relación.

Guayama constituye en efecto uno de los tópicos principales de la narrativa oral de los laguneros que asocian su imagen al momento más cruento, desde la época colonial, de una historia de resistencia territorial y política indígena. Desde mis primeras experiencias de campo en el área andina de la provincia de San Juan de la década de 1990, buscando antecedentes sobre el bandolerismo en las rutas de tráfico con Chile –eje de las narrativas de los baqueanos y arrieros con los que trabajaba– hallé una nutrida literatura que tenía a Guayama como un sanguinario bandido que asolaba las travesías, tópico habitual de las evocaciones históricas cuyanas. Más tarde accedí a las versiones positivas que lo encuadraban como bandido social o guerrillero federal libertario contra los liberales y la hegemonía de Buenos Aires, o líder político y espiritual de las travesías de Cuyo (Quiroga de Yakin, 1971; Chumbita, 1998; Concatti, 2003). Finalmente, años después verifiqué cómo el nombre de Guayama era convocado con frecuencia en los relatos históricos y memorias de Guanacache como héroe indígena o incluso como "cacique" huarpe. Las narraciones estaban pobladas de anécdotas en los que resaltaba el carisma y la seducción del caudillo, su generosidad para con los laguneros y la defensa de su territorio. Aún se conocen los lugares donde se refugiaba y existen muchas familias que son o se consideran sus descendientes. Su alma es milagrosa y se le hacen promesas para la recuperación de animales perdidos, y la figura de San Roque en la capilla de Nuestra Señora del Rosario de las Lagunas –un gaucho elegante con larga barba y vestido negro que es llevado en procesión junto con la virgen en la fiesta patronal– lo representa secretamente,[5] y hay quienes afirman que su cadáver fue enterrado bajo otro nombre en el cementerio local.

Los recuerdos de la época de Guayama son asociados también con circunstancias históricas, sobre todo la autonomía local y la defensa de los derechos e intereses territoriales de los laguneros y, como contaba el anciano Sixto Jofré, su carácter indígena: cuando "los huarpes hicieron pata ancha" para defender la tierra. Sin embargo, uno de los tópicos más enfáticamente tratados es el de la corrección, buenos modales y estatus del caudillo, que contrasta con las imágenes de barbarie difundidas en la literatura. Don Ceferino Nievas, en coincidencia con muchos otros, contaba que no era un ladrón, sino un "rico", un "hombre hacendado" que se manejaba con corrección y era elegante en el vestir, lo cual encaja con lo que relataba el famoso cura Brochero, amigo de Guayama, además de otros laguneros como Mimí Jofré. José Gabriel Brochero, recientemente canonizado, era un sacerdote rural itinerante de Córdoba y San Luis durante la segunda mitad del siglo XIX, de gran arraigo popular, que trabó amistad con Guayama. Su intención era redimirlo y obtener un indulto presidencial y a la vez atraerlo junto con sus montoneros laguneros a una casa de ejercicios espirituales que estaba construyendo en Traslasierra, Córdoba. En cartas privadas narra su asombro ante la circunspección, el florido discurso y la relativa elegancia del caudillo, aunque se encontrara en el monte (Carte, 1969; Bischoff, 2013). Vicente Nievas y otros "viejos" contemporáneos del caudillo le habían contado a Ceferino que Guayama solía pasar por los puestos o establecimientos campesinos con su tropa de ochenta o cien hombres, pedía uno o dos animales para dar de comer a "los muchachos" y escogía "algún personal" para su pequeño ejército. Y cuando mataba ganado en el campo para su tropa, siguiendo antiguas normas gauchas, dejaba el cuero colgado a la vista y así los dueños sabían que había sido él que había carneado por necesidad y no lo consideraban un crimen.[6] Muchos afirman que repartía a los pobres el botín que obtenía

---

[5] La primera mención de este culto ha sido publicada por Quiroga Salcedo y González de Ortiz (1987). Según los laguneros, la adoración de San Roque y la misma estatua en madera habría disimulado el homenaje ritual a Guayama, por la fuerte represión de que eran objeto sus descendientes y seguidores.

[6] Es interesante notar que esta norma, que hasta el día de hoy es considerada legítima en el área para quien mata para comer, fue sancionada legalmente como parte del Reglamento de Estancias de 1834 del gobernador Pedro Molina, una de las primeras legislaciones

de los asaltos, pero también existen versiones que acentúan su crueldad, rememorando asesinatos y torturas cometidos por su orden. En general, estos son presentados como castigo a traidores o espías, mostrando por un lado su carácter justiciero y por el otro que la lealtad a su causa, o por lo menos el silencio sobre sus movimientos, eran exigidos con sangre. Gran parte de los fantasmas o "encantos" que se observan en las Lagunas corresponden a esa época, recordada por su violencia generalizada. Una de las explicaciones más usuales del *gritón*, un fantasma muy popular en Guanacache, es que se trata de un chileno asesinado por orden de Guayama. Paulino Nievas contaba esta historia. Con toda naturalidad describía cómo en una de sus pasadas por las lagunas del Rosario, Guayama hizo detener a uno de sus soldados, de origen chileno, por ser espía del gobierno. Lo llevaban por el monte hasta que el chileno dijo que no iba a seguir andando. "–Acá me voy a quedar". Entonces Santos dejó encargado a Daniel Guayama que lo mate y siguió su camino. "–Bueno", contestó, se bajaron de los caballos y tomó un palo, lo cubrió de arena y comenzó a afilar su cuchillo en él con parsimonia. Luego de un par de minutos, casi con delicadeza, aplicó el tajo en el cuello y junto con un compañero izaron el cuerpo del chileno y lo dejaron colgado de los pies de un algarrobo mientras se desangraba, tal como cuando se carnea un novillo. Allí quedó goteando sangre y a veces aparece un pequeño charco, tal como lo vio el mismo Paulino, y se escucha su grito desgarrado en el monte. Si el curioso lo sigue, se pierde irremisiblemente o se vuelve loco.

La narrativa popular en torno al caudillo se desarrolló al menos desde principios del siglo XX como lo evidencian los abundantes relatos o canciones presentes en la Encuesta Nacional de Folklore de 1921. Para la misma época, en 1922, el famoso antropólogo suizo Alfred Métraux, que realizó la primera etnografía sobre Guanacache, observó que:

> Aunque mi informante no pudo más que darme datos medianamente satisfactorios en cuanto a la etnografía, mostróse inagotable acerca del tema de los antiguos caudillos gauchos. Me habló largamente del célebre jefe bandolero Santos Guayama quien con sus secuaces se refugió en la región de Huanacache, y durante largos años tuvo en jaque a las autoridades constituidas de la provincia. Mi interlocutor me hablaba con simpatía y parecía estar orgulloso del encuentro que tuvo en su infancia con Santos Guayama.

---

mendocinas dictadas precisamente para regular la falta de control estatal y los conflictos por ganado que se daban especialmente en la zona de las Lagunas (Ahumada, 1860, 87).

Me describió complacido, su vestimenta, su gorro rojo y sus aperos de plata. También me enteré por él como Santos Guayama habiendo sido invitado a San Juan, fue víctima de una emboscada, siendo fusilado sin juicio previo. (Métraux, 1937: 5).

El historiador sanjuanino Horacio Videla relataba también que hacia las décadas de 1960 o 1970, en las fincas del sur de San Juan próximas a la orilla norte de las lagunas, conoció un peón de apellido Guayama:

[…] mirada acerada y sugerente; voz grave que envidiaría el barítono o bajo de cualquier teatro vocacional; porte recatado, circunspecto. El encuentro nos hizo advertir que algún rasgo de nobleza o de generosidad en Guayama […] ganaba el sentimiento de todos a favor del temido gaucho, autor de asaltos y saqueos. Sentados en rueda junto a las brasas del fogón, después de la jornada de pago, escuchamos a ese hombrecito referir a los contertulios con voz queda y en vena de confidencias, cómo Santos Guayama despojaba a los que las cosas sobraban para ayudar a los pobres, como protegía mujeres desvalidas, viudas y huérfanos. Y una lumbre de admiración se encendía en la pupila de los peoncitos jóvenes, como en el semblante de los viejos criollos (Videla, 1989: 300).

Entre el héroe huarpe de la actualidad, el montonero justiciero de los fogones y el bandido sanguinario y pre-político de la literatura regional hay sin embargo un gran vacío de información que trataremos de reponer para poner en contexto los vínculos de Guayama con los laguneros y su historia.

El linaje de los Guayama está presente desde las fundaciones de los pueblos de indios en las Lagunas a mediados del siglo XVIII realizadas a instancias de la Junta de Poblaciones de Chile que hemos analizado en el capítulo 2. Juan y Cristóbal Guallama son dos de las veinticuatro personas que recibieron un solar en el pueblo de indios de San Miguel en 1754[7] junto con otros beneficiarios cuyos apellidos serán también recurrentemente mencionados en el siguiente siglo, como Joaquinchay, Azaguate, Talquenca, Pelectai, Nieba, Sallanca y Carmona. Cristóbal Guallama estaba casado con Leonor Sallanca, posible pariente de los famosos caciques Sayanca. Octavio Gil (1938: 83) afirmó, al igual que Siri (1945a: 77-78) que Santos era hijo de Gregorio Guayama, aunque sin proporcionar la fuente. Gregorio fue un hacendado que antes de 1826 poseía campos al sur y este del Encón, cerca de San Miguel, en la orilla norte del río San Juan (provincia de San Juan),

---

[7] AHNC, Real Audiencia, vol. 2907, f. 141-144.

los cuales incluían Cruz de Jume, Cruz de San Pedro, Punta del Médano y Pozo del Mataco, hasta más allá de la Tranca, en San Luis, por el este.[8] En 1826 los denunció como propios y escrituró, y entre ese año y 1846 vendió tierras en la zona. Denunció también, aunque sin éxito, el campo de Tres Cruces –lugar de la fundación del pueblo de indios de 1753– que fue luego adjudicado en remate a Hilarión Reta.

Considero plausible que Gregorio haya sido hijo de Clemente Guayama, quien en 1815 fue designado maestro de la posta de Cruz de Jume en la carrera de postas reorganizada y creada desde 1812 entre San Juan y Buenos Aires (Bose, 1966). Bosé lo señala citado como "el indio Guayama" en los documentos de creación del circuito. Es el único maestro calificado de ese modo, aun tomando en cuenta todas las postas incluyendo las de Tucumán, Catamarca, Salta y Santiago del Estero. En su viaje exploratorio de 1811 el encargado de correos de San Juan, Domingo Guerrero, había afirmado también que "la mayoría de los pobladores son unos indios sin conocimiento y hechos a las mayores miserias, por ser lugares estériles" (Bose, 1966: 123). Esto explicaría por qué se propuso un "indio" como maestro ya que en general los cargos eran asignados a personas con cierta riqueza o prestigio local, obviamente "blancos", como José María Torres de la posta de Los Algarrobos, al noreste de las lagunas de Rosario "hombre pudiente y vecino de San Juan" (*Ibid.*). Ser maestro de posta al parecer les permitió a muchos de ellos o a sus descendientes apropiarse de vastas tierras circundantes a las mismas y titularizarlas como propias; esto ocurrió con Torres, por ejemplo, quien se apropiaría de casi todo su sector y lo ampliaría hacia el oeste y sur abarcando desde lo que hoy es la localidad rural de Media Agua hasta las Lagunas. Su heredero sería el terrateniente que en 1879 quemó los ranchos de los pescadores después del asesinato de Guayama. José Juan Silva, otro maestro de postas designado por el cabildo de San Juan en 1811, se había adjudicado las tierras aledañas al este de Torres, los campos de Rodeo de Santa Ana y Encón (Videla, 96). Y es muy posible en efecto que Gregorio Guayama haya hecho lo mismo en base a la posesión previa de Clemente, su padre.

La idea de que Santos era hijo de Gregorio fue recogida de Siri por Chumbita (1998, 2000) pero sin que se conociera al parecer aún su acta

---

[8] ATSJ, Protocolo del notario Luis Estanislao Tello, año 1826.

de nacimiento. Si observamos la misma, que fue publicada por Luis Cesar Caballero (2012: 168) no figura la paternidad de Gregorio pero sí que tuvo una relación muy estrecha con la madre.[9] Santos nació en el año 1840 y fue bautizado en San Juan dos años después como José de los Santos, siendo su madre Jacova Guallama y "dado", según figura en el acta, a Antonio Castro.[10] Está anotado como hijo natural al igual que cuatro de sus cinco hermanos.[11] Gregorio no aparece en el acta de Santos pero si como padrino en las de cuatro de sus cinco hermanos nacidos entre 1818 y 1832 y bautizados en las capillas del Rosario y San Miguel de las Lagunas. En 1862 Santos se casó con Agapita González y en el acta de matrimonio se ratificó que era hijo natural de Jacova. Ahora bien, es muy posible que Gregorio haya sido el tío materno o el padre real de Guayama y la mayoría de sus hermanos y figurase como padrino para salvar frente a la iglesia el parentesco o una relación considerada incestuosa. Según la tradición de los laguneros, ellos solían "casarse los mismos", es decir mediante enlaces endogámicos dentro de las familias extensas, siendo normal que muchos individuos tengan el mismo apellido paterno y materno. De hecho, cuando evocan la época de Guayama y sus montoneras, también hablan de "los guayaminos" o incluso "los Guayama" como un grupo familiar extenso.

---

[9] El historiador sanjuanino Horacio Videla (1989: 297) dice en cambio que Guayama era nacido en 1836 e hijo de un edecán de Benavídez de ascendencia inglesa, Carlos King Rivarola y que por ello es recordado por sus ojos azules y barba rubia, hecho que en ningún otro lugar ha sido mencionado.

[10] Libro de bautismos de la parroquia de La Merced, San Juan, N°29, 1840-1842, folio 272. Caballero, 2012: 168.

[11] Según Caballero el padre biológico de Santos puede haber sido Juan Eufemio Díaz de los Llanos de La Rioja, que aparece como padre de uno de los hermanos de Santos, Manuel Antonio. La hipótesis de esa descendencia o al menos la adscripción de Guayama al apellido Díaz se refuerza al constatar que en la carátula de un sumario seguido a Guayama se coloca "Santos Díaz" y más abajo se aclara "o Guallama".

Mapa 6: Lagunas de Guanacache a mediados del siglo XIX.

Recorte de: *Carte des provinces de Córdova, de San Luis, et des regions voisines* (Martin de Moussy, 1875).

Táctica y geopolítica de la insurrección

Si analizamos el territorio reclamado históricamente por los laguneros y la distribución espacial de la violencia guayamina la asociación del caudillo con sus luchas históricas tiene al menos lo que podríamos denominar una "verosimilitud geopolítica". Trazando el mapa de sus ataques y movimientos más habituales, el eje correspondería con los linderos del norte y noreste del territorio reclamado y reconocido a los laguneros en 1838. Su núcleo principal de actuación y reclutamiento fue San Miguel y las acciones más frecuentes parecen haberse dado en torno a antigua carrera de postas donde tenía sus campos Gregorio Guayana: desde el Encón en el oeste pasando por la antigua fundación de Tres Cruces y la posta de Cruz de Jume al este.

Partes militares y policiales de San Juan, San Luis, Mendoza y La Rioja dan cuenta de la dinámica de interminables persecuciones a Guayama que giraban en torno o atravesaban el área lagunera. Luego de meses de ostracismo, el caudillo se exhibía en alguna pequeña localidad de la travesía cercana a la frontera entre San Luis, Mendoza, la Rioja y San Juan. Eventualmente, seguían asaltos el tráfico carretero en la ruta que por el norte de las Lagunas vinculaba Cuyo con Córdoba y el Litoral o un ataque resonante a algún pueblo. Luego, la infructuosa persecución por parte de tropas enviadas desde algunas de las mencionadas provincias –guardias nacionales, policías o municipales y en algunas ocasiones del ejército de línea–. Estas persecuciones alcanzaban y mataban a veces a los rezagados pero el grueso de los montoneros se dispersaba y huía por los extensos medanales y sierras que median entre San Juan y los Llanos de La Rioja, como Pie de Palo, Gigantillo, la sierra de Las Minas o de Guayaguás. Guanacache y su entorno, como señalara Sarmiento y muchos contemporáneos, eran un asilo para montoneros de Cuyo, La Rioja y Córdoba. Desde la rebelión del Chacho se convirtió en uno de los principales refugios de los dispersos, aunque siempre lo fue de bandidos, salteadores y exiliados, tanto por sus características ambientales como sociales y políticas. Aunque como vimos era de muy difícil acceso, también existían zonas con pasturas o montes comestibles para el ganado donde los montoneros podían reponer las caballadas o esconder los animales robados. Cuando había sequía, las tropas no podían internarse y ellos, al igual que los indígenas del sur, utilizaban esta circunstancia en su estrategia.[12] Cuando no la había, el ingreso a través de ríos y pantanos solo podía efectuarse con la anuencia de los laguneros que "Cruzan a caballo de San Juan a Mendoza y viceversa toda esa extensión de agua por ciertos puntos que solo ellos conocen como vadeables" (Igarzábal: 1873, 76). Pero esta complicidad se pagaba con la vida, como se observa en la solicitud de protección de un lagunero que había sido baqueano del ejército desde la insurrección del Chacho y que en 1868 elevó una solicitud para establecerse en la ciudad de Mendoza a los fines de no ser asesinado:

> [...] desde el año sesenta y uno[13] sirve de vaqueano en las distintas expediciones que se han hecho a las Lagunas, a la cual se agrega que siempre ha prestado sus servicios a la buena causa, combatiendo a los malhechores que infestan

---

[12] En 1865 un ataque de los indios de los ranqueles a La Paz coincidió con una "horrible seca" que impidió la persecución porque las cabalgaduras del ejército no podían abrevar. AHM, carp. 698, época independiente, doc. 60.

[13] Recordemos que este es el año de la batalla de Pavón y las primeras incursiones militares a las Lagunas por los gobiernos de San Juan y Mendoza durante la primera rebelión del Chacho.

esos lugares, los cuales lo han perseguido y saqueado, dejándolo en la miseria, teniendo que andar fugitivo de su casa por abrigar serios y fundados temores de ser asesinado.[14]

Una vez escondidos en las Lagunas y repuestas sus cabalgaduras los perseguidos tenían buenas chances de fugar hacia muy diversas direcciones: los territorios indígenas libres del sur y sureste, denominado *tierra adentro* —el territorio ranquel, en el sur de las provincias de Córdoba y San Luis y la actual provincia de La Pampa—; hacia alguna de las tres provincias de Cuyo o La Rioja y Catamarca, o luego hacia Bolivia; o hacia Chile. Estas opciones ofrecían escenarios políticamente muy diversos en los que obtener protección o aliados y los montoneros explotaban los antagonismos que de antaño existían entre las jurisdicciones provinciales. Los partes militares de la rebelión del Chacho reflejan abundantemente la vertiginosa movilidad de los montoneros. Por ejemplo, se informaba que los líderes Fructuoso Ontiveros y Juan Gregorio Puebla "asilados en los Llanos de La Rioja con un grupo de cerca de cien forajidos" habían entrado a las Lagunas "persiguiendo al Subdelegado o Comisario de allí, cometiendo saqueos y robos a los transeúntes".[15] Una vez en las Lagunas estos procuraban "pasarse a Tierra Adentro por la costa de las Lagunas o Desaguadero, ya sea por esa o esta provincia" o "ver si de ahí pueden pasar a Chile o a Tierra Adentro".[16] El riojano Ozán a quién "los forajidos llaman Comandante, tiene su residencia en los Llanos, casi en la línea que separa esta provincia con la de La Rioja, y siempre ha sido puntero aún en tiempo de paz" había pasado por las Lagunas y escapado con su familia a Huilasta al oeste del Desaguadero.[17] Las costas de este río, entre San Luis y Mendoza, era una importante área de pastoreo y al igual que en la época colonial uno de los puntos más desguarnecidos de la frontera con los indígenas del área pampeana y patagónica.[18] No puede comprobarse aún que el propio Guayama se haya refugiado también con los

---

[14] AHM, carp. 307, época independiente, doc. 20.

[15] AHM, carp. 698, época independiente, doc. 12.

[16] AHM, carp. 698, época independiente, docs. 13 y15. Esta relación fue habitual para las montoneras cuyanas y riojanas al menos desde la rebelión del Chacho Peñaloza en 1862 (Tamagnini, 2007).

[17] AHM, carp. 698, época independiente, doc. 61.

[18] Las autoridades puntanas trataban de que se colocase un fuerte en la línea divisoria de ambas provincias "Estando por consiguiente a merced de la rapacidad del salvaje de las Pampas,

ranqueles, pehuenches u otros grupos indígenas de la frontera sur, como plantean algunos relatos orales y obras literarias. Pero sí está claro que sus desplazamientos se combinaban a menudo con ataques de indígenas del sur o de montoneros y bandidos refugiados en su territorio, que distraían a las tropas. Guayama solía aproximarse en sus desplazamientos a la frontera sur para luego tomar hacia el norte por el área adyacente a las Lagunas, explotando la preocupación de los perseguidores por una combinación con ataques desde el sur y obligando a los comandantes a dividir fuerzas.

Uno de los principales atributos de las Lagunas como refugio, según anticipamos, era el hecho de que según la época podían eludir la persecución pasándose de una a otra provincia explotando la falta de competencia jurisdiccional de las partidas y las eventuales diferencias políticas entre sus gobiernos o los propios mandos militares y policiales. En abril de 1865 con la formación de una montonera dirigida por Berna Carrizo en Los Llanos, el gobierno de San Luis solicitó al de Mendoza un acuerdo para permitir que milicias de San Luis puedan penetrar en las Lagunas por el territorio de Mendoza cuando perseguían montoneros, debido a que "en la persecución que hacen a los ladrones, tocan con el inconveniente de que éstos se trasladan a la otra provincia, esterilizándose así la persecución".[19] Otra comunicación del gobierno de San Luis al de Mendoza planteaba la necesidad de una entrada simultánea con tropas de las tres provincias a las Lagunas, como se había practicado durante los levantamientos del Chacho:

> [...] las Lagunas y sus adyacencias donde ahora, como siempre, son la guarida y punto de cita que se dan los bandoleros de las Provincias de Cuyo y de La Rioja y aún de la de Córdoba. Una entrada en combinación de fuerza de las tres Provincias producirá buenos resultados, es seguro porque serán disueltas esas bandas de ladrones que se están formando, y porque verán que ya se pierden permanecer en esos puntos con la seguridad y confianza como lo han hecho en años anteriores.[20]

En estas entradas era crucial contar con algún apoyo de los pobladores para aprovisionarse, señalar los caminos, el estado del terreno y la

---

pues quedan a una inmensa distancia de los fuertes establecidos tanto en esa Provincia como en esta". AHM, carp. 698, época independiente, doc. 16.

[19] AHM, carp. 699, época independiente, doc. 3.

[20] AHM, carp. 699, época independiente, doc. 21.

disponibilidad de agua en cada época del año. Este "conocimiento local" involucraba estrategias y técnicas de comunicación, rastreo e inteligencia. Una de ellas, como describía Juan María Siri, y como ha sido narrado para gauchos e indígenas por igual en el siglo XIX, era el uso de señales de humo como forma de comunicación: el "telégrafo criollo" con fogatas escalonadas entre puntos de unos treinta kilómetros de distancia que se hacían previo acuerdo, transmitiendo avisos de puesto en puesto hasta llegar a destino (Siri, 1947). El anciano Vicente González, de un añoso puesto cerca del río San Juan, contaba en 2005 sobre las enormes fogatas que hacían los montoneros para convocarse cuyo resplandor desde muy lejos –de noche– o humo –de día– se veía. Otras de las principales técnicas eran el rastreo y contra rastreo, en la cual los campesinos cuyanos en general eran reputados como expertos.[21] En el caso de Guayama, según cuentan los laguneros como Mauricio Quiroga, ayudaban a borrar las huellas de su huida echando una majada de cabras por detrás de los fugados para que cubriera su rastro. Una práctica similar es descripta en un juicio de 1861 a quien sería uno de los socios o lugartenientes de Guayama, Cruz Alvino, quien luego de asesinar un hombre en una pulpería del arroyo Tulumaya al sur del departamento de Rosario escapó de la milicia por haber tapado su rastro con una gran estampida de ganado y caballos.[22] Otras prácticas militares de los laguneros tenían que ver con el entrenamiento de sus animales de guerra. La familia Agüero del puesto el Junquillar me mostró la "cancha de los indios", un barreal de arcilla junto al río donde los montoneros hacían correr a sus caballos para desarrollar su musculatura y enseñarles destrezas, como galopar aún boleados. Y también con las tácticas de combate, del tipo que han sido destacadas por diversas crónicas de las guerras de montonera desde los gauchos de Güemes hasta el Chacho. Juan Nylo Reynoso por ejemplo describió la guerra con los "sanjuaninos" por las costas del río San Juan tal como fue contada por sus mayores, a muerte y sin tomar prisioneros. Los laguneros que casi no tenían armas tensaban "torzales" –gruesos lazos de

---

[21] Es célebre la caracterización de Sarmiento sobre el rastreo cuyano en *Facundo* (1845, 1963), que da lugar a un capítulo llamado precisamente "El rastreador", que combinados con "El baqueano" y "El gaucho malo" son utilizados para explicar el sustrato cultural del gaucho en general y del caudillo Facundo Quiroga en particular.

[22] AHM, carp. 2 A, judicial criminal, época independiente, doc. 25.

cuero– entre dos caballos y a pleno galope arremetían contra las patrullas enemigas, arrastrándolas o cercenando cabezas y miembros.

La guerra ponía en juego también redes sociales y políticas entre puesteros, arrieros, autoridades locales y las propias elites provinciales. Los documentos y la literatura de época sugieren que los montoneros y sus bases eran una masa informe de "facinerosos" no solo sin proyecto político sino sin cualidades y nombres propios, a excepción de sus caudillos. Sin embargo, a menudo se puede apreciar en las fuentes del período la importancia del conocimiento interpersonal para el desenvolvimiento de las operaciones y el carácter individualizado de la represión. Los asesinatos selectivos de la invasión del gobernador Luis Molina a las Lagunas, donde incluso había individuos "arreglados" previamente por distintas personas para ser asesinados, son un ejemplo de esto.[23] También, el conocimiento pormenorizado que el gobernador y los fiscales tenían sobre referentes políticos o simples habitantes de las Lagunas, como se observa en el sumario a Francisco Alvino y el subdelegado Villegas poco antes de inicio de la insurrección del Chacho.[24] Y finalmente, también las venganzas individualizadas de algunos montoneros, como veremos más adelante.

Durante y después de la guerra las acciones de Guayama que más éxito tenían en la ocupación de territorio era una vieja práctica, endémica de las campañas cuyanas y especialmente en Guanacache desde la época colonial: el salteo de caminos a las caravanas de pesadas carretas, tropas con mulas de carga y también arreos de mulas y ganado en la ruta que conectaba a San Juan con San Luis, Córdoba y Buenos Aires y a estas ciudades a su vez con Chile. El ganado y mulas marchaban desde las provincias del este hacia Chile y desde allí, en la época, también a California en plena fiebre del oro. La ruta pasaba muy cerca de los principales puntos de las Lagunas, San Miguel y Rosario, atravesando el desierto del Encón.

Hay muchos relatos sobre los asaltos. Pero en realidad, la mayoría de ellos, como los de la Martina Chapanay, de profusa narrativa, muestran que a pesar de la imagen de crueldad que se les atribuía a los bandidos estos desarrollaban más bien una negociación con los asaltados, una suerte de cobro de peajes. Una de las descripciones más ilustrativas la ofreció Juan Bialet Massé, quien

---

[23] *Archivo Édito Mitre*, 172-183.

[24] AHM, carp. 2 A, judicial criminal, época independiente, doc. 27.

como señalamos atravesó el área en 1875 en los últimos años del control de Guayama en el área. Primero narraba la violencia de los salteos:

> Ese país estaba al parecer desierto; a lo largo del camino, ni un rancho, ni una casa, nada. Solo de trecho en trecho una cruz, indicando el lugar donde mataron a un cristiano, y en un lugar llamado Las Crucecitas, un sembrado de cruces; porque ese era sitio de paradas, y allí habían sorprendido en tales y tales fechas la tropa y degollado a todos los troperos. Tal era y tal me dicen que es hoy el país [...]. (Bialett Massé, 1985: 415).

Pero luego pasó a contar una experiencia personal donde los laguneros más bien negociaban e incluso buscaban también relacionarse y establecer alianzas con los viajeros:

> Cuando pasaba una tropa salían al camino, y le preguntaban a uno: "señor, ¿quiere ser mi compadre? Mi mujer ha tenido un hijo, ¿me quiere hacer la caridad de bautizarlo?" para los troperos era de aprovechar la bolada; el nombre del compadre era comunicado a todos, y su persona era libre de las depredaciones que a cada rato cometían. [...] Era fantástico verlo surgir del matorral al galope veloz de su caballo; un Quijote alargado, sobre un jaco andaluz poco menos flaco que Rocinante; las alas de su poncho le daban el aspecto de un dragón, surgiendo de enorme guardamonte que le defendían de la espina brava del garabato y del espinillo. Pasaba como un relámpago, sin saludar, clavando la mirada astuta, de cóndor, sin volver la cabeza y desaparecía. Sobre la arena los cascos de su caballo no se oyen. Al menor descuido una mula de la tropilla se había perdido; el capataz lo notaba y trinaba; inmediatamente otro lagunero venía y decía: "¿Quiere que le campeye la tordilla que se le ha perdío?" Se cerraba el trato por dos pesos, y la tordilla era entregada en el solo tiempo necesario en ir y volver al lugar en que se la tenía atada. (Bialett Massé, 1985: 415-418).

Figura 2: Capataz, arrieros y carreteros descansando en la travesía sanjuanina. *Ca.* 1880.

Fotografía: Juan Pala. Préstamo Amalia Bruno (copia).

En la Encuesta de folklore de 1921 hay varios relatos del mismo tipo. Una arria es asaltada por gauchos de la Chapanay y Guayama, pero los padres de los arrieros son conocidos de ella y sus gauchos, entonces terminan charlando amistosamente.[25] Otro menciona que Martina Chapanay era "un salteador de la fama de Santos Guayama y Santos Abdón, que existía antes de la organización definitiva de la Nación argentina". Señala sin embargo que Martina no atacaba a las tropas que voluntariamente le regalaban algo, unos kilos de azúcar, queso, un poncho, las cuales a partir de ese momento compartían con ella y su banda quedando los viajeros protegidos en todas sus pertenencias.[26] En otra de las narraciones más interesantes un arriero de apellido Godoy llevaba pasas, aguardiente y vino y es sorprendido por Guayama. Durante la anoche acostumbraba a hacer rodeo, y en una de esas ocasiones disponiéndose a churrasquear y tomar mate, ven aparecer jinetes entre los montes. El que parecía jefe "por su arrogancia y sus vestuarios más plateados" se acerca al rodeo y contra todo lo que esperaban, su primer acto no fue de violencia y el señor Godoy los invita a bajarse, lo que aceptan, como también el mate que

---

[25] Encuesta Nacional de Folklore, carp. 15, escuela 109.

[26] *Ibid.*, carp. 60, escuela 101.

les ofrecen. Luego piden aguardiente e inmediatamente son servidos. Quieren jugar a los naipes y a su vez invitan a los arrieros a participar del juego, aunque se excusan contentándose con ser espectadores. El juego se desarrolla sin mayores incidencias, hasta que uno hace trampa y se aprontan a sacar sus grandes cuchillos. Entonces el jefe pide que envainen sus cuchillos y cuando se ha hecho silencio propone que el dueño de casa –Godoy– sea juez, determinación que los bandidos aceptan. Godoy dio la razón al que según su criterio la tenía, lo que no fue aceptado por el otro que quiso anularla, pero nuevamente el jefe intervino recordándoles que habían aceptado respetar el veredicto. Y, según el relato:

> [...] cosa rara aquellos hombres rudos y bárbaros tenían noción del respeto a la palabra dada y de buena o mala voluntad dan por terminado el incidente y también el juego. Van a marcharse, pero antes quieren pagar el licor que han bebido; el Sr. Godoy se niega a recibirlo pidiendo lo acepten como obsequio. El gaucho no quiere ser menos generoso y dándose a conocer como el temible Santos Guayama, ofrece su protección a los viajeros asegurándoles que no serían molestados en su camino; promesa que cumplieron. El Sr. Godoy contaba que el hecho de haber escapado con vida y sin más pérdida que el aguardiente que bebieron los gauchos, se debía al capricho que ellos tuvieron de pasar por hombres de honor.[27]

Volveremos más adelante sobre algunos aspectos del discurso y la actitud de Guayama que muestra este último relato: su presencia, actitud cortés, la insistencia en respetar normas y formas legales que contrasta con su fama de bandido y la exhibición de un sentido de justicia. Y sobre todo lo que comenta al final: el "capricho que ellos tuvieron de pasar por hombres de honor". Por el momento queremos destacar la insistencia de los relatos de bandidos y de Guayama en particular en una moral de la reciprocidad generalizada, donde el compartir voluntariamente exime de todo daño a los viajeros y donde lo que se castiga es el egoísmo. El compartir obliga a los bandidos a establecer un vínculo pacífico y honorable y a su vez estos responden con gestos de alianza y protección. Este tema es recurrente no solo en las narrativas de bandolerismo, sino otras de la mitología regional, como la de la ya mencionada Martina Chapanay y la de la Difunta Correa, ambientadas ambas también en el siglo XIX y producidas y recreadas desde la segunda mitad del mismo. Las narraciones sobre la Difunta, como las que encontramos en la Encuesta Nacional

---

[27] *Ibid.*, carp. 114, escuela 3.

de Folklore de 1921 también analizadas por Susana Chertudi (1967), cuentan siempre que su adoración bajo la forma de ofrendas o la realización de altares se originó en pedidos de arrieros de la travesía para la restitución de ganado perdido. Pues bien, en todas las versiones la Difunta hace aparecer el ganado a cambio de estas promesas o restituye la mitad del ganado, cobrándose así una parte del ganado producido tal como ocurre en las relaciones de mediería propias de los arriendos de campo o en los salteos de caminos tal como se describe en los relatos de la Chapanay. Pero también actúa, al igual que los bandidos, negativamente en caso de que las promesas no se cumplan, siendo famosa su reputación vengativa que llega incluso a la muerte de aquellos que violan lo pactado o demoran demasiado en realizarlo.

Pese a la insistencia de la literatura regional no se encuentran datos oficiales claros de los asesinatos de Guayama a pobladores, arrieros de tropas o viajeros. Su blanco principal eran funcionarios de gobierno, oficiales del ejército o espías, raramente los soldados, particularmente de las Guardias Nacionales. Esto se observa incluso en numerosas comunicaciones militares que principian exaltando las atrocidades de Guayama y uno de los únicos que encontré en el cual se mencionan asesinatos se da en un contexto de combate. En unos partes sobre incursiones de Guayama en San Luis luego de su derrota en El Garabato por las fuerzas nacionales, un militar relata que estando él con unos oficiales y soldados en un puesto rural, llegó Guayama con sus hombres e hizo degollar a los dos oficiales; sin embargo él se salvó porque los dueños de casa lo hicieron pasar por un arriero enfermo (Siri:177). Es posible que la escasez de descripciones fehacientes de masacres por parte del caudillo y al contrario, la relativa frecuencia con que perdona a los soldados vencidos, se haya debido a que estaba interesado en mantener su legitimidad política y también porque todos estos actores eran potenciales reclutas. En la estrategia militar la captación de reclutas del otro bando cumplía un rol a veces más importante que el combate en sí mismo, especialmente durante las levas para la guerra del Paraguay. La mayoría de los hombres locales rechazaba su incorporación en las guardias nacionales o contingentes militares no solo para escapar de la guerra, sino por considerar enemigos a los porteños y simpatizar con los paraguayos. Y de hecho, las levas estaban destinadas a controlar potenciales enemigos en el interior y no solo a obtener soldados. Las montoneras se nutrieron entonces en gran medida de desertores que con frecuencia también eran reincorporados por sus antiguos jefes una vez recapturados.[28]

En el departamento de Rosario se señala la mayor actividad para Guayama y sus montoneras. Inmediatamente al sur de las Lagunas y el río San Juan –paralelo al camino– en la zona de San Miguel, jurisdicción de Mendoza, los montoneros hacían base frecuente para guardar el ganado robado, además de desplazarse como ruta de escape entre las provincias. Hostigaban a las autoridades locales al punto de mantener el control real sobre el territorio, pero también al parecer sostenían cierto *statu quo* con ellas, que a veces era en realidad complicidad.

La violencia generalizada del período y la dificultad de controlar militarmente las Lagunas está claramente asentada en los documentos de la subdelegacía del Rosario. En junio de 1871 el subdelegado Avelino Saldaña le escribía al ministro de hacienda sobre la dificultad de encontrar empleados para la repartición y la urgencia de organizar la partida de policía, ya que nadie se prestaba para el servicio por simpatía o temor a Guayama, que perseguía a las autoridades.[29] El comisario Desiderio Jofré de San Miguel, por su parte, solicitaba armas para defenderse porque el montonero también "los persigue cada vez que viene a ese distrito". Al mes siguiente Saldaña escribió al ministro de Gobierno informando que Jofré avisaba que por los Algarrobos Blancos habían pasado dieciséis gauchos armados provenientes de los Llanos de La Rioja hacia a los Baldes del Tunal o Huilasta –cercano al Desaguadero–.[30] Jofré le encarecía que "no haga muy público el denuncio que tenga presente el desamparo en que vive." También informaba que en los Ramblones Largos cerca de San Miguel se refugiaban Manuel Guaquinchay, José Manuel Reynoso y Antonio González "de las hordas de Guayama".[31] Saldaña terminaba solicitando una partida bien armada a recorrer el Rosario y San Miguel.

---

[28] Ariel De la Fuente ofrece una muy buena descripción de la problemática. En 1869 casi la mitad de los guardias en los Llanos riojanos al mando de Ricardo Vera, uno de los más fieros perseguidores de Guayama, eran de otras provincias para tratar de evitar la identificación o solidaridad de los perseguidores con los perseguidos (De la Fuente, 2010: 246).

[29] AHM, carp. 575, época independiente, doc. 22.

[30] *Ibid.*, doc. 34.

[31] El mismo relato, sobre un rancho donde se ocultan Guayama y un par de secuaces en las lagunas se narra en Quiroga de Yakin, 1971.

El 13 de septiembre de 1871 dos comisarios informaban a Saldaña que Guayama pasó hacia las lagunas de San Miguel con tres hombres y una mujer luego de disolver su montonera en los Llanos por la persecución del gobierno de la Rioja.[32] También, refirmando lo dicho antes por el comisario Jofré, que en una aguada estaba el "postulado capitán de Guayama Manuel Guaquinchay" con ocho o diez hombres que mantenían ganado robado a los vecinos. Ante la aparente inacción del gobierno de Mendoza en comparación con los de las provincias aledañas, Saldaña sugiere que destaque milicias provinciales para vigilar a los montoneros y de paso evitar que "las comisiones que penetran a esta provincia, del gobierno de San Juan, no hagan daño en ovejas y cabras que carnean en el campo sin dar los justificativos ni menos pagar la carne a sus propietarios". Algunos montoneros eran capturados por la encarnizada persecución de que eran objeto por fuerzas acantonadas en Mendoza, San Juan, San Luis y sobre todo La Rioja y cuando no eran asesinados eran enviados a Buenos Aires. El Gobierno de San Luis informaba al de Mendoza que se remitían nueve secuaces de Guayama a la isla Martín García, en el Río de la Plata,[33] sentando un antecedente temprano de un tema que ha sido desarrollado en la historiografía sobre la Campaña del Desierto: la utilización de la isla como campo de concentración de prisioneros indígenas (Papazian y Nagy, 2018).

Un mes después Casimiro Ibarzábal, el anterior subdelegado, contaba que "los montoneros del arroyo andan todos a monte" y que en la hacienda de Saldaña se había encontrado un hombre degollado "hacen muchos días", probablemente un intento de matar al propio subdelegado.[34] Saldaña había capitaneado la recaudación impositiva en el departamento con posterioridad a la Revolución de los Colorados, con reacciones negativas tanto de los hacendados como de los laguneros. Como señala Ariel de La Fuente para La Rioja en la misma época, los campesinos y pequeños pastores –o en el caso de Guanacache también pescadores– percibían los impuestos como ilegítimos, ya que no veían en qué modo redundaba en algún beneficio para ellos y más bien eran utilizados para solventar la misma maquinaria militar y burocrática que los amenazaba (De la Fuente, 2010b: 44). Además, como escribía Régulo

---

[32] AHM, carp. 575, época independiente, doc. 38.

[33] AHM, carp. 699, época independiente, doc 59.

[34] *Ibid.*, doc. 75.

Martínez –un operador sarmientino– desde Mendoza en 1862 en una carta privada, los impuestos los pagaban en general los enemigos del gobierno.[35]

Los montoneros mitristas: alianzas y realineamientos en el ocaso del federalismo

En junio de 1871 Casimiro Ibarzábal informaba que prácticamente se había cobrado solo la mitad de los impuestos debidos[36] y en julio del mismo año el gobierno lo alentaba convencer a los propietarios de corregir sus denuncios para evitar que enviara un agrimensor a evaluar la real cantidad de terrenos que debían declarar. Adjuntaba una nómina de "Ocultación territorial" de los principales terratenientes entre quienes se destacaban Francisco y Víctor Alvino, Maximino y Adolfo Segura y Carlos González. En el mismo expediente se observan varias rectificaciones hechas luego de esta denuncia y casi todas ellas ratificaban con desparpajo las mismas cuadras de tierra del denuncio anterior o las modificaban en cantidades insignificantes. "Mi denuncio está conforme con el que se denuncia en el libro talonario-Maximino Segura […]". "[…] Rectifico el denuncio que se registra en el libro talonario-Por orden de D. Adolfo Segura su encargado José María Firmapaz". Era un claro desafío al gobernador y todo indica que el descontento con los impuestos pudo en parte haber llevado a que los hacendados, tal vez con la connivencia de autoridades locales, apoyaran secretamente a Guayama.

Ahora bien, si en un principio los hacendados eran el blanco impositivo principal, cada vez más los laguneros se verían presionados y se resistirían también al pago. Anticipándonos un poco en el tiempo, vemos como los conflictos por el cobro de impuestos continuaron a lo largo de la década. En 1875, después de la derrota de la insurrección mitrista en Mendoza que abrió paso según algunos autores a un relativo y duradero ordenamiento del sistema político y el disciplinamiento estatal en Mendoza (Bragoni, 2010: 60), los laguneros seguían resistiendo con éxito el pago de impuestos. Ibarzábal informaba en noviembre de ese año que las patentes de San Miguel y Capilla del Rosario habían quedado impagas, según decía por la distancia a la que se encontraban esos distritos de la subdelegacía, con individuos que vivían

---

[35] AS, 5016, armario I.

[36] *Ibid.*, doc. 33.

a cuarenta y cinco leguas, e insistía en que se les dé una prórroga.[37] Era una de las tantas prórrogas desde el 9 de marzo, cuando se había intimado a los contribuyentes. La primera, en agosto, había sido dictada hasta el primero de septiembre. Luego, el 12 de octubre, el subdelegado comunicó al ministro de hacienda que se había confundido y pensó que era hasta ese mes. Otra nota del 24 de noviembre daba cuenta de que recién en esa fecha principiaron a pagar el impuesto de bienes raíces. Informaba también errores de avalúo en las boletas, que generalmente subvaluaban el capital de los propietarios mayores y sobrevaloraban el de los menores.[38] Había propiedades que no estaban grabadas ni con una cuarta parte de lo que deberían pagar, señalaba el propio Ibarzábal, y otras con el cuádruple. Si se hiciera correctamente decía "no se encontrarían algunos propietarios tan disconformes por tener que pagar tres o cuatro veces más de lo que debieran". Ibarzábal se quejaba de que la mayor parte de los deudores eran de San Miguel y Capilla del Rosario debido a que "por la distancia no se encuentra una persona quien se quiera ocupar de procurador fiscal [...] convendría en aquellos puntos encargar el cobro a los comisarios D. Desiderio Jofré y Don Juan de la Cruz Peletay". Estos eran las dos autoridades locales que en los partes militares declaraban temor de ser atacados por las montoneras y en otras fuentes eran sospechados de amistad con Guayama. Siri (1945) por ejemplo, afirma la existencia de una connivencia entre Guayama y las autoridades Laguneras. El mismo mes de 1871, según sus fuentes que lamentablemente no cita, el intendente de policía de San Juan comunicaba que el mayor Carrizo, perseguidor de Guayama, informaba que "el comisario o autoridad de Mendoza en Las Lagunas" –se trataba de Juan Pelaytay, a quien en 1879 luego del asesinato de Guayama persiguieron tropas sanjuaninas– recibía sus cabalgaduras para pastar y le había "guardado varios robos". Agregaba que el hijo del comisario había estado también con Guayama y le había avisado de que Carrizo lo iba a atacar. Dice Siri que Guayama escapaba porque las autoridades de Mendoza lo ayudaban y efectivamente todo indica que, al menos parte de ellas lo hacían. En todo caso, resulta sugerente que la llave de la gobernabilidad local seguía siendo al parecer el concurso de los comisarios laguneros en su ambiguo rol mediador, y la dificultad del cobro parece ser más bien causada por la vulnerabilidad a la que se expondrían

---

[37] AHM, carp. 575, época independiente, doc. 136.

[38] *Ibid.*

los potenciales recaudadores. Casi podríamos afirmar que para la época, la autonomía lagunera se mantenía con un doble frente: uno diplomático y que articulaba institucionalmente con el gobierno de Mendoza, representado por los comisarios como antes por los subdelegados o jueces, y otro militar que encarnaba Guayama.

Volvamos ahora a la evolución de la presión impositiva y su impacto político local. Contrastando con la profusión de comunicados de 1871 existe un vacío informativo entre fines de ese año y principios de 1873, una de las etapas más cruentas de la insurrección. Lo próximo que sabemos es que el 21 de enero de ese año Avelino Saldaña renunció a su cargo para salvar su vida y la de sus familiares (Maza, 1980: 51). El 9 de febrero Ibarzábal informaba al gobernador que Guayama y Cruz Alvino habían atacado la subdelegacía, asesinado a Saldaña y robado las armas. Pedía tropas para perseguir a los montoneros que habían huido "a las Lagunas de Capilla del Rosario" y agregaba que Guayama y Cruz Albino se habían dirigido a la hacienda de José María Segura en El Plumerillo, donde podía ser encontrado (*Ibid.*: 51-52). Cruz era hermano de los famosos hacendados Francisco y Víctor Alvino, los más ricos del departamento. En 1861 había asesinado a un hombre en una pulpería del arroyo Tulumaya, al sur del departamento, y fugado misteriosamente estando en custodia de su hermano Víctor, que era en ese momento el comisario del lugar.[39] A principios de la década de 1870 aparecía como uno de los lugartenientes de Guayama.

El 21 de octubre de 1873 Ibarzábal comunicó otro intento de ataque a la subdelegacía por cuatro hombres de Guayama, y que éste, Cruz Albino y José Montenegro tenían movilizados ochenta y cuatro hombres "entre laguneros y del arroyo". También informaba que la única escuela del departamento estaba cerrada porque el maestro Serapio Pizarro se había unido a los montoneros que apoyaban a Segovia y Francisco Herrera (*Ibid.*: 52). El 27 del mismo mes el subdelegado se excusaba frente al gobierno de no poder tener éxito en una expedición punitiva a las Lagunas. Suponía que "los campos están muy malos y que no hay agua más con la estación". Sobre una fuerza enviada previamente, decía que creía muy difícil que pudieran capturar "algún gaucho [...] ni que les sea posible proporcionarse algún caballo, porque los esconderán los pocos que hay [...] sé que toda la gente que hay en las Lagunas del Rosario y

---

[39] AHM, carp. 2 A, judicial criminal, época independiente, doc. 25.

San Miguel están alzadas y no les dejarán recursos a la fuerza que va en perse-cución de ellos" (*Ibid.*: 50-51). El 10 de noviembre manifestaba nuevamente al ministro de gobierno que había estado en Jocolí con Don Maximino Segura, cuya hacienda había sido invadida por Guayama como antes lo había sido la del Plumerillo de José María Segura, "para la operación que Ud. recomienda" y que por datos de Segura los montoneros de Guayama habían fugado hacia la Capilla del Rosario en las Lagunas.[40] Veinte días después Ibarzábal repor-taba que había ido hasta la posta de Jocolí con una tropas del regimiento 4.° de línea y capturado dos postillones de la montonera y que había sabido que Guayama, Cruz Albino y Victoriano Morales estaban con parte de su banda en Cochagual, San Juan, y otros en las Lagunas del Rosario. Y que el comisario Juan Peleytay del Rosario decía que en el camino a San Miguel, en "La Zampa" estaba acampada otra montonera encabezada por Victoriano Morales y Cruz Alvino (*Ibid.*: 52).

En enero de1874 Ibarzábal informaba al gobernador Francisco Civit sobre dos subdelegados rebeldes, hecho del que no encontramos más datos, pero que podemos asociar a las montoneras del año anterior. Agregaba sobre todo que Serapio Pizarro, el maestro y pulpero que se había unido a las montone-ras, había sido el escribiente de los subdelegados. Y que también había inva-dido la oficina de la subdelegacía del Rosario con dos soldados y llevado sus archivos con varios libros "habiéndose negado a dejar un recibo". Que había devuelto diez pero que faltaba el libro de actas. Pizarro se había trasladado a la ciudad de Mendoza.[41]

En septiembre de 1874 se produjo el levantamiento de Bartolomé Mitre desconociendo el triunfo electoral de Nicolás Avellaneda como presidente de la nación. Este conflicto dividió al ejército nacional. El General Nicolás Arredondo, un experimentado veterano de la represión de las montoneras del Chacho Peñaloza y de la Revolución de los Colorados, que había derrotado a Saá, Guayama y otros en la batalla de San Ignacio en 1867 se plegó a Mitre y fue encargado de tomar las provincias de Cuyo. Luego de una batalla contra las tropas al mando del gobernador Francisco Civit ocupó Mendoza y luego el resto de Cuyo durante tres meses, designando un gobierno provisional bajo

---

[40] AHM, carp. 575, época independiente, doc. 78.

[41] AHM, carp. 575, época independiente, doc. 87.

su mando. Los hacendados más importantes del departamento de Rosario militaron en el bando mitrista.

El ejército de Arredondo fue derrotado el 7 de diciembre de 1874 en Santa Rosa, en el este de Mendoza, por las tropas comandadas por Julio Roca. Se trató de la última gran batalla campal de las guerras civiles argentinas, entre dos ejércitos de más de cuatro mil hombres cada uno. En el Rosario el nuevamente repuesto subdelegado Casimiro Ibarzábal informaba que los dispersos de Santa Rosa estaban todos escondidos y el gobernador ordenó que tomara solo la gente de Cruz Alvino, lugarteniente de Santos Guayama.[42] Días después, en enero de 1875, Ibarzábal envió, a solicitud del ministro de gobierno, una nota con los comprometidos en la rebelión sin hacer mención a quienes "han sido peones y que solo han compuesto o figurado de soldados en las filas rebeldes".[43] Entre otros, consignaba que Manuel Alvino había sido el subdelegado puesto por Arredondo, y Francisco Alvino su reemplazante en parte del ejercicio. José Montenegro, el comandante de la Guardia Nacional del departamento "puesto por el gobierno montonero" le había entregado sus tropas a Cruz Alvino quien había acudido a la batalla de Santa Rosa con cien hombres, uno de cuyos oficiales era José María Firmapaz, el capataz del terrateniente Maximino Segura que firmaba sus declaraciones fiscales. Las represalias parecen haber sido bastante suaves con los hacendados. Meses después el subdelegado preguntaba al ministro de gobierno si retiraba los caballos de la policía de las pasturas propiedad de quienes habían colaborado "directa o indirectamente" con la rebelión., fundamentalmente Francisco Alvino. La respuesta fue que podía retirarlos y contratar el pastaje a Alvino, pasando la cuenta al ministerio.[44]

La rebelión mitrista parece haber sido entonces un catalizador que reunió en un mismo bando a parte de los hacendados del sur y a los laguneros en "montoneras policlasistas". Esto abre un interrogante interesante sobre la política de Santos Guayama. Contrariamente a lo que han supuesto algunas interpretaciones que lo imaginan simplemente como un guerrillero libertario antimistrista y luego antiroquista (Moyano, 2010), los alineamientos políticos de Guayama no son fáciles de determinar y en distintas coyunturas pactó

---

[42] AHM, carp. 575, época independiente, doc. 122.

[43] AHM, carp. 575, época independiente, doc. 126.

[44] AHM, carp. 575, época independiente, doc. 130.

–como la mayoría de los antiguos federales luego de 1867– con facciones del liberalismo y el autonomismo (Bragoni, 2010). Según el diario *El Nacional*, por ejemplo, Guayama había hecho campaña por Avellaneda en La Rioja y luego durante la rebelión mitrista se había convertido en un apoyo armado de este antiguo enemigo (Rock, 2006: 114). En la revolución mitrista de 1874 apoyó a también a su anterior y acérrimo enemigo, el general Arredondo. Luego, hará campaña presidencial por Carlos Tejedor y en 1878 por el candidato roquista a gobernador de San Juan, Agustín Gómez, quien al año siguiente ordenaría su asesinato. Sin embargo, el enemigo con el cual parece nunca haber pactado y que acicateó su persecución con encono hasta el final de su presidencia, fue Domingo Faustino Sarmiento.

Pero su acercamiento al mitrismo databa de entre 1868 y 1871 cuando operó fuertemente en la política sanjuanina. En un caso de crisis institucional, Guayama acudió en favor del Gobernador Zavalla y se alió con Taboada, jefe de la División del Norte del ejército nacional, en ese momento enfrentado con el presidente Sarmiento, el más enconado y poderoso enemigo de Guayama. En 1868, durante la presidencia del sanjuanino, una división del ejército alcanzó las tropas de Guayama capturando a su secretario Zacarías Segura y junto con él al archivo del montonero. Entre los documentos había algunas cartas cursadas entre Guayama y los caudillos de la provincia norteña de Santiago del Estero, los hermanos Taboada, aliados fundamentales de Mitre. Las cartas mostraban la protección política de los Taboada, y Sarmiento (1869) publicó algunas en un folleto destinado a demostrar la connivencia del caudillo con los Taboada y acusar implícitamente a Mitre de apoyar la sedición. La situación era bastante paradójica: no solo porque Mitre había sido –junto con Sarmiento– uno de los principales enemigos de los montoneros, sino porque había sido precisamente el ejército de Taboada el que en la batalla de Pozo de Vargas había masacrado al Batallón Laguneros capitaneado por Guayama, que eran las tropas de elite del ejército de Varela.

El fusilamiento de Zacarías Segura generó una controversia nacional y fue invocado por Mitre (1869) en el congreso de la nación en un discurso contra Sarmiento denominado "La cuestión San Juan," que se publicó como una respuesta al folleto del sanjuanino con las cartas de Guayama. La áspera y publicitada discusión se centró en cuestionar las facultades del ejecutivo para decretar el estado de sitio e intervenir las provincias, y acusó a Sarmiento de cometer asesinatos políticos, siguiendo la famosa doctrina de la "guerra de policía" que Mitre mismo había auspiciado o tolerado en la represión del Chacho (Galasso, 1993, Escolar, 2007; De la Fuente, 2010). Además de denunciar la intervención en San Juan sobre el gobernador Zavalla –apoyado por Guayama– como un golpe de estado, Mitre adujo que la ejecución de Segura había sido un asesinato y una violación flagrante a la constitución, una vuelta a la barbarie de los caudillos. La importancia del caso se había amplificado por el acicate de la prensa mitrista, y la detención de Segura había generado un clamor popular a nivel nacional para salvarlo. En San Luis, donde estaba preso, una multitud había clamado por su perdón y juzgamiento en el fuero civil. Una de las principales causas del impacto del caso fue que el joven Segura no condecía con el estereotipo del montonero: además de muy joven, era blanco, simpático e instruido y muchas señoritas se habían ofrecido a casarse para salvarlo. Como el propio Sarmiento reconoció, esta era una de las razones por las que se habían generado los "acalorados debates del Congreso sobre si Segura era un caballero con ojos azules o un salteador" (Belin Sarmiento, 1902: 277).[45]

El fracaso del "Estado montonero"

Resulta interesante observar, analizando las pocas piezas de su discurso que nos han llegado, cómo a lo largo de su trayectoria Guayama apelaba a una legitimidad estatal y a un lenguaje legalista para justificar sus acciones, argumentando una legitimidad que impugnaba a su vez a los detentores del estado existente. Creemos que en el vocabulario y gestos públicos del montonero y en su dualidad respecto de la estatalidad, la cual criticaba y a la vez aspiraba discursivamente a encarnar, se refleja en parte una tradición política republicana que conocemos bien: aquella que remontamos a los caciques y otras autoridades indígenas del siglo XVIII y luego a los funcionarios laguneros.

---

[45] Aunque no encontré pruebas, es posible que Segura fuera pariente cercano de los hacendados del mismo apellido del sur de departamento del Rosario, cuyo principal representante en ese momento era Don Maximino Segura, sospechado como otros importantes hacendados de proteger a Guayama durante la Revolución de los Colorados y después, cuyas familias aportaron algunos miembros a la montonera como ocurrió con los Alvino. Maximino Segura, también, era uno de los cuatro habitantes clasificado con "ojos verdes", cercanos a los "azules" de Zacarías Segura, en una inscripción electoral del Rosario en 1883 donde el resto de los 486 individuos fueron consignados con ojos "pardos" y "negros". AHM, carp. 575 bis, época independiente, doc. 78.

En 1868 luego de la derrota de Felipe Varela, Guayama y otros montoneros habían tomado la ciudad de La Rioja, y Chilecito y negociaron con el general Navarro, enviado a reprimirlos, un indulto a cambio de deponer las armas. Pero luego, el acuerdo que contaba con el aval del presidente de la Nación, fue desestimado por el gobierno quien envió en su persecución al general Arredondo, antiguo azote de las montoneras desde la represión del Chacho. En una carta dirigida a Navarro, Guayama, Elizondo y otros jefes ofrecieron nuevamente rendirse a cambio del ansiado indulto quejándose de que el "Exmo. Gobierno Nacional" les había "atribuido el carácter y las tendencias de montoneros rebeldes contra las autoridades de la República y de la Provincia":

> Cuando abrigábamos la esperanza de gozar de una paz duradera en la Provincia de La Rioja, bajo los auspicios de un Gobierno prudente, previsor y moderado, de cuya política hábil y conciliadora podríamos esperar nosotros mismos un perdón generoso a nuestros pasados extravíos, para no pensar en adelante sino en llevar una vida de abnegación ejemplar, sujetos en todo a la ley y a las autoridades, se nos desvaneció completamente aquella halagadora esperanza al ver un General llamado a ser juzgado en la Capital de la República por un consejo de Guerra en virtud de un decreto superior, lanzarse de repente desde la ciudad de Córdoba sobre la desgraciada Rioja a atacar y derrocar sus autoridades legítimas [...]. Entonces, Sr. General, empezó para nosotros la persecución y la amenaza, para el pueblo la intranquilidad y la alarma, y para la República toda el escándalo y la indignación. Fue por eso también que creyendo hacer uso de un derecho legítimo y rendir un servicio a la causa pública y aún al gobierno mismo de la Nación, nos resolvimos a tomar las armas y venir a La Rioja a restaurar las libertades públicas, y a poner a nuestro país en aptitud de reparar sus males y reivindicar sus derechos.

> [...] nunca habíamos pensado siquiera en provocar trastornos y revueltas políticas que se nos atribuyen con que hemos guardado y hecho respetar el orden en la ciudad de La Rioja durante nuestra permanencia en la plaza.[46]

En un borrador de carta a Manuel Taboada el montonero se quejaba del incumplimiento del acuerdo (Sarmiento, 1869: 32-33):

> [...] después de la convulsión hecha por el Coronel Elizondo la cual dio por resultado la toma de La Rioja y que después vino la intervención del Señor General Navarro como Comisionado del Gobierno Nacional a quien nos sometimos a él por medio de un tratado de garantía para todos los jefes y oficiales de la división por el cual se nos azenaba [sic] que *todos quedábamos en*

---

[46] En Arias, (S.D.), ms. Los firmantes son: Sebastián Elizondo, Santos Fernández, Aurelio Zalazar, Santos Guayama, Olegario Vidal, Belisario Quiroga, Indalecio Nieto, Felipe Heredia.

ejercicio de nuestros empleos como jefes de nuestros respectivos departamentos y que no seríamos molestados en lo sucesivo y quedábamos todos sometidos al gobierno obedeciendo sus órdenes que se nos impartieran por el gobierno de la provincia y pusimos en manos del gobierno las armas que pertenecían a la provincia y todos nos retiramos bajo de tales garantías al goce de nuestros hogares solo esperando órdenes para desempeñar y ayudarlo y sostenerlo en todas sus partes como empleados de la provincia.

En cumplimiento del tratado nos retiramos y el resultado fue que luego *nos vino la destitución de nuestros empleos dejando las plazas en acefalia y sin autoridades locales* y luego más tarde le vino primeramente la prisión al Coronel Salazar, al Coronel Chumbita, al Sr. Bravo y amenazadas las personas del Coronel Elizondo, Flores, el Comandante Nieto y el que suscribe ordenando persecución de muerte contra nosotros.

Teniendo en vista la persecución que se ordena contra mi persona y los demás y hostilizado me he visto obligado a alarmarme y ponerme a la defensa para de este modo *pedir el cumplimiento de esas garantías al gobierno de la Provincia como que está ordenado por la intervenció*n de cumplirla en todas sus partes. [...] En orden al estado de la política tenga a bien comunicarme y ordenar todo cuanto Vtra. estime conveniente contando con mi amistad y decisión así a Vtra. y como soldado no tengo embarazo en ofrecerle mi servicio con toda lealtad.

En estas piezas podemos observar algunas características centrales del discurso de Guayama. La apelación a una legitimidad y legalidad supuestamente oficial y las demandas de "empleo" en la burocracia estatal como autoridades locales legítimas.[47] Recordemos que los jueces laguneros presentaban la misma aparente contradicción cuando pleiteaban contra el propio estado del cual eran funcionarios, o negociaban demandas por apoyo militar en medio de las conflagraciones armadas partidarias. Guayama reclamaba ser él mismo un representante del gobierno nacional aun cuando el gobierno lo persiguió durante años como bandido común. En cartas de junio y agosto de 1868 encontramos las mismas ideas: Guayama consideraba "calumnioso" el mote de "rebeldes y en contra del gobierno nacional" dirigido a sus tropas y manifestaba que "él no es montonero, pues está al servicio de [el gobierno de] la nación" (De la Fuente, 2010: 112). A su vez, estas apelaciones nos recuerdan

---

[47] Méndez (2007) desarrolla el caso de los rebeldes de Huanta, en Perú, donde los caudillos realistas plebeyos que representan a los campesinos/indios, tienen como una de sus principales aspiraciones incorporarse con cargos en el Estado, basando su legitimidad en la guerra e invocando la representación genérica del gobierno a nivel local.

a la postura del Chacho Peñaloza, quien se rebeló contra el gobierno de Mitre, considerándolo ilegítimo, siendo comandante de la Circunscripción Militar del Oeste.

El discurso gubernista de Guayama pareció ir en aumento proporcional a la criminalización y barbarización de su figura en la prensa. Su posición fue registrada en una interesante crónica de la época sobre un resonante asalto en los primeros días de abril de 1872. El resguardo de Uspallata, en las estribaciones de los Andes, era el último punto de control fronterizo y aduana en la ruta interoceánica entre Buenos aires y Santiago de Chile-Valparaíso, eje del tráfico ganadero y de cargas que constituía como hemos visto el motor de la economía cuyana. *El Constitucional* de Mendoza reprodujo una carta del guarda de la aduana a sus superiores detallando los hechos.[48] La noche del asalto había treinta personas pernoctando en la posada y sus inmediaciones y dos arrías de mulas cargadas, más cuatro guardas de la aduana. Repentinamente se escuchó un tropel de caballos, imprecaciones y varios tiros por las ventanas. Los guardas decidieron rendirse y entregar sus revólveres a los montoneros que tenían rifles modernos. Apenas rendidos, dos de ellos empezaron a golpear a uno con un sable y fueron repentinamente contenidos por quien se presentó como el coronel Santos Guayama. Luego de hacerlos atar, preguntó a cada uno "su nombre, patria y profesión". "Al saber que éramos empleados nos llenó de improperios, tratándonos de bandidos, ladrones", comentó el guarda, y les exigió la exorbitante suma de tres mil pesos por su vida. Mientras tanto Guayama descubrió el dinero de la aduana, ochenta pesos en plata boliviana y al saber que era de la recaudación comentó: "Pues este dinero es mío como todo lo que pertenece al gobierno nacional y provincial". Luego de interceder en negociaciones con el caudillo, que redujo el rescate de los guardas a quinientos pesos, los viajeros y dueños de arrias reunieron el dinero necesario para liberarlos.

> [Guayama s]e despidió muy galantemente, brindándonos con su amistad y exigiéndonos que le escribiéramos a cualesquier punto donde él se hallase, exhortándonos a que siguiéramos su buena causa: denigró la conducta del Gobierno Nacional como a todos sus jefes [...] nos dijo finalmente que se iba a Chile pero que luego oiríamos resonar su nombre por el lado en que nace el sol.

---

[48] *El Constitucional*, 16 de abril de 1872.

A los pocos minutos de irse, su capitán "hombre de bastante mal aspecto" entró al cuarto de los prisioneros y espetó al guarda: "Ud. Es el comandante Don Camilo Lemos, ¿no te acuerdas de cuando me tomastes en las Lagunas y me quitastes el tordillo? ¿qué lo has hecho ladrón?" y dio orden de matarlo. Lemos, que había cambiado su nombre para no ser detectado, pensó que "aquellos forajidos buscaban [...] saciar su sed de sangre matándonos a todos". Nuevamente uno de los comerciantes llamó a Guayama y lo convenció de que no matara a Lemos, aduciendo que era otra persona. En el momento de terror, escribió el guarda, pensó que pese a ser sostén de una familia con varios hijos pequeños y a pesar de sus servicios ni aún el estado, "el amo a quien sirvo hace catorce años [...] se acordará de ellos, dejándolos perecer sin compasión; si, señor, esa es la triste perspectiva que tenemos a la vista los empleados de la Aduana Nacional; yo iba a morir por la sola culpa de ser Guarda Nacional".

A lo largo de toda la noche, los montoneros que parecen moverse con gran libertad respecto de las órdenes de su jefe, borrachos, iracundos, peleándose entre ellos, persiguieron a caballo y dispararon al guarda que logró escapar a pie luego de ser atrapado y a punto de ser degollado. Los montoneros sin embargo no agredieron ni pidieron rescate a ninguno de los casi treinta viajeros y peones que pernoctaban en el resguardo, limitándose a quitarles algunas mulas y pequeños efectos.

El relato del guarda parece reproducir fielmente los hechos y el discurso del caudillo y revela algunos aspectos centrales. Lo primero que llama la atención es la intención de dar legitimidad a sus actos y su obsesión con las figuras del gobierno, el estado y su burocracia, que a decir verdad también comparte con el guarda. Se reconocen términos de las cartas que hemos citado sobre el pacto de amnistía a los montoneros luego de la toma de La Rioja, donde se presentaban a sí mismos como autoridades legítimas vulneradas rechazando el mote de "montoneros rebeldes contra las autoridades de la República y de la Provincia" y "creyendo hacer uso de un derecho legítimo y rendir un servicio a la causa pública y aún al gobierno mismo de la Nación". Recordemos también que la falta de reconocimiento estatal y el fracaso de su incorporación burocrática era presentada como el principal motivo de la reanudación de las hostilidades. Más aún, el documento cuestionaba la destitución de los montoneros de sus cargos como un problema de gobierno en la campaña ya que habrían quedado "las plazas en acefalia y sin autoridades locales".

Pese a que el guarda quiere instalar la monstruosidad de caudillo, su propio relato socava esta imagen. En su trato se muestra irónico, pero respetuoso y no ejerce ninguna violencia directa, aunque es bastante obvio su rol negociador en contraposición a la barbarie desplegada por sus hombres. Desecha el botín representado por los bienes de los comerciantes y viajeros y se contenta con el dinero de la aduana y el rescate de los guardas. Pese a sus amenazas, no asesina a nadie y acepta rebajar muy significativamente el monto exigido. Más allá del carácter ridículo que el guarda intenta conferirle, Guayama tiene un discurso político y publicita una causa que presenta como justa, la reivindicación de una autoridad o soberanía política usurpada por los actuales gobiernos. Esto se expresa en la limitación del robo sobre los fondos de la aduana, y su declaración de que el dinero y bienes de los gobiernos nacional y provincial le pertenecen y no solo cuestiona a las cabezas del gobierno, sino a toda su estructura, a quien en espejo con los epítetos habituales con que calificaban a lso montoneros, acusa de bandidos y ladrones. Esto es reforzado por la imputación de ladrón por parte del capitán de Guayama al guarda por haberle robado un caballo. Guayama en el fondo parece querer ser él también un "empleado" y desear más los cargos y su legitimidad que el dinero. Él y sus hombres parecen actuar como "patrullas perdidas" burocrático-militares en procura del estado, sin más representatividad que la voluntarista proclama de ser él mismo el gobierno nacional.

Pese a las nociones aún predominantes del carácter antiestatal de las rebeliones montoneras de la segunda mitad del siglo XIX, la insurrección lagunera puede entenderse también como una lucha de resistencia *estatal* se arraigaba en una tradición política y jurídica local que había articulado instituciones de gobierno, representación política y mediación estatal local en un contexto de ausencia o trabajosa construcción de un estado organizado y legítimo. Esta era deudora de una experiencia colonial previa de demandas, adaptación y creación política indígenas, entendiendo por tales no a la preexistencia de un "grupo étnico", sino precisamente a este complejo entramado de aboriginalidad articulada históricamente en torno a memorias colectivas, jurisprudencia, territorio, resistencia y agencia política. Sus propios antagonistas coproducían esta aboriginalidad política, aunque asociando lo indígena negativamente, a lo extrapolítico. Además de haber escrito como hemos visto en su libro sobre el Chacho una completa teoría sobre el carácter y tradiciones indígenas de la montonera, en una carta al general Navarro Sarmiento aludía al "forajido lagunero Guayama" (Belin Sarmiento, 1902: 147) quejándose de que la campaña estaba convulsionada por "nombres de indios u oscuros cabecillas [...] sin que pueda saberse el motivo o pretexto por el cual luchan".[49] Sarmiento siempre desconoció o calló la larga historia política de los indígena-criollos de Cuyo, como las prácticas republicanas, luchas judiciales y demandas territoriales en Guanacache aunque como vimos desde su *Vida del Chacho* calificaba como indígenas a las montoneras federales cuyanas. Y en 1867 durante la Revolución de los Colorados se había quejado de que San Juan había caído en poder "de ese partido de descendientes de indio que combatí toda mi vida" (Galasso, 1993: 87).

Si bien la promesa o espejismo estatal montonero fue en gran medida derrotada hacia las décadas de 1860 y 1870, hasta último momento los líderes y tal vez las propias poblaciones locales pugnaron por el reconocimiento de su autonomía y sus derechos territoriales. La larga insurrección de Guanacache se explica en gran medida por la crisis, luego de la derrota del ejército federal en Pavón y la destitución de gobiernos federales provinciales, de los canales de negociación por tierras, derechos, autonomía en cambio de incorporación estatal y republicana que habían estado operativos para los laguneros desde el período colonial hispano. La guerra, como el discurso de Guayama sugiere, no fue necesariamente considerada una revolución sino un recurso para salvaguardar una legitimidad política perdida previa al estado nacional y provinciales. El eco de esa soberanía mítica resonaba aún en las primeras décadas del siglo XX. Según el escritor y folclorista Ezequiel Ortiz Ponce (1953: 83), un viejo *criollo* aún cantaba sobre "el levantamiento del cacique Guayama [...] para recuperar para los nativos las provincias de San Luis, Mendoza y San Juan":

> El veinticuatro de abril
> a las cuatro 'e la mañana
> se oyeron los cañonazos
> del gran general Guayama.

---

[49] Belin Sarmiento, ed., 1902, 87.

Figura 3: Fiesta patronal de nuestra señora del Rosario de las Lagunas, con presencia policial y militar. 1898.

Fotografía: Hermógenes Ruíz(h). Préstamo Amalia Bruno.

El regreso del Inca Sayanca: aboriginalidad, propiedad y soberanía en Cuyo

No debo preocuparme de demostrar que la Merced Real no es un mito [...] la transmisión de la propiedad raíz de más de un siglo en media provincia de Mendoza tiene por base esa misma Merced mitológica.

Ponce, C. y J. Watteau. "Contra El Debate: Acusación criminal." *Los Andes*, 8 de octubre de 1898.

"Ya van a ver cuando venga el cacique Sayanca!" exclamó María Zalazar, dirigente de la comunidad Corazón Huarpe de Cochagual, San Juan, mirando al horizonte. Su admonición me descolocó. Pero recordé que el nombre del cacique estaba escrito en un viejo y roto manuscrito que un campesino del norte de la cercana provincia de Mendoza me había mostrado, haciéndome notar algo que parecía imposible: que los pobladores del "desierto" o la antigua *travesía* de la región de Cuyo tenían en su poder archivos indígenas.

Entonces pensé en los sagrados títulos coloniales de tierras que poseían comunidades andinas en otras latitudes de América del sur. El tono milenarista conque María del Carmen parecía evocar el regreso del cacique para la redención de las tierras usurpadas y el honor de sus ancestros parecía evocar una suerte de *Inkarri* cuyano (Flores Galindo, 1988). Sin embargo, la árida y espinosa llanura del centro y este no formaban parte del canon etnohistórico de "lo andino," donde se suponía la relativa pervivencia de antiguas y altas culturas indígenas; más bien, se trataba de la periferia polvorienta de los oasis

"

vitivinícolas de la Argentina, arquetipo del criollismo, cuna del prócer civilizatorio Domingo Faustino Sarmiento y cuartel del ejército sanmartiniano.[1]

Desde la casa del plan de viviendas populares se observaba el salitral que contrastaba con el verde esplendor de las fincas y campos con Diferimientos Impositivos[2] que ocupaban lo que habían sido sus tierras de pastoreo. Era 1998 y realizaba mi trabajo de campo sobre la etnogénesis y emergencia de identidades huarpes, incluyendo este barrio donde habían sido relocalizados los puesteros luego de ser expulsados de sus tierras áridas. La *comunidad huarpe* era, como otras, la concreción institucional de un proceso vertiginoso de reetnización indígena que articulaba diversas demandas, recogía tradiciones aparentemente olvidadas y creaba otras supuestamente recordadas. Esto chocaba, claro está, con el poderosísimo sentido común que asumía que los huarpes estaban extinguidos desde hacía por lo menos tres siglos. Es en este contexto que comencé a escuchar con cierta frecuencia sobre el cacique y su merced real como fuente de arcana legitimidad para demostrar que el territorio de las antiguas lagunas de Guanacache había pertenecido por derecho a los huarpes desde el período colonial. El cacique era descripto como un antiguo líder huarpe defensor del territorio, aunque algunos afirmaran que provenía de un linaje incaico que en tiempos remotos había sido enviado a gobernar a los pueblos de la región.

El cacique Pascual Sayanca está enterrado en el cementerio junto a la capilla de Lagunas del Rosario y su tumba es visible hasta hoy día. Según narran algunos ancianos, un Sayanca ataviado de gaucho con lujo y pañuelo rojo asistía en la década de 1980 a la fiesta de la Virgen, vociferando que las tierras eran suyas por ser descendiente del cacique. Según comentaba Sixto Jofré, muchos aún profesaban por este personaje el temeroso respeto que los laguneros mantenían con los ricos de la ciudad, los "dotores", que siempre amenazaban expulsar a la gente de sus tierras y a veces lo lograban. "Los viejos"

---

[1] Luego del terremoto de San Juan de 1944, el entonces Secretario de Trabajo y Previsión, Juan Domingo Perón, lanzó desde la provincia una campaña solidaria que lo catapultaría políticamente como un líder popular. Allí conocería a quien sería su segunda esposa, Eva Duarte de Perón. Ver Healey, 2011.

[2] Régimen de promoción de empresas rurales que facilitó la ocupación e inversión capitalista en tierras consideradas incultas, aunque ocupadas por pequeños pastores de subsistencia o "puesteros," a cambio del diferimiento de impuestos. Durante la década de 1990 se utilizaron para el lavado de dinero de grandes empresas.

–afirmaba– le decían "Inca" porque el primer antepasado había venido del Perú. Sin embargo, los Sayanca habían sido "siempre usurpadores" y se habían dedicado a quitar tierras de viudas y viejos con turbias maniobras legales.

Figura 4: Capilla del Rosario de las Lagunas y cementerio.

Foto: Diego Escolar

Salvador o usurpador, Sayanca y sus documentos forman parte de la historia lagunera. En la venerada "memoria" que, copiada de familia en familia por manos casi iletradas, atesoraba el propio Sixto Jofré, estaba el testamento del cacique Jacinto Sayanca (1752) donde legaba a sus indios una merced real de las tierras de Guanacache, otorgada a su abuelo en 1713 (Escolar, 2013, 2014a). Asimismo, dicho testamento es el principal documento incluido en el deteriorado legajo de Juan Nievas como parte de la defensa de los naturales de las lagunas efectuada por Juan Escalante.[3] En el Archivo Histórico de Mendoza el testamento también se encuentra en los autos del proceso de denuncia de tierras en San Miguel de las Lagunas por parte de Víctor Alvino, Enrique y Maximino Segura entre 1865 y 1868[4] y en un petitorio presentado

---

[3] Archivo de Juan Nievas (en adelante AJN).

[4] AHM, judicial, carp. 120, época independiente, doc. 19.

por los laguneros al gobierno de Mendoza en 1879.[5] El texto de la merced real no se encuentra sin embargo en ninguno de los expedientes antedichos. Lo vi por primera vez primorosamente enmarcado en la pared de la casa de Mauricio Quiroga, empleado municipal y miembro de la comisión de la Capilla del pueblito de Lagunas del Rosario. Está ubicado finalmente en el Archivo Histórico de Mendoza[6] donde, como dijo uno de sus muchos detractores, "apareció subrepticiamente" hacia mediados del siglo XX (Zuloaga, 1961: 26). Pese a este misterioso origen el documento fue clasificado en la carpeta 001 del archivo, es decir al menos metafóricamente como uno de sus documentos fundacionales.

Como hemos mencionado, estudios recientes en la Argentina permiten apreciar la existencia de prácticas de recopilación y atesoramiento de documentos coloniales y republicanos como prueba de derechos y articuladores de memorias indígenas además de en Cuyo en otros sectores del centro y norte del país durante los siglos XIX y XX (Fandos, 2007; Escolar, 2007, 2013, 2014a; Rodríguez, 2011a; Tell, 2012; Escolar y Rodríguez, 2019). Hasta ahora, sin embargo, el único caso conocido de una merced real invocada y utilizada judicialmente durante el período de consolidación del estado nacional moderno por una comunidad indígena en el territorio argentino era el de Amaicha del Valle en Tucumán. El antropólogo Alejandro Isla mencionaba que ésta era "la única comunidad en Argentina que conserva el título de la Merced Real sobre sus tierras otorgada en el siglo XVIII" (Isla, 2002: 8) y que los comuneros guardaban "una viva y orgullosa memoria de ese documento [...] emblema político para el reclamo de sus tierras" (*Ibid.*: 9). No obstante ello, su autenticidad ha sido cuestionada por algunos estudios (Sosa, 2015a, Sosa, 2015) y lo mismo ocurrió con la de Guanacache, como veremos.

Los documentos de los caciques Sayanca forman parte de los "archivos huarpes" en manos de familias laguneras sobre los que, como hemos visto, se basaron las luchas judiciales sobre las tierras de Guanacache y en gran parte sus propias identificaciones indígenas. La merced real de Diego Sayanca y el testamento de Jacinto fueron utilizados en diversas ocasiones como una de las fuentes de sus derechos territoriales, tal como ocurrió en 1865 durante el

---

[5] AHM, carp. 575 bis, época independiente, doc. 17.

[6] AHM, carp. 001, época colonial, doc. 16.

juicio de Maximino Segura y Víctor Alvino contra Domingo Villegas.[7] Desde la segunda mitad del siglo XIX exhibieron copias de los documentos que invocaban el linaje del cacique como fuente de sus derechos territoriales y la práctica continuó hasta entrado el siglo XX. Según describe una pericia de 1892 sobre un conflicto limítrofe entre las provincias de San Juan y Mendoza, por ejemplo:

> Los pobladores del territorio lagunero de Mendoza pretenden ser propietarios del terreno cuya jurisdicción disputa a San Juan el Gobierno de la vecina provincia, fundando su pretensión en un título emanado del soberano español el cual en el siglo pasado hizo a los indios pobladores de aquel lugar una concesión de tierras en dicho territorio con el cargo de proveer lo necesario al culto de la capilla de la virgen del Rosario que allí existe.[8]

Este fragmento da cuenta de una convicción que ha permanecido viva hasta nuestros días sobre la legitimidad de las tierras laguneras: su asociación directa con las "capillas del desierto" que se erigen en algunos parajes del norte de Mendoza, e incluso con la virgen o el santo patrono de cada una de ellas. A principios de la década de 1970 Prieto observó por ejemplo que los pobladores de San Miguel afirmaban que los caciques donaron tierras para la construcción de la capilla y por eso pertenecían "al santo" (Prieto, 1981: 29), lo cual implicaba que ellos tenían los derechos. Lo mismo puede escucharse en la actualidad de boca de algunos pobladores del área. Cuando Juan Nievas –quién entonces rozaba los treinta años– me mostró el expediente guardado en los altos de su ropero, interpretó que el texto explicaba por qué "los viejos" se preocupaban siempre de mantener o reconstruir sus viejas capillas de adobe y no admitían bajo ningún concepto su traslado. Los trozos del testamento de Jacinto Sayanca contenido en el legajo permitían leer, en efecto, que:

> Itn declaro que queda en mi poder un título de Merced concedido alos Indios de las Lagunas por dicho Señor Corregidor D. Tomas dela Llana, de diez leguas a todos 1 vientos de la Capilla del Rosario, a pedimento de mi abuelo Don Diego Sayanca con el cargo a dichos Indios Mantengan la Capilla en pié con decencia, para que habite el Cura i para que vivan con sus familias i que no puedan vender ni enajenar i solo pueda arrendar i disfrutar de dichos terrenos.[9]

---

[7] AHM, carp. 120, época independiente, doc. 19.

[8] AHSJ, Fondo Histórico, t. 470. f. 300-305.

[9] AJN.

Cuando el arqueólogo Salvador Debenedetti y su ayudante José Pozzi llegaron a las inmediaciones de la laguna del Rosario durante la XXI expedición del Museo Etnográfico de Buenos Aires en 1925, se toparon con Don Florencio Ferreyra "viejo poblador de la comarca, descendiente, según se dice, del cacique Sayanca". Este personaje, sobre quien volveremos más adelante, no dio sin embargo "dato alguno de importancia".[10] Pero sí lo hizo Juan Esteban González, quien afirmó tener una copia de la escritura de Sayanca de 1713 en la cual donaba a los habitantes de la región "400 leguas cuadradas, cuyo centro sería la actual capilla del Rosario" y poseer un documento firmado por José de San Martín fechado en 1829. En 1926 el viajero Alberto Castellanos, de visita en la capilla de Lagunas del Rosario, manifestó asimismo que "Tuve oportunidad de leer el testamento del Cacique dueño de aquellos parajes y de los campos a 10 leguas "a todos los vientos" que data de la época colonial" (Castellanos, 1926: 17). Más allá de los eventuales cuestionamientos a la autenticidad de la merced y el testamento, sus detractores no mencionaron nunca su presencia en estos archivos locales ni las prácticas de los laguneros que los utilizaron para sus reclamos a lo largo del siglo XIX y principios del XX.

Sin embargo, no solo los ellos se apoyaron en la historia y documentos de la merced del cacique. Desde la primera mitad del siglo XIX se efectuaron numerosas ventas de tierras en el sur de Guanacache y en varios departamentos del centro-este de Mendoza por parte de herederos reales o supuestos del cacique. Estas operaciones, que generaron litigios que duran hasta la actualidad, fueron la base de la constitución de la propiedad privada en buena parte del norte y centro-este de Mendoza.

En este capítulo analizaré la eclosión de estos conflictos y el vacío legal que desnudaban, entre las décadas de 1890 y 1900 cuando el abogado Jules Watteau, un francés que se hizo apoderado de la merced real puso en vilo a la elite provincial al reclamar y obtener reconocimiento de la propiedad sobre las tierras de Guanacache y gran parte del centro y este fértil de Mendoza. Los abundantes litigios que se generaron, la reacción del sistema político y judicial de la provincia y el papel de los expertos (historiadores, grafólogos) que peritaron los casos hasta la década de 1960, evidenciaron falacias irresolubles

---

[10] Museo Etnográfico Juan Bautista Ambrosetti. Archivo Fotográfico y Documental (en adelante ME). Pozzi, J., Diario de la XXIa Expedición a las Lagunas de Huanacache en 1925, dirigida por Salvador Debenedetti, t. 2.

en la legitimidad y constitución de la propiedad privada sobre tierras indígenas en la provincia. Los sucesos escalaron hasta convertirse en un conflicto diplomático en el que intervinieron las cancillerías chilena, francesa y suiza además de la argentina y la corte suprema de la nación. Además, expuso la compleja continuidad y adaptación de las estrategias de los laguneros con el proceso de apropiación privada de la tierra que se aceleró a finales del siglo XIX, luego de la derrota de las últimas montoneras. Este período fue clave en el acaparamiento de la tierra y el agua por parte de la élite económica y política provincial en el contexto del fuerte incentivo generado por el despegue de la vitivinicultura entre las décadas de 1870 y 1900, que reemplazó en forma rápida y creciente el anterior modelo basado en la cría y comercialización de ganado en pie para el mercado chileno (Richard Jorba, 1994). La instauración de este modelo coincidió no casualmente con la derrota de los levantamientos federales de las décadas de 1860 y 1870 –sobre todo el asesinato de Santos Guayama en 1878– y la conquista militar de los territorios indígenas del sur de Mendoza entre 1878 y 1882 durante las "Campañas del Desierto". Fue impulsado por una pujante burguesía conservadora con fuertes rasgos oligárquicos que comenzó a adquirir el control político desde 1862 y que, sin perjuicio de feroces enfrentamientos facciosos e incorporando antiguos federales, dominó la política local prácticamente hasta la década de 1910 y en gran medida con posterioridad (Bragoni y Richard Jorba, 1998; Bragoni, 1999).

La historiografía regional ha analizado este proceso atendiendo preponderantemente a la experiencia política y económica de las elites. Mucho menor ha sido el desarrollo investigativo sobre las prácticas, perspectivas y culturas políticas de los grupos subalternos, sobre el acceso y propiedad de la tierra en general y particularmente en las áreas rurales áridas denominadas técnicamente "secano", en teoría sin estructura de regadío, como las lagunas de Guanacache. Menos aún se ha indagado sobre la existencia y significación de adscripciones étnicas y tradiciones indígenas en dichas áreas. Incluso entre los análisis más destacados, la presencia indígena y campesina es tipificada como peones al servicio de los patrones o eventualmente pequeños propietarios y criadores de ganado (Richard Jorba, 2001), sin explicitar el origen y naturaleza de dichas propiedades ni su historia de ocupación o conflictos. Políticamente fueron considerados como meros clientes de la elite, sin tradiciones ni proyectos políticos propios. Por ejemplo, aunque reconociendo que el tema merece ser explorado en profundidad, uno de los estudios más serios sobre la sociedad y política mendocina de la segunda mitad del siglo XIX, plantea la inexistencia de una articulación política o "solidaridad horizontal" en los sectores subalternos y su consiguiente insignificancia en el juego político (Bragoni, 1999: 228-229). También califica como un inorgánico bandolero social al célebre montonero Santos Guayama, el caudillo popular lagunero que como hemos visto entre las décadas de 1860 y 1870 (y al igual que el Chacho Peñaloza anteriormente), concitó una fuerte solidaridad subalterna y disputó el control estatal de gran parte de la campaña de Cuyo mediando en la política nacional y regional.

Hemos intentado reconstruir en capítulos anteriores la complejidad de esta historia política y territorial. Aunque con cambios formales, tanto la adjudicación de tierras como premio militar, los denuncios para la propiedad individual y la propiedad colectiva indígena, argumentada sobre la posesión inmemorial o el estatuto reduccional de la colonia subsistieron en Mendoza hasta avanzado el siglo XIX (Cueto, 1998, 1989; Escolar, 2013, 2020). Entre 1874 y principios del siglo XX se desarrollaron además algunas colonias agrícolas en la frontera indígena del sur de Mendoza antes y después de las campañas militares de ocupación y también en el norte de la provincia, con inmigrantes europeos (Mata Olmo, 1992; Massini Calderón, 1994). Sin embargo, la situación dominial continuó siendo caótica en la provincia hacia fines del siglo XIX y en algunas áreas hasta la actualidad. En Guanacache por ejemplo los títulos de diversa índole inscriptos superan en más del doble la superficie real. Todo esto ha dado pie históricamente, con la colaboración de operadores del sistema judicial, a toda clase de maniobras legales o directamente fraudulentas para generar derechos de propiedad.

La merced real del cacique Sayanca

En octubre de 1895 el ciudadano francés Jules Watteau comenzó a publicar en el diario *Los Andes* de Mendoza una serie de anuncios reivindicando la merced real otorgada al cacique Sayanca en 1713. El territorio reclamado, de 1500 leguas entre las provincias de Mendoza, San Juan y San Luis, abarcaba aproximadamente un cuarto de la primera provincia, 2.186.871 hectáreas,[11]

---

[11] 810 leguas cuadradas. Una legua cuadrada en la Argentina equivale a 26,998416 km2, o 2699,8416 hectáreas.

de las cuales 69.370 eran tierras cultivadas de pujante desarrollo agrícola y urbano. Incluía la totalidad o parte de los departamentos del centro, norte y este de la provincia: Lavalle, San Martin, Junín, Maipú, Guaymallén, Rivadavia, La Paz y Santa Rosa. Casi la mitad de esta área estaba integrada por las Lagunas de Guanacache y su árido entorno o *travesía*.

Mapa 7: "Sucesión Montesinos. Bornes et límites de la Merced Réal en 1713" (Watteau, sf.)

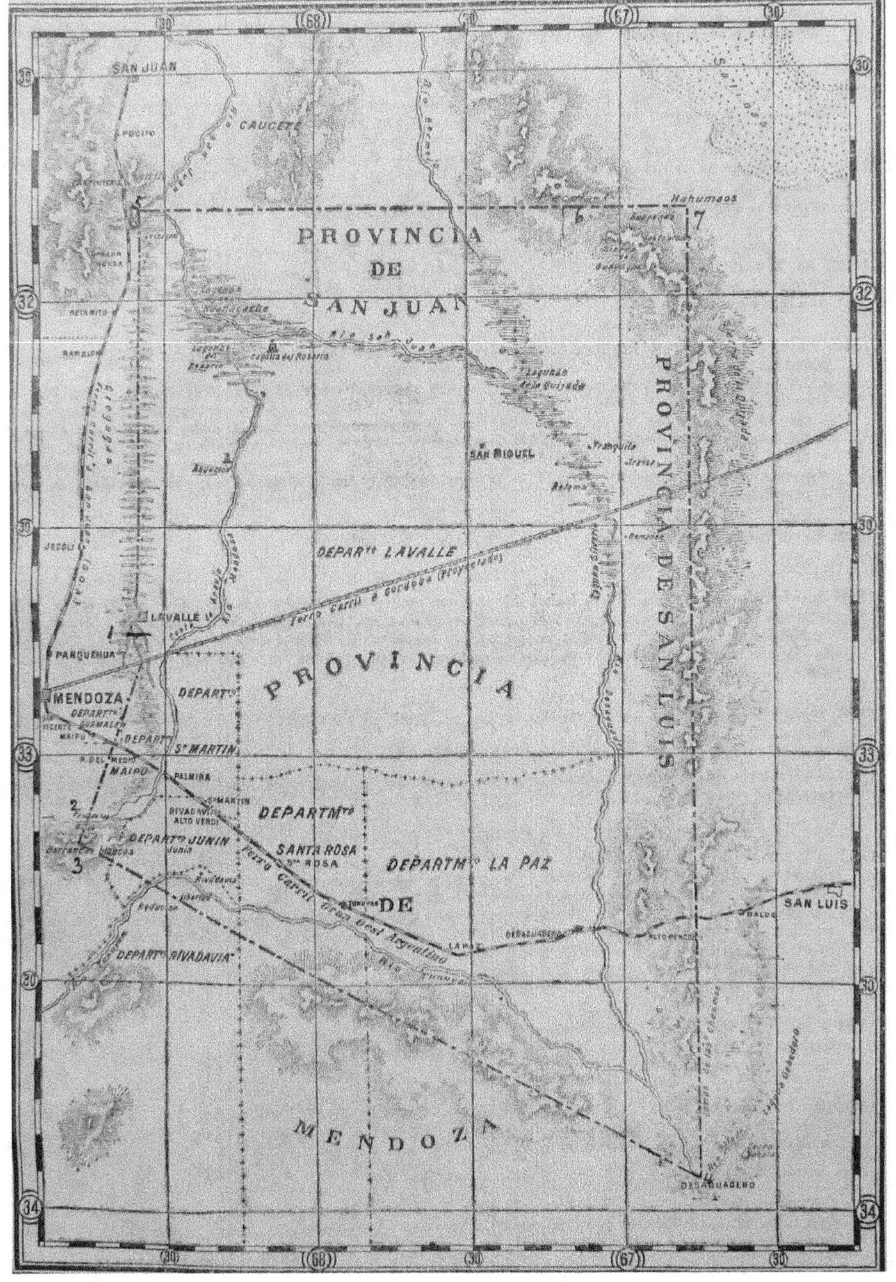

A pesar de nuestra compulsa documental no hemos podido hallar datos sobre el arribo de Watteau a la provincia de Mendoza, ni de su muerte o eventual partida a otro territorio. Simplemente desapareció de los registros luego de los fuertes litigios que analizaremos. Solo sabemos que hacia la década de 1890 el abogado se presentó como apoderado de la merced aduciendo la compra de la sucesión a supuestos herederos del cacique Sayanca, intimando legalmente y a través de la prensa a pagar derechos de explotación a los ocupantes. Los textos de las solicitadas declaraban prohibido "el corte de leña, rodrigones y maderas en campos que fueron de los Montesinos, sin autorización expresa del que suscribe" e invitaban a los interesados a negociar permisos de extracción de madera en su oficina del centro de la ciudad de Mendoza. A continuación, los conminaba a "intercambiar ideas al respecto y ponernos de acuerdo sobre medidas que serán de común interés" agregando que "no hay propósito por nuestra parte de desalojar a nadie, sino de entendernos con todos de un modo equitativo".[12]

Si bien hacía casi veinte años había escuchado los primeros comentarios sobre el cacique Diego Sayanca y su merced real, encontré la primera mención a Watteau en el Archivo del Ministerio de Relaciones Exteriores de Chile.[13] Había hallado una referencia solitaria que mencionaba la existencia de la merced en dicho archivo y posteriormente fui a buscarla.[14] Cuando en lugar de un ajado papel la funcionaria acomodó en la mesa un par de gruesas cajas percibí que el asunto era mucho más complejo de lo que esperaba y que por alguna razón había concitado una preocupación diplomática en la cancillería chilena hacia fines del siglo XIX y principios del XX. Al revisar las carpetas se observaban mapas, recortes de periódico, cartas e informes en español y francés que denotaban un fluido intercambio de Watteau con la legación francesa y chilena, a las que pedía ayuda para hacer valer los derechos de la merced. Años más tarde pude hallar también los legajos sobre el tema en los archivos diplomáticos franceses, que contenían en general copias u originales de los mismos documentos, aunque en este capítulo referiré para mayor comodidad a los que están en Chile.

---

[12] *Los Andes*, 11 y 29 de octubre, 1 y 6 de noviembre de 1895.

[13] Archivo del Ministerio de Relaciones Exteriores de Chile (en adelante AMREC), Fondo Argentina, vol. 160.

[14] Agradezco a Rolf Foerster por su acompañamiento para el acceso a la documentación.

La historia de la merced se remonta supuestamente a 1713 cuando un corregidor de Mendoza, Thomas de la Llana, habría reconocido al cacique Diego Sayanca los territorios de Guanacache por sus servicios presumiblemente militares en la entonces frontera pehuenche del dominio colonial hispano en Cuyo. La autenticidad de la merced había sido duramente cuestionada desde el siglo XIX, cuando aparecieron las primeras menciones conocidas, hasta el XX, particularmente en un estudio realizado por la Universidad Nacional de Cuyo bajo la dirección de Juan Draghi Lucero en 1961 (Cornejo Lencina, 1961). Uno de los fundadores y director de la Junta de Estudios Históricos de Mendoza, Fernando Morales Guiñazú, sostuvo que el cacique no figuraba en las actas del cabildo ni en los documentos de merced obrantes en los archivos provinciales y que su confección era irregular. Su principal impugnación fue que el corregidor Thomas de la Llana no habría ocupado ese cargo en 1713 sino en 1722, y en Cuyo, según afirmó erróneamente, los corregidores no habían tenido facultades para otorgar mercedes de tierras, privilegio que solo le habría cabido al Rey, los virreyes o los gobernadores de Chile (Cornejo Lencina, 1961: 31).[15] Como veremos, hay indicios que permiten pensar que pudo haber un documento original que fue copiado con errores (Escolar, 2019) que se continuaron trasladando en sucesivas copias. Y también existe cierta plausibilidad histórica del otorgamiento la merced en el sentido de que, como vimos en los capítulos iniciales de este libro, hay menciones a mercedes de tierras y cargos a caciques del centro y norte de Cuyo a principios del siglo XVIII por servicios militares prestados en la frontera sur, bastante cerca precisamente de la zona donde se le habría otorgado a Sayanca. Además, el linaje del cacique, aún con algunas dudas, es rastreable desde medio siglo después de la fundación de la ciudad de Mendoza. Inicialmente, los caciques Sayanca figuran en los registros de encomiendas de Guanacache, con Pedro Callanga en 1618, siguiendo con Don Francisco y su heredero Diego hasta 1648[16] y

---

[15] Como vimos en los dos primeros capítulos de este libro existieron casos de reconocimiento o adjudicación de tierras a indígenas en la región, asignadas por corregidores u otros funcionarios intermedios.

[16] En 1618 Pedro Callanga era uno de los tres caciques de la encomienda concedida al capitán Juan Ortiz de Urbina de los "laguneros" de la tierra de Aguartaques (Espejo 1954:53). En 1648 la encomienda ya citada incluía al cacique don Francisco Sallanga y su heredero Diego de 20 años de edad, de los naturales de las Lagunas de las Quijadas (Espejo, 1954 129-30). Morales Guiñazú (1938:19-20) dice que en un documento de indios remitidos a Chile de

luego reapareciendo en las fuentes con Don Pascual entre 1691 y 1708.[17] El cacique Diego, que habría recibido la merced, sería el hijo de Pascual y tuvo dos hijos, Miguel y Leonor (Morales Guiñazú, 1961: 22). En 1753 una Leonor Sayanca, junto con Petrona, Jacinto y Vicente, con el mismo apellido, aparecen en la nómina de la fundación del pueblo de indios de San Miguel en el paraje Tres Cruces.[18]

Jacinto Sayanca, el cacique del testamento de 1752, habría sido nieto de Diego, aunque Guiñazú señaló que no estaba probado el parentesco. No obstante ello, la historiadora Rosa Zuloaga basándose en el testamento y los datos proporcionados por Narciso Leyes en 1819 en su solicitud de protocolización de la merced real, aceptó que Diego Sayanca "actuó sin duda alguna como Cacique Principal en la región de Guanacache" en la primera mitad del siglo XVII (Zuloaga, 1961: 28-29). Más aún, pese a cuestionar como casi todos sus colegas la autenticidad de la merced,[19] Zuloaga comprobó la existencia de posesiones de tierras por parte de Jacinto Sayanca y sus sucesores en el área en un expediente sobre mensuras de unas tierras denominadas "Tiestas" del año 1747, en el cual se alude como límite norte a "la estancia del cacique Jacinto Sayanca" (Cornejo Lencina, 1961: 28). Con posterioridad, además de la merced y el testamento de 1752 se pierde el rastro del linaje, aunque encontramos mencionados a personas de apellido Sayanca en algunos documentos (Escolar, 2019: 147). Hacia principios del siglo XIX se observan que dos linajes distintos se proclamaron descendientes del cacique Diego. Uno reclamado por Narciso Leyes, habitante de las Lagunas que logró protocolizar el título que aparentemente estaba en su poder en 1819 a nombre de su esposa Isabel Montesinos y Sayanca, presunta descendiente del cacique.[20] Otro ligado a José Joaquín Sayanca, quien fuera un funcionario del gobierno de Mendoza en 1820-1822. En 1834 nació el hijo de José Joaquín, Manuel Emiliano Sayanca quien fue un conocido educador liberal que creó escuelas en San Juan y en

---

1645 en el archivo histórico de Mendoza figuraba el cacique don Francisco Sallanca y su hijo Diego.

[17] Desde 1691 hasta 1708 Don Pascual Sayanca aparece en registros de encomiendas de las Lagunas.

[18] AHNC, Real Audiencia, vol. 2907, f. 234-242 (ad) (Michieli, 2004: 197, 272-273).

[19] Al igual que los calígrafos y la mayoría de sus colegas y abogados, basándose principalmente en sus rasgos de escritura (Zuloaga, 1961: 28-29).

[20] AHM, carp. 001, época colonial, doc. 16.

Mendoza. Exilado en Chile, conoció a Sarmiento y en la década de 1850 fundó un colegio de excelencia en Mendoza donde estudió buena parte de la elite mendocina. Fueron sus alumnos Adolfo Calle, fundador del diario *Los Andes*, Julián Barraquero, periodista, ministro y constitucionalista, y los gobernadores José Vicente Zapata y Emilio Civit entre otros personajes. Entre 1861 y 1862, durante la insurrección del Chacho Peñaloza, Sayanca abrió un colegio en San Juan que recibió elogios de Sarmiento. Llamado por el gobernador Luis Molina en 1862 se trasladó a Mendoza, donde continuó su carrera hasta ser nombrado director general de escuelas en 1880, luego de desempañarse como juez de paz y diputado provincial. Habiendo fundado, en 1872, la primera librería de Mendoza.[21] Miembros de su descendencia continuaron formando parte de la elite mendocina como abogados, propietarios y funcionarios públicos y al menos desde mediados del siglo XIX, lucharon por validar sus títulos o utilizaron el antiguo litigio para obtener arreglos convenientes.[22] Los reclamos de la familia Sayanca continuaron con desigual suerte hasta la actualidad[23] en que uno de sus descendientes sigue sosteniendo el título de Inca y mantiene el archivo de la rama familiar al tiempo que continúa manteniendo activos, y al parecer con algún éxito, los litigios basados en la merced.[24]

En torno a la merced real del cacique Sayanca se desarrollaron entonces diversos usos. Primero, como mencioné, los laguneros recurrieron a ella como uno de los instrumentos para la defensa judicial de sus tierras. Segundo, supuestos o reales herederos del cacique o del primer apoderado mencionado en los documentos, Miguel Leyes, reclamaron total o parcialmente las tierras que abarcaba la merced, para después venderlas. Tercero, particulares compraron derechos de tierras o intentaron legalizar sus títulos sobre la base de supuestas compras a herederos del cacique (Cornejo Lencina, 1961: 65). Cuarto, nuevos apoderados de la merced reclamaron pagos a sus ocupantes bajo amenaza de reivindicar las propiedades, lo que ha ocurrido hasta hoy día.[25]

---

[21] *Diario Uno*, 8 de octubre de 2012. El maestro de sangre huarpe que fundó la primera librería local.

[22] Esta mecánica está bastante documentada en Cornejo Lencina (1961).

[23] *Los Andes*, 27 de octubre de 2009. Golpes e insultos por la posesión de un terreno.

[24] Según Inca Joaquín Sayanca manifestó, las servidumbres de paso a compañías petroleras establecidas en tierras originadas en la merced Real le proveen su principal sustento económico (Sayanca, I. J., comunicación personal).

[25] Un quinto uso de la merced que práctica en la actualidad Inca Joaquín Sayanca es el cobro

Figura 5: José Joaquín Sayanca 1854.

Archivo de Inca Joaquín Sayanca.

Figura 6: Manuel Emiliano Sayanca.

Foto: "Biografía. Manuel Emiliano Sayanca. Un maestro con sangre huarpe". Revista Digital Escuela 1-015 Manuel Emiliano Sayanca.

---

de derechos de servidumbre de paso por tierras aún a nombre de la merced a empresas petroleras, como Yacimientos Petrolíferos Fiscales (comunicación personal, 2017).

Figura 7: Inca Joaquín Sayanca.

Foto: *Los Andes*, 27 de octubre de 2009.

La cruzada inmobiliaria de Jules Watteau y la constitución ilegítima de la propiedad privada en Mendoza

En las solicitadas publicadas por Watteau en los diarios se resumía la historia judicial de la merced real que era esencial para sustentar los derechos esgrimidos. Estas explicaciones se explayaban mucho más en las *Memorias* presentadas por el abogado a la embajada de Francia en Buenos Aires y a la cancillería chilena que, como veremos, intervinieron directamente en el asunto. Según Watteau los derechos que representaba provenían de la línea sucesoria de la ciudadana chilena María Isabel Montesinos de Sayanca[26] quien habría protocolizado el título en 1818 en la justicia mendocina. Esto había ocurrido a raíz de que ese año Isabel Montesinos donó un terreno de tres leguas de la merced al General San Martin, quien había sido hasta el año anterior gobernador de Cuyo, en gratitud por sus servicios prestados a la causa libertadora.[27] San Martín de hecho vivió un tiempo allí a su retorno

---

[26] Su padre era Domingo Montesinos y Sayanca y ella se presenta en su testamento como Isabel Montesinos y Sayanca. AMREC, Fondo Argentina, vol. 160, f. 7.

[27] *Ibid.* En este expediente se incluyen, entre otros documentos, una copia del título de las tierras de la merced y su protocolización, junto con otros elementos probatorios de la

de la campaña peruana. La donación, mencionada en autos como extraviada, fue reconocida en 1849 por su apoderado Felipe Zorraindo[28] en un acta de conciliación firmada con la hija y apoderada de Isabel Montesinos, quien acordó un deslinde de las tres leguas de tierras donadas al general donde se fundaría la villa que actualmente lleva su nombre.[29] En 1854 se inició la mensura de los "campos pertenecientes a Montesinos y Sayancas" que el fiscal hizo paralizar en espera de hallar el documento original de donación.[30] Pero en 1856 dio por probada la posesión de las tierras durante más de un siglo por parte de los sucesores del cacique, por lo que ordenó se continuaran las diligencias de mensura para deslindar la villa de San Martín.[31] En 1866 se inició la testamentaria de Montesinos sobre el resto de las tierras de la merced produciéndose un intento de toma de posesión en 1883. En 1890 se efectuó la declaratoria de herederos y en 1891 el Juez de Letras Castillo dictó el decreto ordenando se dé la posesión de la tierra a los mismos.

En 1895 Jules Watteau, como apoderado de la merced por parte de los descendientes de Isabel Montesinos, peticionó al Juez de Letras renovar los decretos de toma de posesión judicial, lo que éste efectuó librando oficios a los Jueces de Paz de los departamentos que abarcaba el título. Eso dio pie al francés a publicar proclamas en los periódicos e intimaciones judiciales a los ocupantes de las tierras, muchos de ellos con otros títulos de propiedad, a

---

sucesión. Se dice que concuerda esa copia con la existente en el expediente seguido por Don Miguel Leyes, albacea de la testamentaría Sayanca-Montesinos.

[28] *Ibid.* f. 4. declara haberse presentado, siempre con sus protocolizaciones y certificaciones: el poder general conferido por San Martín en Paris a Dominga Bouchard de Balcarce, el traslado otorgado por ésta al Gobernador de Mendoza de entonces, Pedro Pascual Segura, y finalmente el de éste a Felipe Zorraindo (f. 6).

[29] *Ibid.*, f. 3-4. Faustina Núñez, de la línea sucesoria de los Montesinos-Sayanca, adjunta un escrito de su madre donde dice que la donación a San Martín se hizo con cargo de que el General debía costear el sacar un testimonio de todas las tierras pertenecientes al cacique Diego Sayanca. Pero para ello debía obtener los documentos originales de los archivos de la República de Chile porque los que tenía estaban rotos e ininteligibles.

[30] Al no hallarlo en los archivos el abogado de los sucesores de los Montesinos-Sayanca trajo el título de donación que obraba en poder de sus representados el cual finalmente fue dado por válido (*Ibid.*, Fs. 6).

[31] *Ibid.*, f. 6-7.

pagar los derechos de uso, lo cual abrió una serie impugnaciones y litigios en su contra.[32]

Las reclamaciones de Watteau, que apuntaban a un vastísimo número de interesados, fueron denunciadas por una creciente legión de detractores como la más grotesca maniobra especulativa de que se tuviera noticia, en una provincia no poco habituada a las mismas. El conflicto se instaló como tema central en la prensa de la época: además del diario *Los Andes*, otros como *El Debate*, *El Diario*, *El Porvenir* y los porteños *La Nación* y *La Prensa* se hicieron eco o directamente intervinieron en el conflicto. La demanda se judicializó y atravesó conspiraciones de un amplio arco de miembros de los tres poderes del estado, que lograron que la causa quedara sin juez que interviniera en la misma a partir de la inaudita recusación de todos los magistrados de la provincia. Luego, el gobierno provincial formó un tribunal especial dependiente del ejecutivo que determinó que Watteau recurriera a la justicia federal y la intervención internacional, llegando a la Corte Suprema de la Nación y al involucramiento oficial de las embajadas de Francia, Chile y Suiza, aspecto que exploraremos con más detalle en un futuro trabajo. Por ahora nos concentraremos en las repercusiones locales de este conflicto que desnudó el vicio de legitimidad en el que estaba basada la propiedad de la tierra en la región y las contradicciones de un proceso colonial interior que había continuado mucho más allá de la emancipación nacional.

El mismo día que se publicó el primer anuncio de Watteau[33] se generaron airadas críticas a la actuación del autoproclamado apoderado. Un artículo periodístico inscribió sus maniobras en una larga tradición mendocina de fraude basada en la descendencia del cacique. Reproducía el escrito del denominado "asesor fiscal", Marcos Flores, representante de un tribunal excepcional designado *ad hoc* por el gobierno de la provincia, que afirmaba que Watteau estaba invadiendo campos fiscales o particulares por la fuerza engañando, amenazando o persiguiendo a quienes cortaran madera.[34] Flores había escrito una "vista fiscal" que apelaba al Art. 2479 del Código Civil Argentino argumentando en favor de los actuales poseedores quienes estarían amparados "por el hecho y por el derecho" y por lo tanto no

---

[32] *Los Andes*, 26 de noviembre de 1897, 2.

[33] *Los Andes*, 11 de octubre de 1895.

[34] *Los Andes*, 11 de octubre de 1895.

podían ser desalojados, aún en el supuesto de que existiera orden de un juez, frente a lo cual podían incluso repeler el intento mediante el uso de la fuerza. Al día siguiente, ese dictamen se trasformó en decreto del gobernador Francisco Moyano sin haber pasado por tamiz legislativo o judicial alguno.[35] Días más tarde el propio Watteau cuestionó ácidamente en el diario *Los Andes* tanto la actuación del fiscal *ad hoc* como el decreto de Moyano.[36] Además del carácter ilegal del tribunal usurpando la jurisdicción originaria de la justicia penal que le correspondería al pleito, el fiscal se habría excedido también al publicar su informe previamente al dictado de sentencia. Watteau denunció también el carácter secreto del tribunal debido a que no divulgaba sus actuaciones y no admitía su derecho a la defensa[37]. El mismo era entonces inconstitucional y, según el francés escribiría más adelante al embajador francés en la Argentina, habría sido precisamente la necesidad de legalizar el procedimiento para acabar con la cuestión de la merced la causa de que se reformara la independencia del poder judicial en la constitución provincial en 1900.[38] Según Watteau, la causa de estas flagrantes violaciones era el poder de "mis pudientes y numerosos adversarios repartidos en todas las ramas del Estado de la Administración Pública Provincial, llámese Senado, Poder ejecutivo o Administración de Justicia". Tanto el gobernador como casi todo su gabinete poseían grandes porciones de tierra dentro de la merced. En noviembre de 1895 incluso el presidente de la Cámara de Diputados Isaac Godoy llamó en el diario oficial *El Porvenir* a "combatir la sucesión Montesinos con todos los medios al alcance del gobierno".[39]

---

[35] AMREC, Fondo Argentina, vol. 160, *Resume des 11 Annexes* p. I-II.

[36] *Los Andes*, 29 de octubre y 1 de noviembre de 1895.

[37] Resume des 11 anexes, f. 10. Ver también: Memorial presenté a Monsieur le Ministre de France a Buenos Aires, 1898, f. 13.

[38] Resume des 11 anexes, f. 10.

[39] Resume des 11 Annexes, p. III

Figura 8: "Merced Real de 1713".

Merced Real de 1713

(Testamentaria de Maria Isabel Montesinos)

En 1818, el General San Martín acepta en nombre de la provincia de Cuyo una donación de *tres* leguas de tierra de la Merced para fundar la villa que lleva su nombre, y premiar á los patriotas del Ejército de Los Andes —El General San Martín, como gobernador de la provincia de Cuyo, no solo reconoce la Merced, sino que también contrae obligaciones de la mayor trascendencia para con los Montesinos, representados por la administradora general doña Maria Isabel Montesinos.

En 1827 el indio Miguel Reyes, albacea de la testamentaria, practica la mensura de los campos de la Merced Real, de conformidad con los linderos indicados en el título y que se expresan en esta forma:

Por la parte del Poniente, el Arroyito del Medio; por la parte del Sud el Paso de las Mulas y Barrancas Blancas, pasan dichos terrenos del Rio hasta el Desaguadero que es el lindero del Naciente, por la parte del Norte, el Arroyo de los Pereyra y siguiendo para el Naciente, la Placeta y los Ahumados.

En 1835, no hay intrusos en la Merced; los pocos pobladores que ocupan pequeñas fracciones, lo hacen en virtud de permisos otorgados por el indio Miguel Reyes, á título precario y en condiciones de simples préstamos.

En 1858, nuevo reconocimiento explícito de la Merced Real de 1713 por las autoridades de la provincia de Mendoza, como lo atestigua el siguiente *Dictámen Fiscal:*

« La propiedad de los terrenos pertenecientes á los Montesinos (Merced de 1713)
« está justificada con los títulos desde fojas 1 hasta fojas 6... inclusive. Estas creden-
« ciales, que no solo están legalizadas por su calidad de públicas y auténticas, sino que
« lo están también por el goce de más de un siglo que los dueños han tenido sin contra-
« dicción ninguna en esos campos á vista paciencia de las autoridades que han gobernado
« esta provincia, son más que suficientes para que á sus actuales poseedores se les respete
« y ampare en la posesión y dominio de esa propiedad».

En 1866, se inicia la testamentaría de doña Maria Isabel Montesinos.

En 1883, toma de posesión de las tierras de la Merced Real por los herederos de doña Maria Isabel Montesinos.

En 1890, declaratoria de herederos y decreto ordenando se dé la posesión de las tierras de la Merced á los herederos declarados tales.

En 1895, El Juez de Letras libra oficio á los Jueces de Paz de los Departamentos que abarca la Merced Real en la provincia de Mendoza, para que dén posesión á don Julio Watteau de los terrenos de dicha Merced

En 1896 y 1897, queda decretada la mensura, deslinde y amojonamiento de todas las tierras de la Merced Real en la provincia de Mendoza, en mérito del título de la misma Merced Real de 1713 y de los recaudos correspondientes

En 1896, los tres Juzgados en lo Civil y la Exma. Cámara de Apelaciones en lo Civil, declaran que no existe juicio alguno sobre petición de herencia, reivindicación, ú otro análogo contra la sucesión de doña Maria Isabel Montesinos

Nuestro dominio sobre todo los campos de la Merced que se encuentran en la provincia de Mendoza, está afianzado por la posesión material de más de *quinientas* leguas cuadradas con cuidadores que ocupan en nuestro nombre.

J. WATTEAU.

Los Andes, 20 de noviembre de 1897.

Figura 9: "Aviso a los ocupantes de la Merced Real de 1713".

AVISO

A los ocupantes de terrenos de la Merced Real de 1713

Hacemos saber á los ocupantes de los terrenos que se encuentran dentro del perímetro de la Merced Real de 1713 que, debiendo practicarse en breve la mensura judicial de dichos terrenos, les agradeceremos quieran pasar por nuestras oficinas calle Necochea núm. 79 y 81, Mendoza, de 2 á 4 p. m. á fin de cambiar ideas al respecto y ponernos de acuerdo sobre medidas que serán de común interés. Hacemos presente que no hay presente por nuestra parte de desalojar á nadie, sino de entendernos con todos de un modo equitativo.

Los Andes, 20 de noviembre de 1897.

En 1896, sin embargo, los tres juzgados en lo civil y la Cámara de Apelaciones declararon que no existía juicio alguno sobre petición de herencia o reivindicación contra la sucesión de doña María Isabel Montesinos y al año siguiente se decretó la mensura, deslinde y amojonamiento de todas las tierras de la merced real en la provincia de Mendoza.[40]

En noviembre del año siguiente Watteau se defendió de nuevas acusaciones del director de *El Diario*, Julio Leónidas Aguirre, de retener expedientes judiciales y robar fojas. El francés respondió que mantenía en su poder los autos "a fin de ponerme a cubierto de los frecuentes robos de fojas y adulteraciones de autos muy factibles en nuestros Tribunales, por medio de copias auténticas o duplicados de los mismos autos".[41] Estos robos, como hemos visto en capítulos anteriores, eran moneda corriente en Mendoza desde tiempos pretéritos al igual que la "desaparición" de expedientes de los archivos judiciales bajo diversas excusas. En otro artículo periodístico Watteau aducía que sus copias eran suficientes porque era habitual la falta de los originales dado que "bien sabido es que el terremoto [de 1861] fue ocasión y pretexto para el vandalaje impune en los archivos de Mendoza".[42] Y el asunto Sayanca era un caso paradigmático: como dirá más de medio siglo después Cornejo Lencina en su informe sobre la merced "hombres de todos los colores y posiciones políticas han metido la mano y dejado sus huellas en esa bolsa robada" de la merced Sayanca (Cornejo Lencina, 1961: 9). Las acusaciones de Watteau tocaron evidentemente fibras sensibles de

---

[40] Resume des 11 Annexes, p. IV.

[41] *Los Andes*, 20 de noviembre de 1897.

[42] *Los Andes*, 8 de octubre de 1898.

las elites locales, aún de sus distintas facciones, que el 15 de octubre de 1897 publicaron en *El Debate* un llamado a reunirse en la notaría de Salvador B. Reta para formar un "Centro de Defensa" contra las reivindicaciones del apoderado.[43] La Comisión Provisoria del centro estaba integrada por destacadas figuras locales y grandes propietarios, entre ellos: Pedro y Gregorio Guevara; Salvador, Pastor, y Benjamín Reta; Nicolás R., Ramón y Belisario Cano; Juan A. Arnulphi, José A. Delgado, Ricardo Palencia, Diógenes Vargas, José Néstor Lencinas, Ricardo Baez, Julio Leiton, Lucas Simonovich, José Palma y Exequiel Marín.

Los conflictos continuaron y el 14 de diciembre de 1897 Watteau publicó otra de sus habituales solicitadas en la cual sugería el carácter fraudulento de la generalidad de las propiedades en el norte de Mendoza. "Audaces especuladores", escribió, se habían repartido la tierra "a la marchanta", tarea sencilla porque "con un escribano obediente y un agrimensor más complaciente aún, todo se hacía en Mendoza, en años anteriores". Los aventureros "vendieron las tierras colocando en sus títulos que habían comprado la fracción a herederos de Isabel Montesinos, y ahora esos mismos especuladores impugnan la validez de la merced real".[44] Es decir, como hemos anticipado, para legitimar sus propiedades hicieron un uso indirecto de la merced reconociendo la propiedad anterior de los Montesinos. Como insinuaba Watteau en el epígrafe que abre esta contribución, los ocupantes del territorio de la merced se encontraban ante una encrucijada: si denunciaban la falsedad de la merced real deberían también impugnarse todas las propiedades que se sustentaban en supuestas compras a los Montesinos.

El Debate continuó ridiculizando a Watteau, como citaba el propio francés *en Los Andes*, afirmando que sus gestiones se basaban en "antecedentes sospechosos, piezas truncas, relaciones falsas [...] la más peregrina embrolla judicial que registran los anales de nuestros embrollados tribunales."[45] Luego, el 10 de noviembre de 1898 Watteau y Ponce presentaron una demanda a la Corte Suprema de Justicia porque hacía más de un año que no se le designaba Juez a la causa y no se le daba la posesión de las tierras.[46]

La escalada incluyó a lo largo del conflicto diversos actos de violencia que rápidamente derivaron en nuevas denuncias. Como estrategia de posesión, Watteau había designado "cuidadores" locales en algunos campos de las tierras

---

[43] *EL Debate*, 15 de octubre de 1897. Cornejo Lencina, 1961: 36

[44] *Los Andes*, 14 de diciembre de 1897.

[45] *Los Andes*, 8 de octubre de 1898.

[46] Resume des 11 Annexes, pág. VI.

que cabían dentro de la merced –casi todos en el área de las Lagunas– quienes eran en general ocupantes previos, con los que Watteau había negociado a cambio de algún dinero. En abril de 1896 había colocado como cuidador de unas tierras en San Martín, disputadas con Carlos Segundo Varas, al anciano José Herrera que había sido capataz de Don Miguel Leyes, el antiguo albacea de la testamentaría del cacique Sayanca hasta 1837. Varas, inducido por la propaganda "brava e irresponsable de esta ciudad", incendió el rancho de Herrera y le dio latigazos desde arriba del caballo. [47] Watteau denunció también que cuarenta hombres armados al mando del subdelegado y dos camaradas del anterior gobernador, Emilio Civit, quisieron asesinar a una comisión encargada de demarcar las tierras para la toma de posesión la cual incluía al oficial de justicia nombrado por el tribunal.[48] El apoderado y Cesar Ponce no estaban exentos de riesgos similares; encontrándose Ponce en el Club Social, principal centro de reunión de las elites mendocinas, le dispararon con una carabina Winchester desde la ventana de una casa vecina. Mientras que a las oficinas de Watteau llegaban cartas amenazantes, en la casa de Gobierno se habría escuchado decir "¿Cuándo se matará a Watteau?" "¿Qué hacen que no lo matan de una vez?". El hostigamiento provenía del gobierno constituido pero también del conjunto de familias oligárquicas que mediante una red de corrupción y nepotismo comandaban la provincia desde fines de la década de 1870, apropiándose de las tierras, el agua y la fuerza de trabajo de criollos pobres e indígenas. Esta elite, que había construido los modernos oasis vitivinícolas desertificando el resto del territorio era considerada la fundadora de la moderna Mendoza. Su cabeza era Emilio Civit, hasta hacía muy poco gobernador de Mendoza y en el momento ministro de Trabajos Públicos de la Nación. Como afirmaba Watteau, Civit era el líder político más fuerte en Mendoza y el *deux ex máchina* de la operación contra la sucesión Montesinos.[49]

Las quejas de Watteau, como hemos visto, se centraban en el corrupto sistema institucional de la provincia en su conjunto. Un sistema que suele ser considerado retrospectivamente un modelo de relativa transparencia y organización en el país, la "institucionalidad mendocina" que como insinuaba Watteau es más bien un infundado mito fundacional de su sistema político. El poder legislativo, según Watteau, dominaba al de justicia abusando de las facultades

---

[47] *Los Andes*, 26 de noviembre de 1897, 2.

[48] AMREC, Fondo Argentina, vol. 160, Memorial presenté a Monsieur le Ministre de France a Buenos Aires, 1898, f. 9.

[49] *Ibid.*, f. 17.

constitucionales otorgadas a la legislatura, de prestar su acuerdo para el nombramiento y ascenso de magistrados, y de acusar y juzgar en juicio político a toda la magistratura provincial. Esas fueron las bases para obligar a la insólita maniobra de auto-recusación de todos los jueces y el nombramiento de un fiscal *ad hoc* dependiente del ejecutivo. En este caso, la dependencia de los jueces del poder político se veía agudizada según el francés por el interés directo e indirecto que la mayoría de los funcionarios de los poderes ejecutivo y judicial tenían en la causa. Según el listado que el propio Watteau elevó a la embajada francesa, cuya copia está en la cancillería chilena, treinta y dos de sus treinta y seis miembros o sus familiares directos estaban implicados en propiedades de dudosa legalidad dentro de las tierras de la merced real.[50] Las presiones al poder judicial por parte del gobierno, decía el apoderado, fueron "sin preocupación ninguna por las apariencias" ya que en Mendoza "las garantías constitucionales son un mito".[51] Estas apreciaciones no eran exclusivas de Watteau. En un artículo de *La Prensa* de Buenos Aires de 1904 se describía también la venalidad y falta de independencia del poder judicial de Mendoza. Una comisión posterior de la legislatura provincial halló procedimientos ilegales por parte de varios jueces durante los ocho últimos años y acusó al gobierno conservador de la época de Galigniana Segura de tapar el asunto.[52]

En su presentación a la legación francesa, y también a la chilena, Watteau adjuntó un listado de los miembros de los tres poderes del estado presuntamente afectados por la reivindicación, que de ser cierto indicarían que la casi totalidad de los miembros de la legislatura y los funcionarios más altos de gobierno o sus familiares directos contarían con propiedades viciadas de legitimidad en las tierras de la merced real.[53] Watteau incluso aclaró que dicho listado no incluía a funcionarios locales menores, como subdelegados departamentales, jueces de paz o comisarios, muchos de los cuales también ocupaban tierras en el área de la merced. Entre ellos se contaban el gobernador Jacinto Álvarez, el ministro de gobierno Francisco J. Moyano y los funcionarios Severo G. del Castillo, Tiburcio Peña y Lillo, Marcos R. Flores, Juan A. Arnulphi, Salvador B. Reta,

---

[50] *Ibid.* Manifiesta que son 30 los miembros con intereses en tierras de la merced, sin embargo, en el listado presentado por Watteau en su reclamo de justicia a la embajada francesa, se postula que son 32 (ver Anexo I).

[51] *Ibid.*, f. 10.

[52] *La Prensa*, 17 de noviembre de 1904.

[53] Memorial presenté a Monsieur le Ministre de France a Buenos Aires, 1898. Anexo 5 (a).

Pastor Reta, Pedro A. Guevara, Tiburcio Benegas, Julián Barraquero, Juan A. Serú, Emilio Civit, Rufino Ortega e Isaac Chavarría. Los diputados Carlos Ponce, Melitón Arroyo, Rosendo de la Torre, Daniel Calvo, Francisco Álvarez, Manuel A. Ceretti, Emiliano Guiñazú, Pedro Benegas, Cesar Villanueva, Pedro R. Godoy, Jorge Villanueva, Ramón Galigniana y Genaro Segura Walrond. Y los senadores Ramón Moran, Manuel Bermejo, Laureano Galigniana, Francisco Civit, Manuel Villanueva y Atiliano Araujo. Coincidentemente con estos listados, Watteau publicó en los diarios los nombres de varios de los usurpadores demandados, entre los que se incluían varias de las personalidades poderosas de la escena local y nuestro conocido terrateniente del norte de Mendoza, Víctor Albino.[54]

Además de las personas señaladas, en el listado enviado a las embajadas chilena y francesa estaban tres instituciones bancarias involucradas con las tierras de la merced real: el Banco Hipotecario Nacional, el Banco de la Provincia Mendoza y el Banco Nacional de Liquidación. Estos detentaban fracciones de tierra por haberlas recibido en garantía de grandes sumas de dinero prestadas y nunca recuperadas. Este procedimiento, uno de los principales negocios de la elite política y terrateniente local, fue utilizado por un sector significativo de ella para hacerse de capital en forma fraudulenta, y parece haber sido uno de los principales objetivos de los apropiadores en el caso de las tierras yermas sin regadío que conformaban la mayor parte del territorio de la merced. En connivencia con funcionarios de los bancos, se tomaban préstamos a cambio de grandes extensiones de tierra que a pesar de su gran tamaño tenían muy poco valor comercial, pero los bancos las calificaban por mucho más valor en función de su tamaño. Precisamente, una de las principales razones del recrudecimiento de las presiones en contra de Watteau fue que debido a la paralización completa de las operaciones de compra venta y obtención de crédito en las tierras bajo litigio, el Banco Hipotecario había denegado el otorgamiento de créditos solicitados por ocupantes de las tierras de la merced.[55] El Hipotecario Nacional y el Nacional de Liquidación habían acordado varios millones de pesos en hipotecas a ocupantes de la merced cuyos títulos eran falsos. Los títulos que habían sido dados por válidos procedían de herederos de Isabel Montesinos, apócrifos según la declaratoria de sus herederos.[56]

---

[54] *Los Andes*, 25 de diciembre de 1898 y 18 de diciembre de 1900.

[55] Memorial presenté a Monsieur le Ministre de France a Buenos Aires, 1898, f. 15.

[56] AMREC, Fondo Argentina, vol. 160: Sucesión Montesinos. Carta de Manuel Ugarte a David de Tezanos Pinto embajada de Chile en Argentina, s/d, s/n.

Un *memorandum* de la embajada de Chile en Buenos Aires muestra que existieron negociaciones oficiosas de la sede diplomática para lograr a un arreglo para los demandantes, sugiriendo la compra por parte del gobierno argentino de la sucesión Montesinos. Aunque no está su firma, todo parece indicar que atrás de la propuesta se encuentra Watteau. El principal argumento de la oferta negociadora era el perjuicio que le ocasionaban al estado nacional las cuantiosas e inútiles garantías tomadas por los bancos sobre títulos litigiosos, por deudores que en esencia no eran sus verdaderos dueños. La solución ofrecida era que el Banco Nacional de Liquidación adquiriera las tierras de la merced a un precio barato para sanear las carteras de los bancos.[57] "Si compra el título, ni habrá juicios, mi reclamación diplomática, ni pérdida de un centavo para los bancos ni para el gobierno".[58]

El reclamo diplomático por falta de justicia a los herederos de la sucesión Montesinos fue patrocinado oficialmente por las embajadas francesa, chilena y suiza.[59] Por un decreto, el gobierno argentino rechazó la demanda en los mismos términos en que lo había hecho con al reclamo de la embajada francesa, basado en los argumentos del entonces ministro de relaciones exteriores Luis María Drago, ratificada luego por el procurador general de justicia de la nación y por el nuevo ministro Montes de Oca.[60]

Las demandas de Watteau nunca fueron resueltas. Hacia 1904 se pierde el rastro del abogado, aunque otros continuaron infructuosamente gestionando ante el gobierno argentino una revisión del decreto de rechazo de la demanda de justicia. Gran parte de las tierras del departamento de Lavalle, antiguamente del Rosario, donde se encuentran las lagunas de Guanacache, pasaron a constituir tierras fiscales. Como en el resto de los departamentos del norte y este de la provincia el legado de la merced Sayanca continuó a lo largo de todo el siglo XX, tal como denunciaría el informe de Draghi Lucero, a través de la venta de "derechos y acciones" de tierras o el reclamo de compensaciones a los ocupantes (Cornejo Lencina, 1961, 65). Sin embargo, existieron otros legados más importantes para los laguneros. Por un lado, los vacíos legales que por un lado postergaron la ratificación definitiva y efectiva de sus derechos también impidieron la

---

[57] *Ibid.*, Memorandum, s/d.

[58] *Ibíd.*

[59] Carta de Manuel Ugarte a David de Tezanos Pinto s/d, s/f., p. 1. El ciudadano suizo, Welschi, fue por quien reclamó la embajada suiza.

[60] Carta de Manuel Ugarte a Tezanos Pinto, p. 2.

completa apropiación de sus tierras y les permitió, paradójicamente, mantener la ocupación de la mayoría del territorio. Por el otro, la merced se constituyó en un poderoso fetiche étnico-territorial y un símbolo de la larga lucha por su autonomía que hasta hoy mantiene su poder.

La diplomacia huarpe contra los "dotores"

En varias de sus amenazantes notas en los diarios Watteau había manifestado que su intención no era perseguir a todos los pobladores de las tierras, sino a los grandes terratenientes, especuladores o propietarios ausentistas: "Que los ocupantes verdaderos que labran las tierras estén tranquilos. Con ellos me entenderé, como lo he hecho hasta hoy con muchos", afirmaba en un artículo.[61] El apoderado dotaba así de un supuesto carácter justiciero a sus demandas. Pero ¿quiénes eran estos "ocupantes verdaderos" que oponía a los especuladores de la oligarquía provincial, los "dotores"?

En su memorial a la embajada francesa, Watteau manifestaba que –contrariamente a las acusaciones de extranjería de sus intereses– presentaba propuestas generosas para quienes fueran deudos de "los resultados del trabajo y del esfuerzo *de tantas generaciones de aborígenes* de un área tan vasta de la provincia".[62] Al leer esta parte del documento me sorprendió como extemporánea la escueta alusión a los ocupantes de la merced como aborígenes. Sin embargo, en un anexo del memorial me topé con un cuadro de "Cuidadores en nombre y por cuenta de Don Julio Watteau"[63], principalmente en Guanacache, que Watteau colocaba como evidencia de su posesión efectiva de la mayor parte de las tierras de la merced. Se trataba de veintisiete personas, dos como poseedores individuales – Estanislao Silva y José González (con catorce leguas cuadradas) y veinticinco que compartían cien leguas cuadradas, el equivalente a 270.000 ha. Estas correspondían a los remanentes de las tierras indivisas o "campos" de la antigua reducción de Lagunas del Rosario que hasta el momento restaban sin enajenar: José María y Florencio Ferreira; Juan Manuel y Pedro Molina; José, Juan de la Cruz, Florencio, Camilo, Rosendo y Vicente González; Román, Santiago, Daniel, Pantaleón, José María y Patricio Videla; Adolfo y Estanislao Silva; Rafael y Carmen Morales;

---

[61] *Los Andes*, 25 de diciembre de 1898.

[62] Memorial presenté a Monsieur le Ministre de France a Buenos Aires, 1898, f. 16. Cursivas nuestras.

[63] *Ibid.*

Bernardo Salazar, Rosas Nievas, Asunción F. De Videla y Julián Quiroga. En 1900 Rosendo González, siendo comisario del departamento del Rosario reclamó una porción similar de terreno.[64] Estos cuidadores eran exclusivamente habitantes de las Lagunas y las tierras a su cargo correspondían al territorio ocupado e históricamente reclamado por ellos; no había otros designados para el resto de la extensísima superficie de la merced. Este documento permite vislumbrar una serie de características estratégicas en las disputas por las tierras de Guanacache y la continuidad histórica de las luchas de los laguneros.

Es muy difícil conocer el grado de adhesión de los laguneros a la gesta inmobiliaria del francés. Pero creo probable que se hayan asociado a sus demandas como parte de un juego de alianzas y maniobras judiciales destinadas a resistir la expropiación de sus tierras y cómo no, también por el poder mítico que poseía la merced real del cacique Sayanca como expresión de sus luchas y memorias. Watteau aprovechaba y se acoplaba a las antiguas demandas y argumentos históricos y jurídicos de los laguneros que incluían ya desde antaño el uso del testamento y la merced real de los caciques Sayanca. Teniendo en cuenta el carácter violento de las disputas en que se veía envuelto para reclamar tierras tampoco habría desdeñado la tradición de resistencia territorial de los laguneros que por otra parte le hubiera sido imposible combatir. Por otro lado, la propuesta del francés puede puede haber seducido a los laguneros por su renovado impulso judicial a los siempre cuestionados instrumentos en los que se basaron desde el siglo XIX para la defensa de sus posesiones. Pero también, por la alianza con un actor visto como poderoso contra una elite provincial y departamental más cohesionada en su contra que la del período 1820-1880, en la que los laguneros habían encontrado apoyos importantes. Watteau parece haberse acoplado en efecto a los conflictos históricos entre los laguneros y los "dotores", especialmente los terratenientes del sur del departamento de Lavalle, quienes habían pasado a dominar la política departamental desde mediados de la década de 1860. En publicaciones en *Los Andes* Watteau había agregado a la lista de denunciados por apropiación fraudulenta de tierras de la merced a varios conocidos terratenientes del área, históricos antagonistas de los laguneros: Juvenal Gómez, Víctor Albino, Cruz Albino, Victoriano Pastrán, Pedro Sevilla, Máximo Brizuela, Cipriano Ibáñez.[65]

---

[64] AHM, carp. 578, época independiente, doc. 3.

[65] *Los Andes, Ibíd.*

Pero más allá de estas apelaciones, ¿qué grado de veracidad podía tener la lista de cuidadores aborígenes realizada por Watteau? Hay varios detalles que indican que la lista no solo era real si no consistente con las historia de lucha de los laguneros y la trayectoria de sus actores. Primero, la mención de una porción de cien leguas cuadradas de tierra en común de los laguneros coincide aproximadamente con el territorio sin enajenar que hasta ese entonces aún detentaban.[66] Segundo, los nombres inscriptos en el listado de Watteau eran en efecto los de pobladores que habitaban el área para la época: pescadores, puesteros y pequeños y medianos estancieros, muchos de los cuales aparecen mencionados en diversos documentos o en memorias orales de la actualidad. Significativamente, muchos de ellos eran los mismos referentes locales que habían demandado con anterioridad las tierras de comunidad. La mitad había firmado en 1879 el petitorio por las tierras que incluía el pleito del protector Juan Escalante, el decreto de 1838 y el testamento del cacique Sayanca.[67] Algunos están signados entre los ancestros huarpes o "últimos caciques" que defendieron la tierra de principios del siglo XX según Sixto Jofré recordaba en la década de 1990.[68]

José María Ferreira, por ejemplo, había firmado el petitorio de 1879 en el reclamo por la invasión de sus tierras por parte de milicias y terratenientes sanjuaninos.[69] Luego, junto con su hijo Florencio Ferreira, aparece en la lista de cuidadores de la merced de 1898. Florencio por su parte figura como ancestro huarpe en la lista de Sixto, y era recordado en 1979 como "huarpe puro" según sus descendientes, quienes agregaban que había sido ladero de la heroína huarpe Martina Chapanay "cuando viajaban las carretas de cuatro ruedas para quitarles lo que llevaban."[70] La biografía de Florencio es un ejemplo del recorrido histórico de la pequeña elite lagunera de principios del siglo XX, asociada a las insurrecciones montoneras tardías lideradas por Guayama y ligada a las

---

[66] AHM, carp. 578, época independiente, doc. 3.

[67] Serían entre 12 y 14 ya que existen dos nombres dudosos: Vicente González podría ser quien en 1879 aparece como Juan Vicente González y Juan Molina quien en el mismo documento está inscripto como Juan Victoriano Molina.

[68] En base a su conocimiento personal Sixto elaboró en la década de 1990 este listado para obtener la personería jurídica de la comunidad huarpe de Lagunas del Rosario. Según afirmaba, contra la idea actual de que los huarpes no tenían o no querían títulos de propiedad privada, los laguneros de principios del siglo XX habían pugnado por conseguirlos como una forma de preservar las tierras.

[69] AHM, carp. 575 bis, época independiente, doc. 17, f. 1-3.

[70] *Diario de Cuyo*, 12 de febrero de 2006.

tradiciones históricas de lucha por las tierras indígenas. Proviene de una historia de persecución política sobre los laguneros que luego de su derrota hacia fines de la década de 1870, junto con familiares y partidarios de Santos Guayama, escaparon a las Lagunas, muchos de los cuales se transformaron con el tiempo en propietarios de envergadura y líderes políticos locales. A su vez, estos mismos personajes aparecen una y otra vez ligados a los reclamos de tierras indígenas y eventualmente son adscriptos como indígenas.

Según pudimos indagar, en el censo nacional de 1869 Florencio fue anotado como mendocino, de veintitrés años y peón (República Argentina, 1869). En 1872 acompañó a Santos Guayama en una serie de asaltos y asesinatos que precedieron a la toma del pueblo de Caucete con el propósito fallido de avanzar en una revolución sobre la ciudad de San Juan. En las vísperas del ataque había estado en las Lagunas preparando la invasión o eludiendo las persecuciones de la policía sanjuanina.[71] con otros peones laguneros que trabajaban en fincas de Caucete.[72] En 1881 se casó en la capilla del Rosario de las Lagunas y fue anotado como de treinta y tres años de edad, "color trigueño y ejercicio pescador."[73] En el censo nacional de 1895 aparecía como poseedor de propiedad raíz, de cuarenta y cinco años, casado, mendocino, agricultor y analfabeto.[74] En el diario de la expedición de 1925 del Museo Etnográfico de la Universidad de Buenos Aires a las lagunas de Guanacache, fue mencionado como hemos dicho por el arqueólogo Salvador Debenedetti como "descendiente según se dice del cacique Sayanca".[75] Para la época, y como recordaba Sixto Jofré, Florencio era un vecino importante y ocupaba un cargo de gran prestigio local, el de síndico de la capilla del Rosario de las Lagunas.[76]

Otro referente que aparece como cuidador de la merced y del que también pudimos rastrear su trayectoria es Rosendo González. Era comisario de policía de las lagunas del Rosario y había sido uno de los perseguidos por el terrateniente sanjuanino José María Torres luego del asesinato de Santos Guayama

---

[71] *Ibid.*, f. 71. Lo mismo es testificado por Bautista Videla en f. 67-68 y 70.

[72] Archivo de los Tribunales de la Provincia de San Juan, caja 1, siglo XIX, penal. f. 92, 100.

[73] Libro de Matrimonios Lavalle, Mendoza, Parroquia Nuestra Señora del Rosario 1826-1947, vol. I, f. 80.

[74] Segundo Censo de la República Argentina, tomo N° 47. Mendoza, Departamento de Lavalle, Rosario. p. 37.

[75] ME, Debenedetti, S., & Pozzi, J. (1925). *Diario de la XXIa Expedición a las Lagunas de Huanacache en 1925 del Museo Etnográfico, dirigida por Salvador Debenedetti.* Cuaderno I.

[76] Lo mismo comentaba su nieto, Onofre Quiroga, en una entrevista. *Diario de Cuyo*, 12 de febrero de 2006.

en 1879. Firmó también el petitorio que los laguneros elevaron entonces,[77] y en 1900, todavía como comisario solicitó agónicamente al mismo gobierno el reconocimiento de la propiedad común de la porción remanente, ya muy menguada, de las tierras de la antigua reducción.[78] Se trataba de ocho leguas de este a oeste por cinco y de sur a norte, entre la Zampa y el Corral por el este, la laguna La Balsita y la Chilca por el oeste, la provincia de San Juan al norte y la testamentaria de Don Domingo Villegas, actual distrito de San José, por el sur:

> Nos los vecinos del Distrito de Rosario de las Lagunas, Departamento de Lavalle y constituyendo domicilios en este mismo distrito a S.E. nos presentamos a hacerle presente que: Siendo contribuyentes al Tesoro Público por más de veinte y cuatro años y como tal hemos amparado el derecho de posesión de los campos denominados del Rosario; derechos que son y han sido amparados en mancomún desde tiempos inmemoriales, y bajo el reconocido amparo de las autoridades de esta Provincia. Que habiendo tomado interés el Fiscal de Gobierno y aconsejado a la Dirección Gral. de Escuelas se arrienden los mencionados campos de que venimos en hacerle presente, pedimos a S.E. la suspensión de tal arriendo y nos conceda el derecho de posesión como acción de gracia y justicia como así lo solicitamos por la presente.[79]

Mapa 8: Campos del distrito del Rosario reclamados por el comisario Rosendo González en 1900.

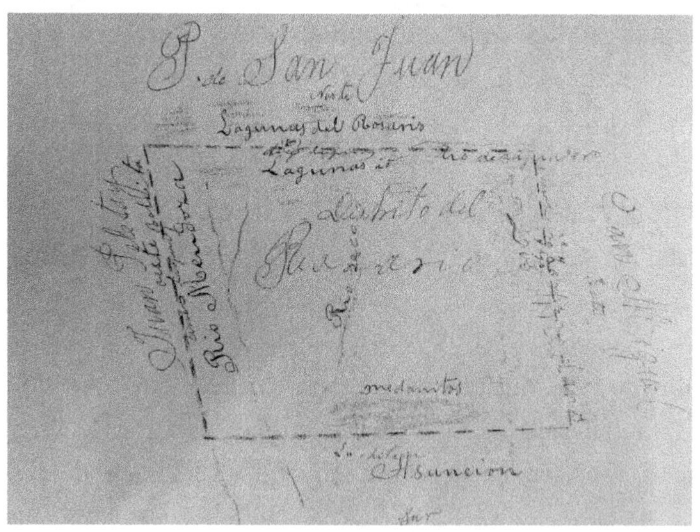

AHM, carp. 57, doc. 3

---

[77] AHM, carp. 575 bis, época independiente, docs. 17 y 18.

[78] AHM, carp. 578, época independiente, doc. 3.

[79] AHM, carp. 578, época independiente, doc. 3.

Otro de los cuidadores designados por Watteau eran Juan Esteban González, descendiente de Rosendo, que como hemos mencionado afirmó en 1925 a José Pozzi, de la expedición del Museo Etnográfico que tenía una copia de la escritura de Sayanca de 1713. Fue fotografiado por Rusconi en la década de 1930, durante una movilización a Mendoza en 1936 con un contingente de laguneros, y a instancias de éste obtendría su jubilación como "indio" en 1941 (Rusconi, 1941). Carmen y Rafael Morales también firmaron el petitorio de 1879 y se encuentran señalados como cuidadores de Watteau. En la lista de Sixto no están, pero si otros Morales descendientes directos de los anteriores, como Salvador, propietario de tierras y una finca y mencionado como baqueano de Métraux, Debenedetti y Rusconi entre las décadas de 1910 a 1930. En general, en los tres documentos aparecen los apellidos más extendidos en el área de Lagunas del Rosario hasta la actualidad. González, Molina, Videla, Nievas, Quiroga y Salazar.

Según se desprende de los análisis precedentes existió una continuidad en la participación de determinadas personas y sus descendientes directos en los petitorios y listas relacionadas con demandas por las tierras. Esta continuidad es consistente con un relevo generacional en los liderazgos para el sostenimiento de las luchas por las tierras al menos entre principios del siglo XIX y la primera mitad del siglo XX. Estos relevos generacionales se han producido a veces tras varias décadas, no siendo raro el caso de que un linaje de solo dos o tres individuos unan más de un siglo de historia. Esto ocurrió por ejemplo con los Villegas. Domingo Villegas ejerció un largo liderazgo y ocupó cargos públicos, movilizando las demandas de tierras desde 1819 hasta la década de 1860. Su hijo Juan Manuel Villegas –que da el nombre a una comunidad huarpe de la actualidad–[80] fue un importante estanciero a nivel local que desempeñó cargos comunitarios como el de Síndico de la capilla del Rosario, participó de la movilización a Mendoza en 1936, cuando fue fotografiado por Rusconi, y al año siguiente fue pintado por Fidel Roig Matons en la serie "vestigios huarpes". En la actualidad, su anciano nieto, el "Tano" Villegas, recuerda claramente que Domingo, su bisabuelo, era juez de paz, jefe político y económico del paraje de San José y, sobre todo, muy amigo del famoso caudillo lagunero Santos Guayama.

---

[80] Correspondiente al distrito de San José, entre Lagunas del Rosario y Asunción.

Contra la imagen de la exitosa y supuestamente transparente "institucionalidad mendocina" que tiene a la elite de fines del siglo XIX como su ícono, la oligarquía local de la época se caracterizó más bien por el nepotismo, la corrupción y la violencia en la construcción de su control político y la colonización de su territorio y recursos. Las apropiaciones ilegales y negociados con las tierras, que aumentaron drásticamente en el norte de la provincia luego del asesinato de Santos Guayama en 1879 y la denominada Campaña del Desierto en el sur, fueron una de las principales vías de enriquecimiento de esa elite. Como explicara el dirigente socialista Benito Marianetti "de un plumazo se otorgaban concesiones de miles de hectáreas" según la influencia política del interesado (Marianetti, 1948:88). La saga periodística, inmobiliaria y diplomática de Watteau desnuda estos hechos y, en perspectiva, evidencia el grado de ocultamiento histórico de los mismos. Ningún historiador mendocino abordó jamás el caso de los conflictos suscitados por lo reclamos de Watteau y sus proyecciones, excepto tangencialmente en un oscuro informe pericial, el historiador, folclorista y laureado escritor Juan Draghi Lucero a mediados del siglo XX.

La letra de los indios

> Su mano estaba poco educada en el manejo del lapicero, el recorrido de la pluma es lento, las líneas, los vértices, la ligazón son forzadas, trazadas visiblemente sin ninguna desenvoltura, dejando rastros inequívocos de la inseguridad con que escribía, de las vacilaciones sugerentes con que trazaba su firma. No existe desenvoltura, no se nota espontaneidad, no hay rasgo nítido calamoconcurrente […] Se trata, sin duda, de una letra y de unos grafismos que Bertillón las incluiría sin escrúpulos en su catálogo mundial en la primera denominación de su pauta, con el nombre de escritura aborigen degenerada.
>
> Hoyos, E., y H. M. Villars, 1912.
> En Cornejo Lencina, A.
> *La falsa Merced Real del Cacique Sayanca*, 1961.

Como hemos mencionado, en el siglo XIX los laguneros hablaban de la merced real y el testamento de Sayanca o del linaje del cacique como fuente de prestigio y amparo. Pero la mayoría de los arqueólogos, historiadores, folcloristas y otros personajes que visitaron las lagunas no mencionaron su existencia en el área. Es probable que los pobladores dosificaran selectivamente la exposición de los documentos a los ocasionales viajeros y eso explicaría por qué como hemos visto a diferencia de José Pozzi y Alberto Castellanos, quienes provenían de fuera de la provincia, los mendocinos o residentes en Mendoza Alfred Métraux, Carlos Rusconi, Milcíades Alejo Vignati y Juan Draghi Lucero, que también recorrieron el área entre las décadas de 1910 y 1950, no aludieron en sus escritos a la existencia de documento alguno. Sin embargo, por lo menos algunos de ellos los conocieron, como Carlos Rusconi que transcribió la merced real pero no dijo dónde obtuvo el texto ni analizó sus implicancias, excepto la alusión a interminables litigios judiciales (Rusconi, 1960: 100-101). Me inclino a pensar en el celo por parte de los laguneros en no evidenciar esa faceta de su capital histórico y político a los "dotores" residentes en Mendoza que solían llegar de la mano de empresarios madereros que explotaban el monte. Pero es difícil entender por qué, por ejemplo, no le mostraron esos archivos al casi adolescente Métraux que hacia la década de 1920 se había ganado su confianza en sucesivos viajes al punto de que, según testimonio personal de Draghi "hablaba como un lagunero" (Pagés Larraya, 1990). O al pintor catalán Fidel Roig Matons que pasó temporadas de varios meses conviviendo con ellos a principios de la década de 1930 (Roig Matons *et al.*, 1999). Sin embargo, y salvando las amplias distancias, yo mismo he podido comprobar la hermética custodia de ese tipo de papeles que practican las familias laguneras, inclusive en un ambiente social y político supuestamente más benigno. Mientras que algunos colegas que recorrieron el "desierto" en los años 1970 y 1980, como María del Rosario Prieto, Elena Abraham o María Mulle no parecen haber accedido a esos archivos o al menos no los mencionaron, pude hacerlo luego de varios años de trabajo. En el caso de Sixto Jofré por ejemplo, pese a la relación paternal que tenía conmigo solo supe que tenía antiguas copias del testamento de Sayanca y el juicio de Escalante recién diez años después de conocernos, cuando me dio sus fotocopias como un legado a un mes de su muerte. Hasta donde sabemos las menciones de los documentos por parte de los laguneros a viajeros en su territorio se dieron hasta la década de 1920 y luego desparecen totalmente de cualquier crónica. Si consideramos la historia regional podemos entonces conjeturar que los motivos fueron políticos. El temor al secuestro de los archivos en los que basaban sus derechos a las tierras e inclusive su sentido de pertenencia indígena era una realidad palpable de parte de las elites conservadoras que recuperaron su hegemonía en los años 30, luego del interregno de los gobiernos populistas y progresistas de José Carlos y su hijo Carlos Washington Lencinas entre 1918 y 1929. A este período denominado por los laguneros "la época de los gansos", nombre dado a los conservadores del partido demócrata y por extensión a las elites provinciales, parecen referirse cuando recuerdan que esos papeles eran custodiados como un tesoro por el cual, para no ser revelado, "había muerto mucha gente".

La década de 1920 fue relativamente pacífica y próspera para los laguneros. La producción de trigo era muy buena y al parecer el engorde y traslado de ganado en pie con destino a Chile, que cada vez menos se hacía en las áreas del oasis de riego por su destino masivo a la vid. Todo ello generó cierta riqueza en algunas familias locales. Esta época coincidió con la instauración mediante el voto de los gobiernos populistas de izquierda de los Lencinas en Mendoza y de los hermanos Cantoni en San Juan, radicales disidentes fuertemente combatidos por el presidente radical Hipólito Yrigoyen y los conservadores locales. Los populismos cuyanos establecieron por primera vez en el país una apelación a los sectores populares de más bajos recursos como sujetos políticos y actores de un pacto de reciprocidad con el estado basado en el bienestar (Escolar, 2007, cap. 6). Estos fueron beneficiarios de políticas de redistribución de recursos y el dictado de leyes para establecer salarios mínimos y jubilaciones y otras normas progresistas, como la regulación del mercado del vino y en San Juan y por primera vez en la Argentina, el derecho al voto de las mujeres. Algunas de estas medidas se inspiraron en el socialismo e inclusive en la experiencia soviética y fueron tomadas como modelo a su vez para muchas de las reformas del primer peronismo. Fueron inaceptables para la rancia elite política y económica que desde el último cuarto del siglo XIX había dirigido sin oposición social efectiva ambas provincias, arrasando con los derechos, tierras y cuerpos de los proletarios, peones y campesinos criollos e indígenas. Los cantonistas y lencinistas promovieron la investigación arqueológica y etnográfica en Guanacache, con los viajes de Métraux y Debenedetti. Métraux accedió a las Lagunas con caballos y arrieros proporcionados por Lencinas, que era paciente y amigo personal de su padre, un famoso médico radicado en Mendoza desde principios del siglo XX (Pagés Larraya, 1990). Y Debenedetti fue apoyado por el gobernador Aldo Cantoni, desde cuya estancia y con caballos, mulas y arrieros facilitados por el gobierno partió en su expedición a las Lagunas.

Los "gansos", llamados así según Sixto Jofré porque "caminaban sacando pecho y con el cuerpo echado para atrás" derrumbarían a través de golpes de estado e intervenciones del gobierno nacional a los gobiernos cantonistas y lencinistas. Con el apoyo de Yrigoyen lograron sucesivas intervenciones nacionales y grupos de choque del radicalismo sumados a los conservadores (paradójicamente enemigos de Yrigoyen y el radicalismo a nivel nacional) realizaron cruentos golpes de estado hiriendo a Cantoni y asesinando en 1929 a Carlos Washington Lencinas. La mayoría de los laguneros como Rosario Jofré y en general los pobladores del norte de Guanacache eran fervientes lencinistas y fueron blanco especial de resentimiento de los gansos.

Como veremos en el capítulo siguiente, desde la década de 1930 se produjo un fuerte avance de las oligarquías y grandes capitalistas mendocinos y sanjuaninos sobre las tierras y el agua de Guanacache y otros parajes de la región, situación que deterioraría irremediablemente la condición de sus habitantes y el entorno hasta la actualidad. Sin embargo, la merced real y el testamento de los Sayanca y sobre todo su legado de litigios y los vacíos legales que sugerían continuaron siendo un problema de primer orden para el avance de la propiedad privada en varios departamentos de la provincia. Estos vacíos, y cómo se vinculaban en última instancia con una ilegitimidad colonial de base en la expropiación de tierras indígenas, se evidenciarían en la actitud de la elite conservadora y algunos respetados intelectuales mendocinos.

Juan Draghi Lucero, conocido folclorista e historiador de Mendoza cuyo ascenso se produjo en la década de 1930 dirigió hacia finales de la de 1950 una serie de peritajes de la Universidad Nacional de Cuyo para demostrar que la merced real de Sayanca era falsa. En un libro que recoge parte del informe de Draghi Lucero, *La falsa Merced Real del Cacique Sayanca*, su autor, Cornejo Lencina (1961) –un opositor a los reclamos contemporáneos de los descendientes del cacique Sayanca– anunciaba que el contenido incluía el "Texto de la sentencia judicial que la declara falsa, apócrifa y sin ningún valor. Relación de los hechos y copia de los documentos y peritajes que demostraron su falsedad". Prometía poner en evidencia "la sombría historia de un timo judicial que ha conmovido a Mendoza durante más de 100 años" y cómo este "pudo prolongarse tan extensamente a través del tiempo, al amparo de notarios inescrupulosos, funcionarios indolentes, magistrados venales y abogados voraces" (*Ibid.*: 4). Esta "colosal impostura" (*Ibid.*: 36) habría tenido incluso "efectos paralizantes" que explicarían el histórico subdesarrollo de los departamentos del norte y este de la provincia, como Lavalle, La Paz, San Martín y Santa Rosa (*Ibid.*: 66).

Mi objetivo en lo que sigue no es centrarme en la discusión técnico jurídica de la merced, sino en la construcción historiográfica, discursiva y política del litigio y cómo esta dinámica convocó y/o articuló duraderos prejuicios étnicos en la provincia. Pretendo, por un lado, mostrar la relación entre la invisibilización de la historia indígena moderna y el silenciamiento histórico sobre el esencialmente corrupto proceso de construcción de la propiedad privada por parte de la elite política e intelectual provincial. Y por el otro, indagar la relación aparentemente constitutiva entre escritura, legalidad, propiedad y aboriginalidad que atravesaron las discusiones en torno a la autenticidad de la merced.

En 1956 el primer juzgado civil de Mendoza, que entendía en una causa vinculada con la merced real, encargó el estudio a la Universidad Nacional de Cuyo que fue dirigido por Draghi Lucero, encargado del Instituto de Historia y Disciplinas Auxiliares de la Facultad de Filosofía y Letras. El expediente original se encuentra extraviado o fue destruido,[81] pero fue reproducido parcialmente en el libro que hemos señalado (Cornejo Lencina, 1961).[82] Pasado el interregno del titulado apoderado Jules Watteau, entre 1921 y 1961 recrudecieron las acciones de los supuestos herederos del cacique Sayanca a partir de la actuación Ernesto Emiliano Sayanca, de la línea sucesoria de José Joaquín, autotitulado administrador de la sucesión en la década de 1920. Este impulso se vio favorecido por la disposición del Juez Dr. Manuel Lugones en 1921 de inscribir en el Registro de la Propiedad a favor de la sucesión las tierras de nueve departamentos de la provincia: Luján de Cuyo, Guaymallén, Maipú, Junín, San Martín, Rivadavia, Santa Rosa, La Paz y Lavalle (Cornejo Lencina, 1961: 6, 8). El problema más acuciante, entonces, era que la merced real había sido validada en instancias judiciales y existía una inscripción de títulos de derechos y acciones de la merced en el Registro de Propiedad.[83] Por estos motivos, su impugnación se transformó en un tema económico y jurídico de primer orden.

---

[81] Consta que se trató del expediente N° 17.017-P. de la Universidad Nacional de Cuyo y 22-P. de la Facultad de Filosofía y Letras (Cornejo Lencina, 1961: 6), pero según me informara la unidad administrativa de dicha Facultad, no se encuentra en sus archivos.

[82] Era uno de los propietarios de tierras en litigio con los Sayanca. En 1955 adquirió 21.500 has. a los herederos de la Sucesión Sayanca y a otros anteriores compradores de derechos de esta (Cornejo Lencina, 1961: 7).

[83] Draghi Lucero menciona casi al pasar en las conclusiones de su informe que "gran cantidad

El informe se concentró por un lado en las maniobras realizadas por los herederos más recientes de los caciques Sayanca en la primera mitad del siglo XX. El *modus operandi* eran las ventas de derechos de tierras –a menudo el mismo terreno a distintos compradores– o el reclamo de compensaciones a sus ocupantes (*Ibid.*: 65). Estas ventas se hacían bajo la figura de "derechos y acciones", es decir sin la escritura sino mediante un documento de cesión de herencia certificado por escribano un público. Pero otros herederos que reclamaran su legitimidad, como ocurrió con las diversas líneas sucesorias que se adjudicaban la herencia del cacique o de la merced podían más adelante desconocer las ventas exigiendo dinero a los mismos compradores, a sus sucesores o a terceras personas que los hubieran comprado. Lo habitual era que el inicio de las litis se produjera cuando alguien iniciaba trabajos de cierta importancia en un lugar, valorizando las tierras, para obligarlos a negociar a riesgo de perder lo invertido (*Ibid.*: 69). Al cargar la responsabilidad sobre los Sayanca o sus invocados herederos, el informe genera en realidad una implícita exculpación de sus compradores, que como hemos visto eran cómplices o tal vez instigadores de la operación de "blanqueamiento" de propiedad. Es decir, inscribe un argumento perverso que legitima la propiedad amparada en un origen fraudulento y se convierte en una justificación del *statu quo* colonial de la propiedad de la tierra en Mendoza, porque se ignora los derechos de los indígenas y sus descendientes ocupantes de esas tierras. La reconstrucción de la historia del linaje Sayanca por parte de los peritos se remontó al remoto siglo XVII y acabó antes de los procesos de fundación de pueblos de indios por parte de la Junta de Poblaciones de Chile en Cuyo que fueron la base original principal –junto con la merced real– para las demandas de los laguneros en el siglo XIX, las cuales tampoco fueron mencionadas. Ninguno de los peritajes del informe menciona siquiera la existencia de estas reducciones ni los litigios desarrollados con posterioridad a excepción de, como veremos, una tardía y descontextualizada mención al decreto provincial que reconoció en 1838 la posesión de los laguneros (Cornejo Lencina, 1961: 38).

Tal vez por la potencial peligrosidad de esta historia judicial y política lagunera y el uso efectivo de la merced en el pasado, los principales ataques fueron

---

de títulos originados en cesiones de derechos y acciones por cualquiera de los Leyes, los Montesinos y luego los Sayanca" habrían sido validados ya que "se consiguió una forma de título al inscribirlos en el Registro, cuando éste se formó" (Cornejo Lencina, 1961: 36).

contra la materialidad de la merced, su autenticidad y su factibilidad textual, más que sobre la historia indígena provincial, muy someramente tratada. Los peritajes grafológicos son el núcleo principal del informe y de los dictámenes fiscales contrarios a la misma que allí se citan (Cornejo Lencina, 1961: 39-55).[84]

Creo que existieron más razones para esta obsesión por la literalidad y autenticidad textual. Al colocarla como la única excepción en que un documento legitima o menciona tierras atribuidas a indígenas en la región, instalaron a la discusión sobre la merced como aquella que saldaría la posibilidad misma de existencia de propiedad indígena en Cuyo. La aspiración final de la pugna pericial parece haber tenido un alcance mayor que dirimir el *affaire* Sayanca: otorgar la definitiva acta de defunción de los indígenas cuyanos como entidades étnicas, personas jurídicas y sujetos de derechos. Sin embargo, como veremos, esta misma crítica revelará involuntariamente aquello que debía negar: la presencia aborigen en Cuyo y su agencia política contemporánea.

Textualidad, aboriginalidad y soberanía

Como hemos visto, durante el conflictivo escenario de las guerras civiles argentinas y la apropiación de la tierra y el agua de Guanacache, hasta la década de 1930 autoridades, burócratas, intelectuales y probablemente caudillos indígenas cuyanos copiaron, interpretaron, escondieron y movilizaron archivos con documentos legales. No solo ateniéndose a las leyes vigentes, sino forzando sus límites, creando usos sociales y políticos, luchando por su aplicación y a menudo lográndolo y en ese proceso contribuyendo en cierta medida a la formación del estado. Los documentos, además de artefactos legales o paralegales, fueron fetiches aplicados a la producción social de la verdad a través de usos performativos, pragmáticos, de la ley. Del mismo modo que ocurre, pese la ficción formalista, en todo el sistema judicial. La controversia legal e histórica sobre la merced real Sayanca nunca consideró esta dimensión que en realidad comenzó a ser analizada de algún modo (y para otros contextos) a partir de la década de 1970.

Desde Mesoamérica hasta la Patagonia, y a lo largo de la cordillera de los Andes, las comunidades indígenas produjeron, atesoraron y archivaron textos que consideraban con valor legal para demostrar sus derechos territoriales

---

[84] Los peritajes grafológicos ocupan quince páginas y los históricos, cinco.

o preservar e interpretar su historia. Esta producción textual, realizada en algunos casos desde el siglo XVI, es muy diversa y abarca desde títulos de propiedad hasta tratados, crónicas, memorias, cartas, mapas y poemas. Incluyen generalmente una demarcación del territorio de la comunidad y una historia de ella, haciendo hincapié en actos fundacionales, acuerdos, visitas reales, virreinales o de santos y otros acontecimientos considerados legitimadores de los derechos. Pero en tanto documentos, al ser producidos por miembros de las propias comunidades o legos y no por el aparato judicial, fueron desestimados en su autenticidad. Algo similar ocurrió en el campo académico. Los primeros historiadores que tomaron en cuenta seriamente este corpus, como Charles Gibson y James Lockhart, consideraron que eran un mero recurso "para apelar en defensa del territorio" (Lockhart, en Inoue, 2007: 119) e impugnaron su validez legal e histórica por su inadecuación formal, el hecho de no haber sido producidos por miembros del sistema de justicia y en particular por contener numerosos errores en términos de fechas, personajes y acontecimientos narrados (Gibson, 1975; Lockhart, 1992; Menegus Bornemann, 1994; Florescano, 2002). Carecían de fundamentación jurídica y sanción legal y estaban escritos por indígenas. Fueron, por tanto, considerados "documentos curiosos, productos del ingenio de los indígenas, quienes, por su limitada naturaleza o ingenuidad natural, trataron con aquellos documentos de engañar a las autoridades hispanas presentándolos en los tribunales" (Menegus Bornemann, 1994: 214). Una de las principales investigadoras del tema, Stephanie Wood propuso que si bien generalmente eran las autoridades locales –habitualmente ancianos– quienes dictaban su contenido, existieron redes de intercambio de conocimiento experto entre pueblos para sustentar la producción de los títulos, e inclusive talleres dedicados a su confección (Wood, 1987; Carrillo Cázares, 1991).

Algunos autores que analizaron el recorrido de los títulos primordiales sugirieron no obstante que, aunque confeccionados por los indígenas a instancias de sus comunidades, no necesariamente debían ser declarados legalmente inválidos. Por un lado, fueron tomados en consideración por tribunales republicanos, y por el otro en general el objetivo de tales prácticas no habría sido falsificar derechos sino suplir la pérdida de documentos originales o incluso su ausencia, adoptando las formas escriturales que consideraban legítimas o legales, tanto desde el punto de vista español como indígena (Florescano, 2002). Además, prácticamente resulta imposible determinar la autenticidad legal de tales documentos, y la falta de concordancia de datos se debería más a las condiciones sociales y culturales de su producción que a una intención delictiva (Romero Frizzi, 2011). Podría agregarse que errores del mismo tipo pueden hallarse en documentos producidos por españoles o criollos que eventualmente fueron declarados válidos, como veremos.

Podemos comparar estos análisis con el caso de la merced y el testamento de los Sayanca. Por lo menos hasta la década de 1920, esos mismos textos fueron copiados por los laguneros a partir de otros que tal vez tampoco eran originales, sumando y reproduciendo pequeños errores a lo largo de los años. De hecho, encontré leves diferencias entre copias de documentos de la década de 1830 que integran sus archivos familiares. Estas incluyen también las firmas de funcionarios y testigos. Una copia del juicio llevado a cabo por el defensor de los indios de las Lagunas entre 1835 y 1838 –que incluye el testamento de Jacinto Sayanca– con las firmas de los diversos actuantes, por ejemplo, aparece con sello de legalización del escribano de Mendoza Francisco Mayorga en 1861.[85] Dichos textos no son tan complejos como aquellos títulos primordiales con pinturas e historias de la comunidad incluida, ya que son muy escuetos y parecen apegarse bastante a las formalidades legales de su época, no obstante este punto también haya sido cuestionado por sucesivos peritos. Sin embargo, guarda mucha similitud en cuanto a su valor y uso por parte de las comunidades indígenas y la discusión que abre sobre lo que debe ser considerado auténtico en términos históricos, legales y políticos.

Por eso resulta muy interesante analizar las obsesivas discusiones de los peritos sobre la autenticidad del instrumento de la merced hallado en el Archivo Histórico de Mendoza.

Ya desde la contratapa del libro de Cornejo Lencina se reproducen las firmas "auténtica" y "falsificada" del corregidor Thomas de la Llana, otorgante de la supuesta merced real, anunciando el principal argumento para invalidar la merced: su escritura y grafía misma. En esto coinciden los tres peritajes caligráficos que constituyen la principal pieza de impugnación al documento. Ernesto Guevara no deja lugar a dudas sobre la falsedad de la firma del corregidor en la merced (Cornejo Lencina, 1961:13-19). Afirma que, constituido en el Archivo Histórico de Mendoza, compulsó documentos firmados por Tomás de la Llana y el de la supuesta merced real, no habiendo encontrado

---

[85] AJN.

ninguna firma de Tomás de la Llana entre 1710 a 1713. Que el tipo de papel y encabezado, la grafía de los nombres propios y fechas difería de los utilizados en el período al que supuestamente remitiría la merced. Que carecía además de sellos, aspecto central para la validez de los títulos. Concluyó que el documento había sido escrito en la segunda mitad del siglo XIX, mucho más cerca del presente que lo pensado por el propio Draghi Lucero.[86] Destacó también, con un extenso fundamento, que mientras las firmas originales evidenciaban el pulso de alguien instruido en la escritura, la falsa denotaba falta de espontaneidad y un ejecutor solo "medianamente hábil en el manejo del lapicero" (Cornejo Lencina, 1961: 16). Los calígrafos compartieron esta opinión manifestando por ejemplo que el trazo vacilante evidenciaba a un sujeto inhábil en el manejo de la pluma y poco ducho en la escritura. En palabras de otro de los peritos, la firma era "apócrifa y no pasa de ser una tosca y pésima imitación" (Cornejo Lencina, 1961: 24). Detengámonos en este punto: los peritos no se contentan con demostrar solo que se trataba de una falsificación, sino de una burda y mal hecha, efectuada por un escriba subalterno sin conocimientos de escritura ni de trámites legales. Es decir, demasiado evidente para haber sido realizada por los operadores típicos de este tipo de maniobras tan habituales en la región, que según expresaba gráficamente el antiguo apoderado de la merced Jules Watteau, se repartieron la tierra a placer con la ayuda de "un escribano obediente y un agrimensor más complaciente aún".[87]

Además del cuestionamiento técnico al documento, en estos estudios se desarrolla una impugnación moral, de clase y étnica a la legitimidad misma de la propiedad de la tierra por parte de grupos subalternos. Por ejemplo, una más antiguo peritaje caligráfico, efectuado por Enrique Hoyos y H. M. Villars en 1912 a solicitud de un juez y citado en el informe consideraba que el autor de la firma:

> [...] Poseía a no dudarlo, un tipo de letra de lanzamiento castellano viejo, según la expresión de Muracle y Carbonell. Su mano estaba poco educada en el manejo del lapicero, el recorrido de la pluma es lento, las líneas, los vértices, la ligazón son forzadas, trazadas visiblemente sin ninguna desenvoltura, dejando rastros inequívocos de la inseguridad con que escribía de las vacilaciones sugerentes con que trazaba su firma. No existe desenvoltura, no se nota espontaneidad, no hay rasgo nítido calamoconcurrente [...]. Se trata, sin duda, de

---

[86] Como se ha señalado, según este autor, dataría de 1819 (Cornejo Lencina, 1961: 35).

[87] *Los Andes*, 14 de diciembre de 1897.

una letra y de unos grafismos que Bertillón las incluiría sin escrúpulos en su catálogo mundial en la primera denominación de su pauta, con el nombre de *escritura aborigen degenerada* (Cornejo Lencina, 1961: 11).[88]

Abundan los peritos: "es menester encontrarse huérfanos de orientaciones, desposeídos de los conocimientos bacilares y de la experiencia necesaria". La firma auténtica de Tomás de la Llana trasuntaría, en cambio:

> [...] Un asiento de pluma seguro, natural, libre de prejuicios, sinsabores e inquietudes mortificantes. La mano maneja con destreza en lapicero; la horizontalidad de la letra es uniforme; la unión de las mismas es concordante. Hay certeza en el trazado, corrección y estética incipiente [...] armonía del conjunto, homogeneidad en el todo [...] (Cornejo Lencina, 1961: 12).

Concluyeron con que: "nos encontramos con dos tipos de escritura, con dos grupos antagónicos". Esto último constituye una notable síntesis de los prejuicios que sobrevuelan todo el análisis. El escritor habría sido un plebeyo, moralmente inferior y que por su ignorancia no pudo disimular la trampa. Para los peritos, los rasgos gráficos de la escritura habilitan sobre todo una lectura sobre la condición social y moral del escritor. Estos rasgos incluyen la estética, el carácter personal –inferido siempre a partir del trazo– y la seguridad emocional, psicológica, social e incluso económica –"libre de prejuicios, sinsabores e inquietudes mortificantes"–.

Pero con la calificación final de "escritura aborigen degenerada" a la firma apócrifa del escriba de la merced, el documento literalmente aboriginalizado. Esta última condición funciona retóricamente como un cuestionamiento no tanto a la autenticidad del documento como al carácter subalterno del falsificador y por lo tanto de los derechos esgrimidos. Implícitamente se sugiere que, de haber sido escrito por alguien de la clase social apropiada, no hubiera sido fácil demostrar la falsedad del documento; o más bien, tal vez que no habría sido posible considerarlo falso. En última instancia, los peritos asumen que es la pertenencia étnica y de clase del escriba la que invalida al documento como prueba. La condición social y étnica es lo que determinaría la legitimidad de la propiedad más allá del derecho, y por implicación, el derecho eminente a la propiedad por parte de los miembros putativamente blancos y acomodados de la elite mendocina que serían los considerados *a priori* legítimos. Al igual

---

[88] Destacado en el original. Bertillón fue el "padre" de la policía científica, creador de diversos métodos de investigación criminal que incluyeron la grafología.

que lo observado en la mayoría de los análisis de la historia y sociedad regional un andamiaje retórico acude al rescate de la legitimidad de los derechos de mando político y propiedad de las elites y luego de inmigrantes europeos, allí donde la legalidad y la historia podrían cuestionarlos.

La asociación dicotómica entre capacidad lingüística, indigenidad y descalificación política y moral de los grupos subalternos y especialmente indígenas, por cierto, no es nueva en la región. Refiriéndose a las montoneras cuyanas de la década de1860, Sarmiento afirmaba por ejemplo que:

> Las lagunas de Huanacache están escasamente pobladas por los descendientes de la antigua tribu indígena de los huarpes. Los apellidos Chiñinca, Juaquinchay, Chapanay, están acusando el origen y la lengua primitiva de los habitantes (Sarmiento, 1947 [1866]: 85).

> La Prensa, las discusiones de las cámaras, el tono y el carácter de las reuniones públicas, están mostrando en las sociedades civilizadas el grado de irritación de los partidos y los propósitos de sus prohombres. Pero imaginaos una conspiración de oscuros cabecillas, de masas ignorantes que se agitan sordamente en las campañas, o en las más bajas capas sociales de las ciudades, sin ideas, sin periódicos, sin órganos audibles, porque lo que pasa entre peones y paisanaje no llega a oídos de la sociedad culta que vive de otras ideas y de otros intereses (Sarmiento, 1947 [1866]: 122).

> [refiriéndose a una carta dirigida a Sarmiento por el líder montonero Ángel Vicente Peñaloza] No hubo manifestaciones escritas ni más racionales ni más inteligibles que ésta, por no haber tomado parte ningún hombre de cierta educación. Es el movimiento más plebeyo, más bárbaro que haya tenido lugar en aquellos países (Sarmiento, 1947 [1866]: 131).

Como eco del discurso sarmientino, el desplazamiento retórico que es operado en el discurso de los peritos desde la invalidez legal a la imposibilidad social de la merced parece mostrar que más allá del litigio con los herederos del Cacique Sayanca existe otra lucha más profunda, sobre la legitimidad de la propiedad y existencia indígenas como tales. Esto está gráficamente indicado en la conclusión de los peritos Hoyos y Villars sobre el tándem documento original-documento apócrifo como manifestación, en el plano de la escritura, de "dos grupos antagónicos" (Cornejo Lencina, 1961: 12).

Ahora bien. ¿Por qué sería necesario insistir en este argumento para descalificar a la merced? Habida cuenta de que la corrupción estaría en el origen de la constitución de gran parte de la propiedad privada en el norte de la provincia, no alcanzaba en el fondo con demostrar la falsedad del título o la existencia de maniobras ilegales en su historia. Era menester impugnar la calidad social de sus autores ya que una hipotética revisión generalizada de títulos no depararía tranquilidad a una elite colonial que manoseó con impunidad y escasa precaución los procedimientos legales para obtenerlos. Por eso era importante dejar abierta la posibilidad de que lo que haría ilegítimo a un título no sería tanto su falsedad en términos legales "abstractos", sino su contexto de producción y, sobre todo, la constitución de sus productores o beneficiarios. En definitiva, frente a un escenario de corrupción generalizada donde la legalidad de las propiedades de gran parte de la campaña cuyana sería cuestionable o al menos debatible históricamente, resultaba más estratégico apuntalar un concepto de legitimidad según la cual el derecho a la tierra no dependería en última instancia de de la legalidad o la historia sino de una condición étnica y social primordial.

Sin embargo, las huellas fantasmales de la producción archivística que los propios peritajes sugieren y pretenden conjurar contrabandeaban una legitimidad alternativa a la que buscaban consolidar. Como hemos visto los peritajes caligráficos parecen demostrar que el documento es apócrifo, que fue escrito por alguien relativamente ignorante de la escritura y de las leyes y que muy probablemente este escriba era un indio. Pero la misma línea de análisis caligráfico, tomándola en bloque, permitiría otra línea de interpretación de la merced real, que se vincularía con las prácticas archivísticas y escriturales de los laguneros. Las conclusiones de los peritos son consistentes con la posibilidad de que uno o más escribas subalternos fueran los realizadores del texto, remedando o copiando las formas y grafía de un título de merced. Como hemos visto, los archivos laguneros estaban construidos sobre reproducciones de documentos significativos, realizadas en distintas épocas, muchas veces por copistas locales a veces casi iletrados, lo que permitía atesorarlos en el seno de distintas familias. Atendiendo a estas prácticas incluiríamos este documento en la serie reproductiva de los "archivos huarpes" (Escolar, 2014b; Abduca, Escolar, Villagrán y Farberman, 2014), donde es posible que la merced y el testamento, al igual que el expediente del juicio de Escalante, hayan sido copiados sucesivamente por los mismos laguneros a partir de un original, incorporando diversos errores. El testamento del cacique Sayanca, por ejemplo, era parte de "la Memoria" de Sixto, del archivo de Juan Nievas, de los documentos del juicio de Escalante, y el de Villegas contra Alvino y los hermanos Segura que obran en este caso el

Archivo Histórico de Mendoza. En este sentido, los errores de forma, de fechas, de estilo y otros rasgos de la "escritura aborigen degenerada" no indicarían necesariamente la falsedad en términos históricos del documento, sino que podrían ser característicos de las prácticas de reproducción archivística de los laguneros en su intento de preservarlo frente a la amenaza cierta de la destrucción o robo del original, como ellos mismos afirmaron en distintas oportunidades y se observa en el análisis histórico que hemos efectuado desde las acciones de los caciques cuyanos en el siglo XVIII.

A fines del siglo XIX, como hemos visto, Watteau fue acusado de retener expedientes judiciales y robar fojas y replicó que lo hacía "a fin de ponerme a cubierto de los frecuentes robos de fojas y adulteraciones de autos muy factibles en nuestros Tribunales".[89] Existen como hemos venido demostrando en este libro numerosas evidencias de esta misma preocupación por parte de los indígenas a lo largo de su historia. Juan Nievas daba esta explicación para el ocultamiento de los documentos en archivos familiares de los laguneros, diciendo que "por eso había muerto mucha gente". Domingo Villegas, quien comandó las acciones judiciales de los laguneros entre 1819 y 1865, afirmaba en un juicio: "otro si digo: que conviniendo a los intereses que represento la conservación en mi poder de los títulos de mi referencia, se ha de servir V.S. mandar se me devuelvan sin perjuicio de exhibirlos cuando el juzgado me lo ordene".[90] En el mismo juicio, el apoderado Jesús Santander manifestaba que "existen en el archivo de Don Francisco Mayorga [escribano de gobierno] las escrituras de los caciques Don Diego Sayanca, don Jacinto y Don Pascual Sayanca y Montesinos en la que hace esta misma donación a los naturales de las Lagunas para el sostenimiento de las capillas e iglesias del referido punto" pero Mayorga negó poseerlos hasta que fue apremiado. Finalmente, el testamento apareció en el expediente certificado por Mayorga.[91] Más atrás en el tiempo, encontramos prácticas similares de secuestro y ocultamiento de títulos. Entre otros ejemplos, el cacique Alcani de Mogna, respondía en un juicio de 1804 que los documentos de sus tierras estaban en poder de Antonino Aberastain, prominente vecino de la ciudad de San Juan.[92] En 1755,

---

[89] *Los Andes*, 20 de noviembre de 1897.

[90] AHM, carp. 120, época independiente, doc. 19.

[91] *Ibid.*

[92] ATSJ, caja 3, 1700-1810, época colonial.

Joseph Semeyan se quejaba de que su padre Don Diego Semeyan, cacique de Corocorto, le había dado a Don Francisco de Videla de la ciudad de Mendoza un papel o instrumento para sacar una copia y que no se la había devuelto.[93]

La propia firma del corregidor, tema sobre el cual se concentraron las principales críticas a la merced, podría ser parte de un ejercicio de copiado que tal vez no hubiera sido percibido como ilegal sino como un intento de reproducir la totalidad de los rasgos de un objeto que, para un lagunero conocedor de la fuerza de los documentos legales, era visto como un fetiche. De hecho, no solo la firma del corregidor sino las restantes de los testigos estarían copiadas por la misma mano.[94] Por otro lado, errores como este y de nombres, o de fechas, no eran ajenos a otros documentos antiguos considerados legítimos confeccionados por oficiales de justicia o gobierno. El propio Fernando Morales Guiñazú, quien destacaba como insalvable estos errores en la merced, señalaba uno análogo en otros documentos: "El cacique Diego Sayanca aparecía en un expediente de visitas a los repartimientos de indios de Mendoza en 1696 en la encomienda de Martin Pizarro de Córdoba y Figueroa. Pero en 1708 se lo registró en la de la madre de este, Leonor Córdoba y Figueroa, siendo que Martín fallecería recién en 1718" (Cornejo Lencina, 1961: 32). En suma, el fundamento legal de las propiedades privadas con posterioridad a la colonia basadas en actos de adjudicación del siglo XIX o principios del XX es por lo menos tan incoherente, fraudulento e ilegítimo como podría serlo la supuesta merced real e inclusive, la mayoría de ellas se remonta a ventas de herederos o apoderados reales o supuestos de la merced Sayanca.

La conclusión del informe de Draghi Lucero fue que la merced era falsa. Pero lo más interesante es su párrafo final, que reproduce el decreto de 1838 según el cual el gobierno de Mendoza reconoció la posesión de las tierras de Guanacache por parte de los laguneros y prohibió su enajenación por terceros.

> El gobierno de Mendoza produce este decreto el 12 de marzo de 1838: "Queda a beneficio de los naturales del Departamento de las Lagunas (actual departamento de Lavalle) todo el campo que se ha conocido por correspondiente

---

[93] AHM, carp. 29, época colonial, doc. 22.

[94] Esta fue la conclusión de la historiadora Rosa Zuloaga quien consideró que el autor de las firmas intentó disimular su falsificación (Cornejo Lencina, 1961: 29). Sin embargo, de acuerdo con las comprobadas prácticas de copiado local de los documentos con fines de preservación cabría pensar que se trató de reproducir lo más fielmente un documento original, o aún otra copia.

a dicho departamento, y que no ha sido enajenado hasta la fecha" (Draghi Lucero, en Cornejo Lencina, 1961: 38).[95]

Este documento es incluido en el informe como un fragmento aislado, sin conexión con todo lo anterior. Tampoco formó parte de la nómina de elementos de juicio para ninguno de los peritos ni para el propio Draghi, y su reproducción no es explicada en modo alguno. Pero se trata nada menos que del último párrafo del informe el que sugiere por única vez un antecedente de propiedad de los laguneros. ¿Por qué esta mención final? ¿Incluyó el texto del decreto como una mera curiosidad? El informe no lo explica. ¿Se trató de una "cápsula de tiempo" textual para un contexto más favorable o, simplemente una especie de gesto de culpa por su silencio sobre las luchas legales de los laguneros? Dudamos de que el propio Draghi (e inclusive otros peritos) haya desconocido completamente la existencia del decreto, los juicios del protector Escalante o los petitorios y defensas de los propios laguneros, que se encuentran también junto con el testamento del cacique Sayanca en los archivos de la provincia en diversas causas judiciales. Pero ninguna de estas actuaciones, que desplazaría el análisis de la merced y el testamento como reivindicación de sus herederos al de los derechos de los laguneros a las tierras, es mencionada en los análisis, excepto por esta escueta cita de Draghi, que además no hace referencia a otras fuentes más que a su publicación en un código de leyes oficial del siglo XIX (Ahumada, 1860). Tampoco la existencia de antecedentes coloniales tardíos de tierras indígenas en la región e, inclusive, reclamos colectivos por la tierra y el agua entre las décadas de 1920 y 1930 (Escolar y Saldi, 2017) es decir contemporáneos de la época en que Draghi Lucero viajaba a las lagunas de Guanacache en busca del folclore poético con el cual escribiría sus principales obras, incluyendo la que es considerada la obra cumbre de la literatura provincial, Las mil y una noches argentinas (Draghi Lucero, 1940). Esta marca textual evidencia, creo, la ambigüedad con que Draghi trató la cuestión de la identidad indígena de los laguneros. En su vasta obra, la indigenidad de éstos es un tropo permanente, pero siempre aplazado en su concreción presente. Se la invoca como un eco fantasmal, rizomas que emergen a través del velo de la magia, el mestizaje o el folclore —entendido como supervivencia de tradiciones hispanas—. Denuncia su historia como una tragedia y una

---

[95] También fue publicado en la primera recopilación de leyes provinciales en el siglo XIX (Ahumada 1860: 136).

injusticia, pero la da por concluida. Enaltece eventualmente las rebeliones montoneras, pero las define como "guerra criolla". Jamás menciona las luchas de los laguneros contemporáneos o su larga sucesión de demandas.[96]

El libro de Cornejo Lencina y los peritajes del informe en que se basa demuestran en suma la preocupación sobre los efectos legales de los reclamos en torno al testamento y merced real de Sayanca bien entrado el siglo XX. Ni los historiadores que se refirieron a la merced real, ni los estudios que la desacreditaron, pudieron explicar satisfactoriamente por qué numerosos juicios sobre tierras que apelaron a ella quedaron sin resolver por tantos años. El juicio por los denuncios efectuados por Alvino y Segura quedó sin resolver, al igual que muchos otros anteriores en los que se invocó el testamento y la merced de Sayanca, como los reclamos de Watteau, o de los supuestos descendientes de los caciques, tal vez porque otros fundamentos legales eran aún más dudosas. Es posible que nunca pueda determinarse si efectivamente la merced y el testamento de los Sayanca existieron primero como un documento producido por el estado colonial y un cacique moribundo, por indígenas desesperados o por abogados inescrupulosos. Lo cierto es que fueron una de las bases sobre las cuales los laguneros lograron resistir en parte la apropiación de sus tierras durante los siglos XIX y XX y articular o rearticular una memoria colectiva indígena, basada en derechos ancestrales a sus tierras, independientemente de las figuras legales circunstanciales. Referentes locales movilizaron judicialmente esos textos e incluso presionaron por su consideración legal a menudo lográndolo. Esos documentos fueron finalmente, además de pruebas legales, elementos clave en la producción de la verdad a través de usos performativos y pragmáticos que en esencia no difieren de lo efectuado por los actores no indígenas en reclamo de propiedad sobre los mismos espacios. Los "archivos huarpes" y sus memorias fueron la base para producir o legitimar determinadas realidades, incluyendo el derecho eminente a un territorio. La identidad indígena o huarpe, a menudo ocultada pero recurrentemente preservada e invocada, es en gran parte efecto de esta misma voluntad soberana.

---

[96] Notablemente, tampoco lo hace en su novela *La cabra de plata*, ambientada en las Lagunas de Guanacache y que intenta recuperar la voz y temas predilectos de los laguneros (Draghi Lucero, 1978).

La etnopolítica del agua. Inmigración europea y fabricación del "desierto huarpe" 1880-1940

Durante los primeros años de mi trabajo de campo con grupos y organizaciones adscriptos como huarpes en la década de 1990, dos historias habían llamado mi atención, porque me parecían inverosímiles según mi conocimiento bibliográfico. Una, la guerra de los huarpes contra los inmigrantes europeos de fines del siglo XIX. La dirigente o *amta* huarpe sanjuanina Argentina Quiroga recordaba que según su padre, la principal guerra de resistencia de los huarpes no había sido en los primeros siglos de la conquista sino "a fines del siglo XIX y en las primeras décadas del XX contra los inmigrantes, principalmente italianos y españoles, que les sacaban la tierra y el agua, razón por la cual la Martina Chapanay y Santos Guayama habían formado un ejército para combatirlos. La segunda, que contaban entre otros Sixto Jofré y Paulino Nievas de las lagunas de Guanacache, es que cuando ellos eran muy niños los pobladores habían viajado en masa a la ciudad de Mendoza a reclamar por sus tierras y por el agua que estaba siendo robada por los ricos y los inmigrantes. Las lagunas, que antes solían formar "un solo mar", se habían secado, el monte desaparecía y el ganado se moría de sed, lo que había sumido a los laguneros en la desesperación. Recordaban haber acudido en el ferrocarril que atravesaba las Lagunas y acampado frente a la legislatura provincial durante una semana para que el gobernador los atendiera. Mimí, la hija de Sixto, recuerda que habían venido con muchos niños. Sin embargo, en varios años de investigación no había visto ninguna evidencia de que esta inusual movilización hubiera ocurrido.

Años después pude encontrar datos que daban cuerpo a esta historia. Primero, un par de artículos de diarios de la época que mencionaban el suceso, aunque como veremos, con otro significado. Luego, una crónica en el informe de gestión del gobierno de Mendoza entre los años 1935 a 1938 (Provincia de Mendoza, 1938: 149-50) con impactantes fotografías donde aparecían los laguneros reunidos frente a la legislatura junto a uno de los más importantes gobernadores conservadores de la época y constructor de la Mendoza moderna, Guillermo Cano. El gobernador mismo narraba en el informe que viajó "a las alejadas zonas de Lagunas del Rosario y San Miguel" de donde luego había hecho traer a sus pobladores para que conocieran la ciudad. En las fotos se ven personas de todas las edades, con sus mejores ropas, encabezadas por el gobernador y otras donde aparecía un pequeño grupo de hombres y mujeres, quienes al parecer eran los líderes de los laguneros. El informe de gestión es mucho más extenso y trata de mostrar cómo el período de gobierno fue crucial para la Mendoza moderna mostrando diversas obras de urbanización y captación de agua para el crecimiento de los oasis vitivinícolas, que contribuirían decisivamente a configurar el ambiente provincial. También muestra la preocupación en materia de asistencia social y fomento intelectual. Se otorgaron pensiones a la ancianidad e invalidez y efectuaron campañas médicas de vacunación y asistencia en lejanos parajes de la provincia, se organizó el primer congreso de historia de Cuyo por parte de la Junta de Estudios Históricos de Mendoza y se patrocinaron publicaciones de autores mendocinos, entre ellos Juan Draghi Lucero. Y también se oficializó, como símbolo de la prosperidad de la ciudad, la primera fiesta nacional de la vendimia que hasta la actualidad es el principal ritual de identidad provincial.

Sin embargo, también en este período se produjo un movimiento cultural paradojal. Por un momento los laguneros relumbraron –abusando de Walter Benjamin– como huarpes "en un instante de peligro", relictos de un pasado indígena olvidado pero acuciante, y a la vez evocación de la cruda vigencia de las conflagraciones sociales, étnicas y ambientales reprimidas en la memoria cuyana. Pero, casi al unísono, su aboriginalidad fue enterrada casi para siempre en las imaginaciones públicas de identidades provinciales patrocinadas por el estado y los intelectuales (Escolar, 2007). Nada expresa mejor tal vez esta contradicción que la relación entre dos breves series fotográficas incluidas en el informe de gobierno de Cano. Primero, la de la visita de los laguneros a la ciudad donde se ve la foto con el gobernador y las otras donde están aparentemente los líderes del contingente, entre quienes reconocí por otras fotografías reproducidas en Rusconi (1961) a Rosa Guaquinchay, de San Miguel, Juan Manuel Villegas –el hijo del famoso juez de las lagunas Domingo Villegas– de San José, y Rosario Jofré, de

Lagunas del Rosario, pariente cercano de Guayama y abuelo de Sixto. Mirando con atención, se ve que Rosa aferra una especie de carpeta o libro encuadernado. La pose es similar a la que en otras fotografías de la época adoptaban indígenas del norte argentino, como los que después marcharían a Buenos Aires desde la puna de Jujuy y Salta en el famoso Malón de la Paz de 1946,[1] o los caciques apoderados de Bolivia, cuando iban a reclamar por sus tierras, portando celosamente y exhibiendo los documentos en los que basaban sus reclamos. La publicación no lo dice, pero supe al instante que era la muestra visible de los archivos huarpes. Esos debían ser los documentos presentados a Cano para sus mentados reclamos por las tierras, que según veremos tanto el informe de gestión de gobierno como la prensa ignoraron, pero quedaron plasmados subrepticiamente en la foto.

La segunda serie de fotografías son de la primera fiesta de la vendimia, en 1936. Allí se ven escenas con paradas, carros y carrozas con motivos alegóricos a la comunidad provincial y a la producción del vino, disfraces y otras curiosidades diversas propias de un desfile festivo. Se ven a los cosechadores de la uva, de piel morena, seguramente muchos descendientes de indígenas, con sus implementos y productos. Sin embargo, una de las principales fotos de la fiesta de la vendimia llama mucho la atención: representa un indio de las praderas norteamericanas a caballo, con sus plumas y pinturas tal como podía verse seguramente en las películas de la época. El "indio surreal"[2] extranjero, como símbolo pintoresco, expulsaba la aboriginalidad local de los mendocinos, sean estos los laguneros o los cosechadores, o tal vez el propio jinete autóctono disfrazado de indio norteamericano. En la misma línea, a pesar de la fuerte presencia que representaron los laguneros en la ciudad y en las mismas memorias del gobierno, nada se dice allí sobre su condición o demandas indígenas.

---

[1] El malón de la Paz fue una caravana de arrenderos indígenas que partió desde Abra Pampa en Jujuy hasta Buenos Aires para reclamar al presidente Juan Domingo Perón por la expropiación y reconocimiento de las tierras que ocupaban, continuando luchas y litigios históricos. Entre otras referencias pueden consultarse Rutledge (1987), Tesler (1989), Kindgard (2004) y Espósito (2017).

[2] Es una referencia a la categoría de Alcida Ramos (1994), que apunta a la manera en que los intelectuales y organizaciones indigenistas tienden a representar al indio como perfecto, puro, sufrido y estoico, que sería la contracara complementaria y compensatoria del indio estereotipado y sobreactuado de las audiencias nacionales. Ambos exageradamente indios, más "reales" que los reales. En el caso que describo, el "indio surreal" es un indio fantástico y caricaturesco, directamente incongruente con cualquier realidad local, que tiene el efecto de expulsar y proyectar la indigenidad a un plano radicalmente exterior a la misma.

Figura 10: Los laguneros con el gobernador Guillermo Cano frente a la legislatura de Mendoza, 1937.

Préstamo Miguel Gil.

Figura 11: Líderes laguneros. Al medio, Rosa Guaquinchay, Juan Manuel Villegas y Rosario Jofré.

Provincia de Mendoza. Tres años de Gobierno, 1935-1938.

Figura 12: Rosa Guaquinchay y su archivo.

Provincia de Mendoza. Tres años de Gobierno, 1935-1938.

Figura 13: Desfile de la fiesta nacional de la vendimia de 1936, Provincia de Mendoza. Tres años de Gobierno, 1935-1938.

Provincia de Mendoza. Tres años de Gobierno, 1935-1938

Tal como me relataban los laguneros, cuando sus abuelos llegaron a Mendoza agitando la rutina provinciana en noviembre de 1937 ya hacía un año que las lagunas estaban completamente sin agua por la espantosa sequía que atravesaba la región, al igual que toda la diagonal árida argentina (Tasso, 2011), y por la intensidad de la captación de los ríos para los viñedos de San Juan y Mendoza y el opulento parquizado de la ciudad. Los cultivos de trigo no habían podido crecer durante dos años y el escaso ganado se moría de sed, al igual que los pobladores. Los peces podridos en todos los cauces despedían un hedor insoportable. Sumado esto a la tala del monte nativo, cuya madera alimentaba el ferrocarril y la construcción de viñedos, la mayoría de los antiguos humedales estaban convertidos en tierras secas y medanosas y los laguneros estaban emigrando en masa para escapar. La miseria había igualado a las familias "ricas" que manejaban la producción de trigo y poseían mayor cantidad de ganado, con los puesteros pobres, inclusive los paupérrimos. Aunque las lagunas en parte volvieron a recibir agua algunos años, las sequías prolongadas acabaron con especies enteras de peces y la producción agrícola se retrotrajo, cuando pudo ser practicada, a cubrir escasamente necesidades subsistencia.

Sin embargo, tanto en el informe de Cano como en el diario *Los Andes*, con el mismo título "visita de pobladores lejanos", no se mencionaba nada de esto y se leía en cambio que los laguneros habían sido traídos por el gobierno de Mendoza para que conocieran el éxito de la ciudad. Afirmaban ambas publicaciones que los laguneros habían sido invitados por la recientemente creada Dirección de Turismo, para paliar su "desconocimiento de nuestro progreso".[3] Se describe cómo los laguneros celebraron bailes folklóricos criollos, visitaron el Museo de Historia Natural y el vastísimo parque General San Martín, un emporio de las elites desarrollado, junto con la impactante arboleda de las calles de la ciudad, a partir precisamente del derroche del agua de riego que se les negaba a los laguneros. Completando esta humillante paradoja, los laguneros pasaron también por el Parque Aborigen –una sección del parque San Martín– y su monumento al indio americano. En el Museo de Historia Natural fueron entrevistados por su director Carlos Rusconi. Como muchos otros, según escribió el propio naturalista, fue impactado por el desfile de los insólitos visitantes que daban cuenta de un mundo arcaico que se suponía desaparecido y creyeron ver en esos visitantes "a los antiguos huarpes" (Rusconi,

---

[3] *Los Andes*, 17 de noviembre de 1937.

1961: 111). Rusconi comenzó al parecer de inmediato un interrogatorio a los presentes sobre su ancestralidad indígena, que muchos de ellos manifestaban con orgullo, proporcionando abundantes datos genealógicos.

El arribo de los laguneros a la ciudad coincidió con una nueva corriente de interés sobre Guanacache y sus pobladores. A partir de la visita al museo Rusconi efectuó una larga serie de viajes a las Lagunas realizando un desordenado pero vasto registro etnográfico, incluyendo una amplia serie fotográfica para detectar la persistencia de la raza huarpe y sus supervivencias folklóricas. Impactado con la catástrofe ambiental del complejo palustre, advertiría sobre su desaparición y con ella la de los últimos descendientes de los huarpes (Rusconi, 1961). Juan Draghi Lucero viajó también en numerosas oportunidades a las lagunas a recopilar narraciones y canciones que en 1938 publicaría en su monumental obra, el *Cancionero popular cuyano* (Draghi Lucero, 1938) y en otros textos a lo largo de toda su vida. Evocaría también la triste sequía de Guanacache y la tragedia de sus habitantes. En una entrevista de 1984 afirmó haber recibido numerosas quejas de los puesteros que "perseguidos de la justicia, sufren tantas necesidades. Ninguno es dueño de la tierra. Y todos los años aparece un futre pueblero a cobrarles el alquiler del campo". Uno de sus cuentos "el policía enterrado" narra un caso real contado por los habitantes de las Lagunas del Rosario donde se conjuran para acabar con un policía corrupto que los expropiaba (Castellino, 2005: 17). En realidad, algunos viajeros habían acudido desde principios de la década, como otro asiduo visitante de la época, el pintor Fidel Roig Matons, que se instalaba durante más de un mes a pintar su serie "vestigios huarpes". Como recordaba el artista, los laguneros estaban convencidos de su ascendencia huarpe:

> Esta sobrevivencia les daba a los laguneros una particularísima unidad espiritual. Era muy notable ver la satisfacción que mostraban los más viejos cuando declaraban su origen. También la costumbre de agregar al nombre el apelativo de indio, el indio Pinicho, apodo con que se lo conocía a Froilán Villegas, el indio Carmen, y otros, que el nominado recibía con inocultable orgullo, era una manifestación de este convencimiento. Por el contrario, en ninguno de ellos se observaban referencias o conciencia de un posible origen hispánico. (Roig, F. *et al.*, 1999: 30).

A su vez, esta condición parece haber estado íntimamente ligada a su convicción y preocupación por sus derechos a la tierra:

El tema de la propiedad de la tierra era la preocupación constante de los puesteros y laguneros. Todos ellos se sentían con derecho a la tierra en donde habían nacido y estaban asentados desde múltiples generaciones. (*Ibid.*: 29).

Para la época ya las tierras del norte del departamento Lavalle estaban surcadas de escrituras superpuestas de diversos propietarios privados, casi todos en litigio. Algunas eran las que los mismos líderes laguneros, como Domingo Villegas o Juan Pelaytay, o sus descendientes habían inscripto. Sin embargo, si vemos el mapa del departamento elaborado en 1936 por Pedro Sabella, el geógrafo más reconocido de su época en Mendoza, podemos observar que aún se registraban en él los remanentes de las tierras de las antiguas reducciones. Los "campos del Rosario" y "campos de San Miguel".

Mapa 9: Departamento de Lavalle.

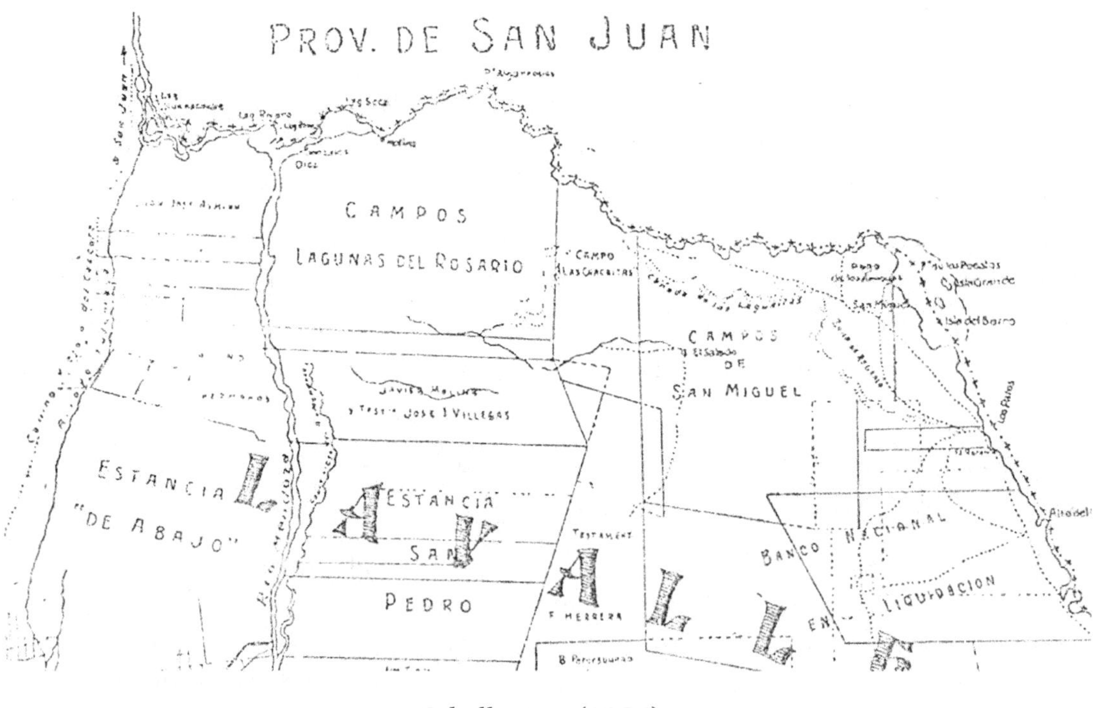

Sabella, P. F. (1936).

Los laguneros habían conocido cierta prosperidad en las décadas de 1910 y 1920. Desde la época colonial Guanacache fue un área de producción triguera que abastecía en parte a las ciudades de la región, pero en ese período los cultivos parecen haber aumentado, tal vez por una mayor demanda o por falta de producción en otras áreas de Cuyo volcadas a la vitivinicultura. Este cambio fue correlativo a la masiva incorporación en la sociedad regional de inmigrantes europeos, agricultores, bodegueros y profesionales liberales. Pero también, y sobre todo, una enorme y decisiva presión sobre sus tierras y agua.

El proceso de desecamiento de las lagunas fue explicado desde la década de 1940 como resultado de la ampliación de la infraestructura de regadío en los oasis cuyanos y de factores geológicos como el agrietamiento del suelo y la erosión que profundizó el cauce del río Desaguadero (Vitali, 1005; Rusconi, 1949: 191-200). Hacia la década de 1980 estudios geográficos centrados en el concepto de *desertificación* retomaron estos argumentos y desde un fuerte determinismo ambiental buscaron agregar nuevos condicionantes naturales del proceso (Prieto y Abraham, 1981: 110-39; Prieto, Herrera y Dussel, 1999: 473-81). No fueron abordados sin embargo los factores políticos o sociales de la desposesión histórica del agua a los laguneros ni las luchas que sostuvieron para resistirla reproduciendo, tal vez involuntariamente, los argumentos con que fue legitimado el proceso de expropiación. El desecamiento de las lagunas fue atribuido a la naturaleza, a la fatalidad, a la racionalidad técnica y al atraso cultural de sus habitantes, incapaces de adaptarse al progreso. Hasta el día de hoy estos argumentos informan la mirada del campo académico, la prensa, la educación y la burocracia de gobierno en las provincias cuyanas. Paralelamente, los laguneros y en general la población campesina de la región han sido casi borrados de las imágenes de comunidad provincial a la par que quedaron asociados a marcas étnicas y raciales de exclusión social y política. Como señala Leticia Saldi (2012, 2021) este proceso ha instalado dos cadenas metonímicas dicotómicas que operan correlacionando entre sí factores étnicos, ambientales culturales y políticos. Así, en las narrativas históricas y ambientales de la sociedad provincial, sin perjuicio de la invisibilización de indios y campesinos, surgen siempre como articuladores narrativos los pares dicotómicos oasis/desierto, progreso/atraso, culto/ignorante, blanco/negro (o marrón), europeo/indio o indígeno-criollo, que se asocian en dos series opuestas:

1. oasis-progreso-culto-blanco-europeo
2. desierto-atraso-ignorante-negro-indio

La primera serie representa a la Mendoza imaginada y deseada; la segunda, a su negación. Y estas cadenas son abiertas en sus extremos; es decir, funcionan como operadores totémicos que pueden expandirse en nuevos eslabones para organizar más clasificaciones del mundo. Así, se continúan incorporando en ellas pares como agricultura/ganadería, bello/feo, seguro/peligroso, cultura/naturaleza. La más célebre formulación de la serie es sin embargo el par sarmientino civilización/barbarie. Estas imágenes, que sin duda se remontan mucho más atrás, se rearticularon y reforzaron en el siglo XX como justificación de un proceso colonial interno de tierras, agua y fuerza de trabajo generado por la expansión de la vitivinicultura en gran escala. Ana María Alonso ha ilustrado cómo las "comunidades imaginadas" nacionales –o en este caso provinciales– tienden a ser *sustancializadas* como cosas a través de símbolos que las representan como objetos o elementos naturales, tales como territorios, paisajes, o la "sangre" (Alonso, 1994: 379-405). Estas sustancializaciones operan sin embargo hacia el interior de la comunidad a través de una suerte de totemismo ampliado, asociando intrínsecamente clasificaciones sociales y de la naturaleza. Así, en Mendoza, el área bajo riego, llamada *oasis*, quedó asociada inextricablemente a la comunidad provincial e historia de Mendoza, imaginada como poblacional y culturalmente europea; mientras que aquellas sin irrigación artificial, denominada *desierto* o actualmente *secano*, fueron indigenizadas junto con sus habitantes y excluidas de la narrativa civilizatoria e identitaria provincial, así como de la distribución de los recursos. No obstante, estas áreas representan en la actualidad el 97 % del territorio de la provincia.

Uno de los correlatos de estas poderosas imágenes es que la propia historiografía regional agregó una dicotomía más, representando a los sujetos indígenas y en general subalternos de áreas rurales como –parafraseando a Eric Wolf– "sin historia", contra el telón de fondo de las historias provinciales vinculadas a la saga civilizatoria del dominio de los europeos, las capas sociales altas y medias, el desarrollo de los oasis y la vitivinicultura moderna. Así, se aceptó este último grupo como "el sujeto histórico" relegando al resto de actores sociales en el mejor de los casos a un espacio patrimonial. Por ello, en este capítulo analizo la constitución histórica de estas imágenes, sus efectos y su disputa, a través de las luchas concretas de los laguneros por la defensa del agua y condiciones ambientales de Guanacache en la primera mitad del siglo XX. A través una dinámica política y ambiental de varios siglos, pero intensificada desde la segunda mitad del siglo XIX, se configuró y sobre todo reclasificó imaginariamente como "oasis" y "desierto" un paisaje originalmente mucho más diverso que incluía humedales, ríos y bosques. A pesar de la celebración del origen artificial de los oasis de regadío, cuya construcción se evoca como una gesta civilizatoria provincial, el "desierto", en parte su subproducto, es presentado como ámbito de naturaleza bruta, pura e inconmovible que puede o incluso debe ser sacrificado en aras del progreso, o más bien amenaza al mismo. Inspirándonos en los conceptos de Alonso, podríamos pensar en un "totemismo ampliado" ambiental mendocino como una reificación que constituye como "naturaleza" a las áreas y poblaciones desfavorecidas en un proceso económico y político de apropiación y distribución desigual del agua.

La etnificación del paisaje

La historia regional destacó el papel de los inmigrantes en el impresionante despliegue desde la década de 1880 de un modelo de desarrollo basado en la agricultura intensiva y la producción de vino para un pujante mercado interno –contrastando con la región pampeana, la más rica e influyente de la Argentina donde predominaba la producción extensiva de trigo, ganado ovino y bovino en gran medida destinado al mercado externo–. Para ello, durante el primer cuarto del siglo XX el estado provincial amplió la infraestructura hidráulica mediante diques derivadores, redes de canales matrices y canales secundarios que optimizaron la captación de agua para las áreas de oasis preexistentes. Esta empresa fue llevada a cabo por ingenieros europeos como César Cipolletti, Galileo Vitali y Gustavo André, quienes fueron considerados como "domadores del agua" y pasaron a formar parte de una pujante elite tecnocrática provincial (Martín, Rojas y Saldi, 2011; Saldi, 2012, 2021).[4]

Guanacache terminó siendo despojada del agua hacia la década de 1930 debido a la ofensiva sobre los recursos regionales por parte de las elites cuyanas y los inmigrantes europeos durante la época, correlativa a las grandes obras de infraestructura. Esta desposesión fue resistida por los laguneros a través de presentaciones al gobierno, legisladores, organismos públicos y la prensa, intentando persuadirlos de preservar una dotación de agua para riego a través de canales que allí existían. Estas demandas se vieron frustradas por la competencia con inmigrantes europeos que desde fines del siglo XIX venían asentándose en zonas cercanas, con mayor influencia derivada en gran medida de prejuicios étnico-raciales compartidos por la burocracia estatal y la opinión pública. Los sectores dirigentes de la provincia, en especial los conservadores

---

[4] Por ejemplo, tanto César Cipolletti como G. André fueron Superintendentes del DGI, al segundo en 1908 se le otorgaron tierras con derechos de riego restando agua y extensiones de tierra a Lagunas de Guanacache (Saldi, 2012, 2021).

del Partido Demócrata, los "gansos", tienen un infame historial de acaparamiento del agua controlando las cuencas superiores y medias de los ríos que nacen de la cordillera de los Andes, en detrimento de áreas de humedales aguas abajo. Además de Guanacache, es famoso el caso de los bañados del río Atuel en la provincia de La Pampa. Este río surge en la cordillera de los Andes en el sur de Mendoza, y antiguamente se internaba en La Pampa, uniéndose al Desaguadero y formando el Chadi-Levú cuyos extensos humedales albergaban una significativa población indígena –ranqueles– y criolla. Durante la primera mitad del siglo XX los diques construidos por el gobierno de Mendoza derivaron el agua hacia los viñedos de San Rafael, mayoritariamente en manos de inmigrantes, y desecaron el resto de la cuenca. La provincia de La Pampa acudió en 1987 a la Corte Suprema de la Nación argentina en sus reclamos contra Mendoza, en un conflicto que continúa sin resolverse.

Lo que muestra nuestro análisis para Guanacache es que las ideologías étnicas que en la Argentina propugnaban la superioridad racial y cultural de los europeos por sobre la población autóctona o criolla fueron convocadas no solo en la formación de la identidad nacional moderna, sino en los conflictos locales y regionales por el agua y la tierra. En Mendoza esto dio como resultado una determinada distribución geográfica y social del agua de riego en favor de los inmigrantes europeos, como así también, tal como anticipamos, la etnificación del ambiente y sus poblaciones. Domingo F. Sarmiento fundó hacia mediados del siglo XIX la dicotomía "civilización o barbarie" sobre una metáfora ambiental, devenida teoría. Era el "desierto" quien engendraba la barbarie que resistía y amenazaba al progreso de la sociedad argentina. La barbarie, inicialmente considerada como producto de la degeneración moral de los españoles o mestizos fue asociada cada vez más a sustratos indígenas de las poblaciones "criollas" o "gauchas" (Sarmiento, 1963 [1845]). Para explicar y deslegitimar las insurrecciones montoneras en Cuyo durante las décadas de 1860 y 1870, Sarmiento atribuyó efectos sociales determinantes al "desierto" en la movilización de sus pobladores como un "movimiento indígena campesino", motivado por "venganzas indias" contra las ciudades y su agricultura por la expropiación colonial del agua (Sarmiento, 1963 [1845]). Uno de sus ejemplos principales era precisamente el de los laguneros de Guanacache:

> Desierto es el espacio que cubren los llanos de La Rioja, las Lagunas de Huanacache, [...]. A la falda de Los Andes están dos ciudades, San Juan y Mendoza, que no modifican con su lujosa agricultura, sino pocas leguas

alrededor, el desolado aspecto del país llano, ocupado en parte por médanos, en parte por lagunas, y al norte cubierto de bosque espinoso. (Sarmiento1947 [1866]: 84).

[…] va a trabarse la lucha de aquellas poblaciones semibárbaras por apoderarse de las ciudades agrícolas y comparativamente cultas que están al pie de los Andes: Mendoza y San Juan, Catamarca. (*Ibid.*, 93)

Para conjurar la amenaza disolvente del "desierto" desde mediados del siglo XIX los principales ideólogos de la nación argentina, Domingo F. Sarmiento y Juan B. Alberdi, promovieron la inmigración europea considerada portadora de civilización. Hacia fines del siglo XIX y principios del XX, luego de que el Estado nacional derrotara las insurrecciones montoneras, conquistó los territorios indígenas de las áreas pampeana, patagónica y chaqueña. Inmediatamente integró a través de una red ferroviaria los mercados del interior, y la propuesta de europeización cultural de la Argentina se tradujo en políticas activas de fomento a la inmigración, con enormes resultados (Devoto, 2003; Bjer y Otero, 1995). Mientras que en 1869 la población no superaba los dos millones de habitantes, en 1914 alcanzaba 7.885.237, de los cuales el 29,9 % (2.357.952) eran extranjeros de origen europeo (República Argentina, 1914). Guanacache fue durante esta etapa de inmigración europea una suerte de bastión indígena-criollo con muy poca afluencia de europeos. Mientras que en 1914 su porcentaje en Mendoza era del 31,8 %, en el departamento de Lavalle, donde se ubica la porción mayoritaria de Guanacache, bajaba al 14,1%. Pero a su vez dentro del departamento se concentraron en el oasis de regadío de los distritos del sur, más próximos a la capital, como Costa de Araujo, Tulumaya y Jocolí. Allí la proporción de inmigrantes era semejante a la media provincial, mientras que hacia el norte, en las lagunas, alcanzaban solo el 0,9 % de la población.[5]

La creciente inmigración fue ocupada inicialmente como peones y luego como contratistas de viñas, pequeños propietarios y bodegueros en las áreas irrigadas. De acuerdo con el censo vitivinícola de 1914, de las 6.160 propiedades rurales existentes, el 76 % pertenecía a inmigrantes europeos (Paredes, 2004: 209-44) y las bodegas que hacia 1880 llegaban a dos docenas, superaron el millar y medio dos décadas después (Lacoste, 2004: 57-113). Muchos de estos inmigrantes se asociaron y en algunos casos desplazaron a las élites

---

[5] Elaboración propia sobre la base del Censo Nacional de Población de 1914.

locales pasando a ocupar cargos públicos provinciales y nacionales y colaborando en la realización de leyes y proyectos de infraestructura hidráulica. Este modelo generó un rápido crecimiento económico que en general fue considerado socialmente progresista por la literatura especializada debido a la proliferación de los pequeños productores vitivinícolas (Richard Jorba y Pérez Romagnol *et al.*, 2006). Se ha destacado también, sin embargo, que pese a las décadas de crecimiento económico entre fines de 1870 y 1928 no se mejoraron las condiciones de vida de los productores debido a la precariedad del acceso a la tierra, las relaciones laborales de contrato con los propietarios de viñas y el trato comercial desigual con los bodegueros, verificándose una gran precariedad habitacional y altas tasas de hacinamiento y mortalidad (Cerdá, 2011; Richard Jorba, 2010; Healey, 2011).

Algunos investigadores mostraron que el estado mendocino favoreció a los inmigrantes con la distribución de tierras, agua y crédito en detrimento de los pobladores criollos, concluyendo inclusive conque existió una "división étnica" del trabajo que generó el ascenso de muchos inmigrantes a la categoría de pequeños terratenientes y confinó a los criollos a los estratos más bajos de la jerarquía laboral (Fleming, 1976; Salvatore, 1986). Sin embargo, esta apreciación se refiere como étnicos a los criollos que son asimilados como mestizos de origen hispano, y solo tomó en cuenta en la práctica a la población de los oasis. No se analizó en profundidad la realidad social, económica y política del "desierto", en particular la relación histórica de sus ocupantes con la tierra, simplificada como una estructura de haciendas y peones rurales criollos.

El principal plano en el cual se consolidó el estado mendocino fue la concentración y administración territorial del agua. El hito fundamental fue la Ley de Aguas de 1884 que regula hasta nuestros días la administración hídrica en la provincia. Sobre la base de que en un sistema federal el recurso debe ser administrado por el estado provincial, dicha ley creó el Departamento General de Aguas, luego Departamento General de Irrigación (DGI) para centralizar su administración. Se trataba de un organismo autárquico, pero que en la práctica era controlado en gran medida por el Poder Ejecutivo, los grandes productores de viña y los bodegueros. La ley estableció el principio de inherencia del agua a la tierra, según el cual las concesiones de riego correspondían a propiedades territoriales específicas, de acuerdo en teoría a criterios técnicos de aprovechamiento racional de la cuenca, y no a personas. Además, estos derechos de agua solo podían considerarse en tierras privadas con títulos de propiedad. Esto excluía a grupos sociales y áreas enteras, que eran en realidad la mayoría del territorio provincial, donde los ocupantes no poseían títulos o mantenían un uso comunitario o semicomunitario y no exclusivo de la tierra y el agua. Los derechos de agua reconocidos por la ley fueron los "definitivos" y los "eventuales", estos últimos por un período determinado y sujetos en el tiempo a la disponibilidad del sistema. Los estratégicos derechos definitivos se otorgaron hasta la primera década del siglo XX a las tierras que ya tenían reconocimiento de concesiones de agua o sistemas de canales de riego con anterioridad a la formulación de la ley (Pinto, Rogero y Andino, 2006: 46).

Sin embargo, esta ley fue fuertemente manipulada por las elites políticas locales y los derechos de agua se otorgaban sobre todo según la influencia política del solicitante. El estado cedía o vendía a muy bajo precio a personas influyentes terrenos baldíos a los cuales se les adjudicaban después derechos de riego aumentando enormemente su valor. Además, como explicaba el dirigente socialista Benito Marianetti, lejos de obedecer a criterios técnicos estas concesiones eran "irracionales" por la falta de conocimiento hidrográfico y aforo de los ríos. Tampoco se respetaba el mentado principio de inherencia del agua a la tierra: "De un plumazo se otorgaban concesiones de miles de hectáreas [...] se realizaron maniobras escandalosas con el ardid del 'traslado' de derechos [...] otorgados en Lavalle, por ejemplo, eran trasladados a tierras de Lujan o de Las Heras" (Marianetti, 1948: 88).[6] En la legislatura se discutieron las dificultades de los pequeños agricultores para la obtención de derechos de riego por la existencia de un *lobby* que negociaba las concesiones, lo cual llevó a que se dictaran leyes complementarias para limitar su discrecionalidad (Marianetti, 1948). El propio Emilio Civit, gobernador de la provincia y principal promotor de la modernización urbana y del riego, denunció que el caudal de los ríos era "distribuido sin equidad [...] creando nuestra zona cultivada, ensanchándola en medio de la más irregular y sorprendente práctica de irrigación" (*Ibid.*, 188).[7] Sin embargo, él mismo era uno de los principales responsables políticos de esa inequidad y en diálogo con un periodista francés, promocionaba una visión edulcorada del proceso:

---

[6] El entrecomillado de 'traslado' está en el original.

[7] Emilio Civit fue gobernador de la provincia de Mendoza en dos oportunidades entre 1898 y 1907. En su segundo mandato profundizó las políticas hídricas generadas desde la ley de Aguas de 1884 destinando el agua a la vitivinicultura y al riego del arbolado de la ciudad de Mendoza.

Civit: —Supongamos el caso de un laborioso Lombardo [...] que tiene buenos brazos para el trabajo y deseos de hacerse rico. Compra cien hectáreas de tierra sin riego, pero en una zona regable, a razón de diez pesos la hectárea. Pues bien; el estado le facilitará al agua necesaria para el riego [...]. De ese modo, el lote de terreno queda valorizado, valiendo entonces 100 pesos la hectárea [el estado luego] prestará al sujeto los mil pesos que le faltaban para los canales y acequias. [...]

Huret: —¿Sobre qué garantía?

Civit: —Sobre el terreno, pues sabe usted que muy pronto valdrá 10.000 pesos.

(Huret, 1913).

Los canales fantasmas y otras estrategias locales de riego

A pesar de las imágenes de Guanacache como un desierto, sus pobladores aprovechaban a partir de diversas técnicas el agua fluvial, aluvial y pluvial para distintas producciones según un finísimo y complejo conocimiento ecológico e hidrográfico. La primera de ellos era el uso de la humedad retenida en el suelo arcilloso de las lagunas una vez retiradas parcial o totalmente las aguas, que permitía sembrar dos años seguidos. El limo aportado estacionalmente por los ríos y depositado en los deltas de Guanacache posibilitaba una gran productividad para cultivos de maíz, zapallo, melón y trigo. En los años de abundancia llegaban a cubrir una superficie de tres mil hectáreas (Vitali, 2005: 201). Los trigales, el principal cultivo, eran especialmente notables. Alcanzaban un metro y medio de altura y sus cosechas rendían hasta ochenta o ciento por uno y dos a tres toneladas por hectárea (Chirapozu, 1925: 197-205). Otra técnica de riego era la distribución del agua aportada por inundaciones o crecientes producto del deshielo o lluvias repentinas en la llanura. Si bien estas aguas corrían fuera de los cauces habituales y se esparcían por grandes áreas, los pobladores sabían dirigirlas mediante ciertas obras a zonas que requerían riego o acopiar parte del agua en reservorios excavados. Los laguneros realizaban *bordos* –promontorios de tierra– o diques bajos con ramas, de una altura de entre cuarenta y sesenta centímetros, para desviar el agua en las direcciones requeridas. Esto permitía lo que denominan "regar los campos", es decir, aportar humedad al terreno inculto para favorecer el crecimiento de especies vegetales silvestres o "monte" –arbustos, árboles, pasturas y pencas–, cuyos tallos, hojas y frutos componen el alimento del ganado y en parte de las personas, proveyendo además madera y medicinas, y otras plantas utilizadas para la construcción o el artesanado. De este modo se incrementaba notablemente la capacidad ganadera al propiciar, como destacaba un observador, la "inmensa cantidad de animales que pacen en los pastizales que aquí crecen" (Chirapozu, 1924). Esta estrategia de intervención se encuentra en el límite entre lo que habitualmente es considerado "riego" y "cultivo", conceptos que tal vez resulten insuficientes para describirla y se trataba de interacciones socioambientales, una ingeniería ecológica para incrementar toda la capacidad de producción de un ambiente y sostener especies silvestres. Otra técnica de manejo del agua superficial era la construcción de represas de tierra para contener parte del agua de lluvia y a su vez regar los sembradíos en períodos secos a través de acequias o bien, en casos extremos, con baldes. Para ello, estas represas eran ubicadas en un nivel más alto del terreno en áreas de suelo arcilloso que proporcionaban un lecho impermeable. Y finalmente, existían sistemas de canales de riego que extraían agua del río Mendoza y en menor medida del Desaguadero. Estos se ubicaban en diversos sectores de las llanuras de Guanacache, como Asunción, San José, Lagunas del Rosario, Encón, San Miguel y Algarrobo Grande. Algunos documentos mencionan la existencia antigua de estos canales. Martín de Moussy comentaba a mediados del siglo XIX que los habitantes de las lagunas, "la mayoría antiguos indios huarpes", los utilizaban para cultivar (Moussy, 2005). Prieto recogió memorias locales que señalaban su uso hasta la primera mitad del siglo XX (Prieto, 1981). Sin embargo, a pesar de esta variedad de sistemas de riego la literatura disponible solo ha caracterizado como método tradicional de riego en el área a la inundación periódica del borde de las lagunas (Rusconi, 1961: 111; Abraham y Prieto, 1981; Abraham y Prieto, 1991: 309-36).

Las redes de riego eran de envergadura con canales matrices y de distribución y requerían un manejo colectivo del agua. Según mis propias prospecciones en el terreno y las memorias locales, uno de ellos tuvo hasta quince o veinte kilómetros de extensión y era equiparable a los de los "oasis" de la época, hecho que hasta ahora solo hemos encontrado mencionado en forma tangencial en un olvidado informe de 1937 sobre el que volveremos más adelante (Provincia de Mendoza, 1937: 177-85). El tamaño de estos canales puede haberse incrementado a principios del siglo XX, tanto por la merma de los caudales que llegaban a las lagunas cuando se construyeron los grandes diques como por el desecamiento de tierras en zonas de bañados circundantes a Guanacache en Mendoza y San Juan, por medio de canales de drenaje ejecutados por inmigrantes europeos para crear tierras de cultivo. Esto ocurrió principalmente en Tulumaya, al sur del departamento de Lavalle, y en Cochagual y Pocito, en San Juan.

Los canales principales, aparentemente dos, fueron realizados según cuentan los laguneros por ellos mismos con pala y rastrón con un mínimo desnivel, aprovechando en algunas secciones los paleocauces secos del río Mendoza y en otras atravesando zonas de médanos. Tenían un metro de profundidad y casi un metro y medio de ancho, y de ellos derivaban canales secundarios y acequias.[8]

Figura 14: Restos de un canal lagunero.

Foto: Diego Escolar

---

[8] Según la tipología propuesta por Oscar Damiani (2002: 1-38) para el estudio arqueológico de canales en la región, los relevados en Guanacache son de sección trapezoidal, en algunos tramos con terraplenes a ambos lados, y parten de tomas libres practicadas en el río. Están realizados sobre suelo arcilloso, tal vez impermeabilizado artificialmente con arcilla. Existen también restos de canales de segundo orden con sección en tolva y de tercer orden con sección oval.

Como narran los laguneros, entre otros Sixto Jofré, Juan Nylo Reynoso y Fabián Nievas, más de cien personas entre pequeños campesinos, medianos propietarios y peones participaban de su construcción y los regantes coordinaban sus esfuerzos para limpiar los cauces evitando que se taparan de arena. El agua era distribuida luego en *chacras* de cultivo, en general contiguas, que cada familia parcelaba con cercos de ramas. Se practicaban prestaciones mutuas de fuerza de trabajo o *minga* entre vecinos para la realización de canales, las cosechas del maíz y el trigo y la construcción de viviendas entre otras actividades, tal como observaron investigadores a principios del siglo XX (Pozzi, 1925). El maíz y el trigo eran almacenados para el consumo familiar pero la mayor parte se comercializaba luego de su molienda en la provincia de San Juan. La mayoría de los laguneros poseían escaso ganado y sembradíos de menos de media hectárea, y apenas subsistían. Quienes según diversos testimonios construyeron, o tal vez reconstruyeron, los grandes canales a principios del siglo XX eran los considerados "ricos". Existían en efecto fuertes diferencias sociales y varios laguneros sembraban extensiones por encima de las cinco hectáreas, una superficie significativa para la agricultura local, poseían cincuenta o más cabezas de ganado vacuno, habían desarrollado en algunos casos fincas con viñas[9] y contrataban peones. Algunos, como Juan Manuel Villegas en San José, poseían hasta tres mil cabezas de ganado vacuno, casas en la ciudad de Mendoza y mandaban a confeccionar ropa de fiesta por sastres de Mendoza y Buenos Aires, con las mejores telas importadas. Rosario Jofré, por ejemplo, había formado una gran finca, que al igual que las de los oasis centrales incluía treinta y tres hectáreas irrigadas, arboledas de álamo, frutales, seis carros y mil cabezas de ganado vacuno. También poseían bienes significativos Rafael Morales, Rosendo González, Juan Díaz y Tadeo Mayorga y Florencio Ferreyra, entre otros. Todos ellos constituían la elite política local durante el siglo XIX y principios del XX. Muchos de ellos habían sido o eran descendientes de los peticionantes legales o los montoneros que habían controlado el área en el siglo XIX. Eran reconocidos como cultores de tradiciones locales, y según algunos, protectores de los más humildes y defensores de las tierras laguneras y para otros, acaparadores ilegítimos de tierras. Y temidos también por su poder y autoridad casi inapelable, que incluía prácticas como

---

[9] Se denomina así en la región a los campos de cultivo intensivo de frutales, vid, o alfalfa mediante riego canalizado.

el préstamo de peones, el control electoral, el acaparamiento de tierras y la asociación con explotadores de leña.

Los miembros de la elite lagunera mediaban en las relaciones con el resto de la sociedad provincial, especialmente las burocracias urbanas y el estado en general. Representaban electoralmente a partidos nacionales y provinciales y monopolizaban los cargos estatales o eclesiásticos locales, tales como comisarios, encargados del registro civil o "síndicos" de las capillas que administraban las concurridas fiestas de los santos patronales. Sin embargo, su poder que otrora podía incidir en la política regional e incluso nacional había sido drásticamente menguado desde la derrota de las últimas resistencias montoneras de la década de 1870 y el cambio de modelo económico de la ganadería en tránsito a Chile a la vitivinicultura en gran escala. La inmigración masiva y las políticas de administración del agua terminaron de sellar su suerte y la de las lagunas. Hoy son recordados como los últimos "caciques huarpes".

La gran sequía de 1936-1940 y el final de la guerra del agua

Durante el proceso de expansión vitivinícola los laguneros enfrentaron una batalla desigual contra los inmigrantes que se habían instalado desde fines del siglo XIX al sur del departamento de Lavalle –que encierra la mayor parte del complejo de Guanacache– más cercano a la ciudad de Mendoza. Fue efectivamente en el sur de dicho departamento donde se otorgaron derechos definitivos y posteriormente eventuales de agua a los hacendados más ricos[10] y a muchos inmigrantes que se convirtieron en dueños de grandes fincas y empleadores de mano de obra, sobre todo lagunera, en Jocolí, Tulumaya, Costa de Araujo y Gustavo André y controlaron definitivamente la política local (Maza, 1981; Saldi, 2012). Al igual que los laguneros, estos propietarios realizaban canales en los brazos de ríos y arroyos y desecaban humedales. Durante las tres primeras décadas del siglo XX efectuaron recurrentes pedidos de agua de riego que fueron obtenidos con relativa facilidad. Esto fue incrementando notoriamente su poder en el departamento, y como hemos visto en capítulos anteriores para los cargos de subdelegados y comisarios, fue una de las bases de concentración de los cargos públicos del municipio de Lavalle y del DGI, es

---

[10] Hacia 1908 se sumaron concesiones con derecho eventual a la Colonia Gustavo André y en 1930 se realizó una prolongación hacia el norte del canal Jocolí, denominado El Progreso.

decir los de intendente, concejales e inspectores de cauce electos por los propietarios.[11] La adquisición de derechos de riego hizo que entre fines del siglo XIX y la década de 1920 inmigrantes relativamente pobres se constituyeran en una pujante elite política. Denominados siempre como "propietarios" en la prensa y los documentos públicos, eran celebrados –en contraste con los pobladores autóctonos– como laboriosos vectores de civilización, inversores racionales y productivos y por lo tanto merecedores de apoyo gubernamental. Como hemos señalado, al igual que en gran parte de los oasis cuyanos, las tierras para formarlos se ganaban o se habían ganado no solo al "desierto" a los humedales preexistentes, como los bañados de Tulumaya, en el departamento de Lavalle, la Ciénaga del Bermejo, próxima a la ciudad de Mendoza y en San Juan las ciénagas de Pocito y, las del norte de las lagunas Guanacache, hasta Cochagual, y Media Agua. Las ciénagas se secaban mediante la construcción de canales de desagüe que servían primero para obtener nuevas tierras cultivables y luego para regar esas mismas tierras de forma controlada.

Hacia la década de 1930 se produjo el largo período de sequía coincidente con la fuerte reacción conservadora luego de las experiencias políticas progresistas de la década anterior, durante los Como en San Juan, los conservadores o liberal-conservadores habían gobernado Mendoza desde fines de la década de 1860. Pero esta férrea hegemonía se quebró como hemos visto con el surgimiento del lencinismo en Mendoza y el cantonismo en San Juan para la misma época, había bregado por la defensa de los obreros, peones rurales y pequeños productores vitivinícolas contra el dominio de los bodegueros y grandes viticultores.

La violencia con que los conservadores habían mantenido su dominio no cesó con el lencinismo, quien también la ejerció contra sus opositores, y fue combatido del mismo modo tanto por los conservadores como por el presidente radical Hipólito Yrigoyen. Intervenciones nacionales derrocaron cada uno de los gobiernos lencinistas y Carlos Washington Lencinas sería

---

[11] El cargo de inspector de cauce data de fines del siglo XIX, controlaba la distribución del agua a partir de los canales principales (Saldi, 2012: 111-112; Maza, 1980: 85). Era una posición muy estratégica, que podía mantenerse por décadas. En Jocolí miembros de la familia Montalto accedieron al cargo por el canal El Progreso desde 1946 hasta la década de 1990 y en la colonia Gustavo André, sucesivas generaciones de este primer colono controlaron el agua hasta la actualidad, inclusive su hijo fue superintendente general de irrigación, máxima autoridad del DGI, entre 1927 y 1928 (Saldi, ibid.).

asesinado, como hemos visto, en 1929. Como en el resto del país durante la "década infame" –desde el golpe de estado de 1930 hasta el de 1943– que precedió al primer gobierno de Perón en 1946, la provincia fue dominada nuevamente por los conservadores a través del fraude electoral, dando marcha atrás con la mayoría de las reformas lencinistas y un nuevo impulso a la apropiación de tierras, recursos y fuerza de trabajo campesinos. En el norte de Mendoza, donde el aporte de los ríos a los sistemas de riego era cada vez más esporádico, la lucha por el agua coincidió entonces con un contexto de escasa sensibilidad estatal por los campesinos nativos.

La historia política de Guanacache de cuenta de habituales batallas comiciales donde las votaciones se disputaban a golpes de talero, cuchilladas y eventualmente balazos. Los partidos políticos tenían sus personeros locales que reclutaban el voto a cambio de algunas mejoras, lealtades o favores de distinto tipo. Los laguneros tienen una doble y contradictoria actitud hacia "la política," que según mis informantes más viejos tendría sus raíces muy lejos en el tiempo. Por un lado, un extremo pragmatismo a la hora de recibir los bienes ofrecidos por diversos actores o instituciones –partidos, iglesias, organismos y proyectos públicos y privados– que pretenden ganar influencia en el "campo", independientemente de su confesión partidaria (Escolar, 2010). También una sensibilidad al poder real o potencial de estos diferentes actores, sean viejos conocidos o nuevos visitantes, que se traduce en que muy difícilmente expresen públicamente un antagonismo o identidad política, al mismo tiempo que evalúan costos y beneficios de la relación. Y que frecuentemente aceptan plegarse a proyectos o propuestas de quienes consideran poderosos sin perjuicio de sus pasadas lealtades. Cuando Sixto Jofré condenaba estas características decía que a pesar de su irreductibilidad y resiliencia en muchos aspectos los laguneros eran "blanditos para ladearse"; aunque como hemos visto esta aparente labilidad estuvo ligada históricamente a la supervivencia y la defensa estratégica de sus territorios.

Con la gran sequía de mediados de la década de 1930 las redes políticas de los laguneros iban a ser puestas a prueba a partir de sus desesperados reclamos por el agua. Según recuerdan sus descendientes, durante décadas los líderes locales intentaron infructuosamente que el DGI les reconociera derechos de riego para de esta manera poder acceder a una provisión de agua a través de los canales existentes para sostener sus cultivos. La visibilidad de estos reclamos generó un fuerte debate entre las elites dirigentes, no solo entre miembros de distintos partidos sino dentro mismo del partido conservador, sobre si los pastores, agricultores y pescadores de Guanacache eran merecedores de tales derechos. Por un lado, algunos consideraban que Mendoza tenía una deuda con los laguneros por haber postergado económicamente el área, y que representaban una suerte de monumento vivo del pasado. Esta deuda debía ser saldada más bien mediante su incorporación a la vida moderna como productores agrícolas intensivos de cultivos de alta renta, como el vino, para lo cual debía proporcionarse riego a su territorio. Como hemos visto en el capítulo anterior este proyecto podía trazarse por un lado hasta las propuestas de Jules Watteau de principios del siglo XX para desarrollar Guanacache como un centro agrícola y valorizar la tierra mediante obras de riego. Por otro lado, la postura predominante consideraba inevitable –y hasta secretamente deseable– la extinción de los laguneros, que ya se daba como vimos en el plano intelectual, debido al avance del progreso y la incapacidad de los laguneros para adaptarse tanto cultural como económicamente. Propugnaba que dado que los laguneros no eran capaces de un riego racional y productivo lo mejor era una mayor centralización en los oasis existentes –en el caso del departamento de Lavalle, beneficiando a los propietarios ubicados al sur de Guanacache–.

Ambas posiciones coincidían en gran medida en cuanto al modelo socioeconómico que el estado debía promover. La priorización de la rentabilidad de la producción vitivinícola intensiva orientada al mercado por sobre la economía diversificada y de baja o nula acumulación de los pastores, pequeños ganaderos y campesinos. En la primera, sin embargo, se contemplaba la posibilidad de reconversión como productores agrícolas autónomos de los laguneros en su propia tierra. La segunda implicaba que las poblaciones indígenas o campesinas criollas solo podían incorporarse como mano de obra barata en las fincas de los propietarios europeos fuera de las Lagunas. Lo que se evitaba reconocer es que ya hacía mucho tiempo que existían productores laguneros –agricultores, pescadores o ganaderos– que estaban orientados al mercado y acumulaban capital.

Cuando comenzó a golpear muy fuerte la sequía, en el segundo semestre de 1935, se publicaron primero notas de diarios exigiendo el restablecimiento del sistema de riego en Guanacache. Un artículo de *La Palabra* en julio de ese año mencionó que el diputado Armando Guevara Civit había presentado un proyecto a la cámara de diputados para construir un canal derivado del río Mendoza para llevar riego a Lagunas del Rosario, con capacidad para regar diez mil hectáreas, entre Lagunas, San José y Asunción.[12] El departamento de Lavalle recuperaría "la gran importancia que tenía hace unos 40 años cuando el sistema de riego no había sufrido el serio quebranto que ocasiona su actual decadencia".[13] Cinco meses después se publicó otro artículo que, si bien continuaba apoyando el proyecto, culpabilizaba a sus habitantes por la pérdida de la infraestructura de riego por su déficit técnico para mantenerla.[14] Sin embargo, no mencionaba que ellos mismos la habían construido y reconocía la existencia de antiguas y prósperas áreas de cultivo bajo riego, sin explicar finalmente cómo habían podido desarrollarlas teniendo en cuenta su supuesta incapacidad agrícola.

También la prensa de San Juan reclamaba obras de riego en su porción de Guanacache. Una nota periodística describía en las Lagunas:

> Un cuadro de desolación impresionante: sembrados perdidos por la falta de riego, casas abandonadas por pobladores que han emigrado por la esterilidad de sus esfuerzos, arboledas ya secas [...] Y en este caso [el de Huanacache] puede sintetizarse lo que ocurre en otros distritos. Allí se disponía de agua poco más o menos abundante para haber dado un fuerte impulso a la agricultura y es así que se formó un núcleo de población que en poco tiempo transformó aquellos lugares.
>
> Y como sucede, la actividad desarrollada por los primeros en emprender las obras de mejoramiento fue imitada por otros vecinos, que esta vez fueron los que poseen fincas hacia el oeste, de manera que al utilizar también ellos el caudal de agua disponible, esto es: al aumentar los consumidores, el líquido resultó insuficiente y determinó la pérdida de plantaciones y el éxodo de familias.[15]

Aunque hubo lamentos por la trágica situación de los laguneros, rápidamente se empezó a invisibilizarlos. Cuando ya había pasado más de un año de que las lagunas de habían secado, en noviembre de 1937, *Los Andes* publicó artículos dando cuenta de la situación desesperante de los pobladores rurales de provincias cercanas, pero evitando referirse a Mendoza y San Juan. Un artículo titulado "Caravanas de hombres recorren la provincia", por ejemplo, describía la emigración inmensa en busca de agua Santiago del Estero donde

---

[12] *La Palabra*, 13 de julio de 1935.

[13] *Ibid.*

[14] *La Prensa*, 21 de diciembre de 1935.

[15] *Diario Nuevo*, 23 de enero de 1936.

poblaciones enteras asaltaban los trenes para robar el agua de las máquinas.[16] Solo tres días después el mismo diario cubrió el arribo a la capital mendocina de los laguneros que estaban atravesando una catástrofe similar, pero evitó mencionar, como vimos, cualquier atisbo de reclamo. Sin embargo, no solo sabemos que su objetivo era otro, sino que a partir de una breve pesquisa en las fotografías publicadas en las memorias del gobierno de Cano puede inferirse la fuerte tensión que existía. A las fotos de sus dirigentes enarbolando sus archivos, se suma que si observamos la foto principal podemos ver, intercalados o en torno de los aproximadamente cien laguneros presentes, más de treinta policías de uniforme sin contar guardaespaldas vestidos de civil. Se trataba tal vez de una previsión excesiva pero una muestra evidente de los temores del gobierno a las acciones del grupo.

Paralelamente a las demandas laguneras y los proyectos para la revitalización del área, los diarios de la provincia promovieron también las solicitudes de riego de los inmigrantes europeos que se asentaban en Jocolí, una de las últimas zonas de riego del departamento, equivalente en distancia a Guanacache. Al contrario que los laguneros, estos eran caracterizados como héroes civilizatorios sobre la inclemencia del "desierto" y en su apoyo se inclinaban sin fisuras las autoridades de gobierno y legisladores. *La Palabra* publicó una nota proponiendo un plan de colonización en Jocolí con la radicación de familias de origen europeo. Esta "bella iniciativa" había sido sugerida por un ex Superintendente de Irrigación, que promovía la urbanización del distrito mediante el loteo de tierras.[17] Al día siguiente, otro artículo volvió con la petición de los pobladores de Lagunas del Rosario al Poder Ejecutivo "para que se restauren los canales que sirvieron en cierta ocasión para irrigar esas tierras, consideradas como muy feraces". La nota coincidía sin embargo con la opinión de que los canales habían sido borrados por falta de cuidado y abandono por los pobladores, agregando que preferían dedicarse a la ganadería. Admitía, no obstante, que de restaurarse los canales "el departamento de Lavalle cobraría así la importancia que tuvo en época lejana".[18] De acuerdo con el artículo, el poder ejecutivo habría atendido la petición y ordenado la realización de los estudios de la obra. Pero alertaba que correspondería a la

---

[16] *Los Andes*, 14 de noviembre de 1937.

[17] *La Palabra*, 23 de diciembre de 1935.

[18] *La Palabra*, 24 de diciembre de 1935.

Legislatura conceder los nuevos derechos de agua, salvo que ya figurasen en los padrones de la Superintendencia General de Irrigación. Esta insinuación sobre la probable existencia de concesiones de agua era muy importante, porque habría dotado de una decisiva legalidad a los reclamos laguneros, en la medida que la Ley de Aguas de 1884 había establecido que la preexistencia a la propia ley de canales y derechos de riego en un área justificaba el otorgamiento de derechos definitivos.

Respondiendo a una solicitud del Poder Ejecutivo, el DGI confeccionó un informe sobre la conveniencia de restituir el riego en los distritos de Lagunas del Rosario, Asunción y San José.[19] Fechado en Lagunas del Rosario el 28 de diciembre de 1937, el texto analizaba las características hidrográficas y sistemas de riego existentes proporcionando la primera y hasta ahora única alusión oficial detectada a la presencia de obras de riego en Guanacache. "En la época en que los ríos que alimentan las Lagunas llevaban el aporte de su caudal hasta ellas, los pobladores de la zona mantenían apreciables extensiones de cultivos, los que se sostenían con un sistema primitivo de riego, sistema que por otra parte era el único que permitía las características del terreno".[20] Contradiciendo las imágenes de ineptitud de los laguneros, el informe concedía que la realización y mantenimiento de canales y el transporte del agua a través de ellos ere extremadamente dificultoso en ese terreno ya que además de los médanos, la pendiente del terreno es muy suave por lo cual los canales debían abrirse en los ríos mucho antes de su desembocadura. Esto era lo que efectivamente habían hecho los pobladores a partir de los vestigios observados en el terreno, mediante tomas en el río Mendoza y aún en el Desaguadero.[21] El texto ratifica nuestro propio relevamiento al afirmar que existía un largo canal cuya última rehabilitación se había producido en 1925.[22] Sin embargo, solo da cuenta parcialmente de la extensión de los canales ya que el principal media casi el doble de largo, existían otros similares y la red alcanzaba zonas de cultivos distantes del río en el occidente de las lagunas, mucho más lejos que las áreas postuladas.

---

[19] Archivo Histórico del Agua, del Departamento General de Irrigación (en adelante AHA), Memoria año 1937, "Lagunas del Rosario", 28 de diciembre de 1937.

[20] AHA, Memoria año 1937, "Lagunas del Rosario", 81.

[21] *Ibid.*: 181-182.

[22] *Ibid.*: 184.

El tono general del informe finalmente no fue favorable al proyecto, pero sus conclusiones son contradictorias. La primera es que por la falta de agua en el cauce del río Mendoza –debido al incremento de su utilización aguas arriba– sería inútil reparar las tomas y canales, lo cual solo proporcionaría una solución efímera y a un costo muy alto. Pero en la misma página se afirma que las aguas, aunque irregularmente, llegan de hecho con habitualidad por el río hasta Guanacache. La segunda conclusión profundiza el criterio ingenieril y agrega uno demográfico, la conveniencia de establecer las nuevas zonas de riego cerca de las ya existentes o de áreas con núcleos importantes de población, suponiendo que Guanacache carecía de ambas condiciones. Sin embargo, el propio informe caracteriza luego a las zonas de riego de Guanacache como antiguas y vastas y que tenían en ese momento más población que otras áreas de colonización agrícola, como Jocolí y Gustavo André.

El argumento fundamental para denegar la construcción –o como el informe menciona más apropiadamente: *reconstrucción*– del canal a Guanacache fue el que aparece enunciado al final del texto: el temor de que en caso de reconocer los derechos de riego a los lagueros se le quitara la posibilidad al DGI de destinar agua a otras zonas consideradas en esencia más auspiciosas. "Si se resolviera reconstruir la toma y canal para llevar un alivio, aunque momentáneo a la situación de los pobladores, esto no implicaría el reconocimiento de un derecho a las aguas del río, puesto que el otorgamiento de ese derecho podría ser un serio inconveniente en el proyecto de las futuras obras para el aprovechamiento integral del río Mendoza".[23] La falta de voluntad política para reconocer derechos de riego a los lagueros parece explicar otro aspecto del informe: la vaguedad en la datación de los sistemas de riego preexistentes en el área. Aunque abundan alusiones a su "antigüedad" nunca se proporciona precisión alguna, cuidando muy probablemente de no mencionar fechas anteriores a 1884, cuando se dictó la Ley de Aguas. Por la misma razón, muy posiblemente las esporádicas alusiones a áreas de riego locales son calificadas en potencial como probables "nuevas" áreas. Estas omisiones no se explican de otro modo que por el temor a reconocer que el agua les había sido ilegítimamente expropiada y que por consiguiente les podría corresponder a los lagueros un derecho definitivo de riego.

---

[23] *Ibid.*: 185.

Finalmente, el mismo año en que se publicó el informe se otorgaron derechos de riego en Jocolí permitiendo a los beneficiarios abrir un nuevo canal el cual fue bautizado, indicativamente "El Progreso".

Hemos visto cómo la decisión de no admitir provisión de riego en Guanacache corrió en paralelo con la barbarización de sus habitantes. Hacia 1939 *Los Andes* publicó un artículo denominado gráficamente "Los pobladores de las Lagunas de Guanacache arrastran una penosa existencia que debe merecer la atención del gobierno".[24] La nota comenzaba recordando que ese "productivo mar interior" que había sido Guanacache abastecía a la ciudad de caballadas y vacunos, pescado e "innúmeras cargas de trigo". Luego, narraba su decadencia a raíz del surgimiento de nuevos centros de cultivo de viñedos demandando la totalidad del caudal de los ríos y la instalación del ferrocarril desde 1885 que incrementó al extracción de maderas. Pero luego de explicar estas causas de su debacle y sin solución de continuidad, las atribuyó a las características étnicas de los laguneros:

> El progreso creciente de Mendoza y San Juan les arrebató el agua que gozaron como un don del cielo. Es indudable que se ha ganado infinitamente con el cambio operado y ello debe acreditarse como la más espléndida victoria del trabajo racional sobre las fuerzas ciegas de la naturaleza. Valen más, producen hoy más beneficios materiales mil hectáreas de viña en el Departamento de Luján[25] que lo que producirían las Lagunas de Guanacache si tuvieran agua. Pensar en restar una sola gota de agua a cultivos de gran provecho para tratar de darle vida a la zona lagunera sería un mal negocio; a pesar de la opinión francamente contraria de estos pobladores. ¿Este interesante problema de orden económico social debe dejarse como un pequeño saldo local desfavorable de un gran beneficio de carácter general? [26]

La respuesta afirmativa a esta última pregunta estaba claramente implícita. El saldo desfavorable era bajo ya que se trataba de un impacto meramente local; pero también porque los pobladores eran indios. Encontramos formulado en este breve párrafo los principales tópicos de las cadenas metonímicas oposicionales que, siguiendo a Saldi, describíamos al principio del capítulo. Los lagueros, su vida y territorio, eran asimilados al atraso, a la naturaleza,

---

[24] *Los Andes*, 16 de abril de 1939.

[25] Distrito reconocido como una de las áreas donde los inmigrantes europeos más exitosos y las elites criollas instalaron sus viñedos y bodegas.

[26] *Los Andes*, 16 de abril de 1939.

a la fuerza bruta, frente a la racionalidad, la acumulación de capital y el progreso de la sociedad mendocina blanca. Continúa el artículo con su explicación evolucionista de la tragedia lagunera, negando incluso su posibilidad de adaptación cultural e inclusive su misma supervivencia por la existencia de un "abismo psíquico" entre ambos grupos:

> Desgraciadamente todo ese elemento de trabajo extensivo es en razón de su composición étnica (hispano-huarpe) inadaptable al ritmo habitual del resto de la población mendocina. Existe un verdadero abismo psíquico entre el poblador 'lagunero' y el activo contratista de viñas del departamento de Maipú, por ejemplo. [...] Bien es cierto que la gente joven que aún deambula por esos campos sin agua podría emigrar y buscar trabajo en lugares más acogedores; pero será siempre un elemento postizo, inestable, que causará más daño que beneficio [...]. Todo lagunero ha nacido para vivir de la crianza de ganados rústicos. Será siempre, de acuerdo a su tradición varias veces centenaria, el más sedentario elemento de Cuyo, de hábitos primitivos, cristalizados en su vida quieta, rutinaria. Hoy puede observarse en ellos un acentuado estado de renunciamiento y abandono.[27]

Considerado el padre de la hidrología mendocina, el ingeniero y funcionario del DGI Galileo Vitali también sugirió una forma de reestablecimiento del agua en las Lagunas invocando "Las necesidades que sufre la población aborigen de esa región, último vestigio de la raza Huarpe, que va extinguiéndose a causa de que el progreso le ha privado del elemento indispensable a sus medios de vida y existencia; el agua." (Vitali, 1940: 151). El proyecto consistía en desviar el curso del río Tunuyán para que alimentase a las Lagunas por el sureste del complejo y reconstruir diques naturales que habían existido aguas abajo, cuya destrucción era para él otra de las causas del desecamiento. De esta manera el nivel de agua subiría llenando las lagunas y luego podrían derivarse de ella canales para la conformación de campos de cultivos. Sin embargo, precavido de la hegemonía de los inmigrantes viticultores y las argumentaciones descarnadamente economicistas predominantes en el DGI, Vitali aclaró que el proyecto no debía tomarse "como un mero sentimentalismo tendiente a evitar el despoblamiento de los aborígenes que aún medran en la región (los últimos huarpes que van quedando)", sino como una medida para que los médanos no avanzaran hacia las últimas áreas de regadío afectando el oasis (Vitali, 2005: 205). La amenaza del desierto caníbal sobre el oasis era tal

---

[27] *Ibíd.*

vez la única vía por la cual Vitali consideraba poder defender a los laguneros. Pero la propuesta finalmente no prosperó.

Al asumir su mandato bajo un gobierno provincial y nacional peronista, en 1946, el nuevo superintendente del DGI Ángel C. Cremaschi, se reunió con los regantes de Lavalle y habló sobre la necesidad de obras para solucionar problemas de las propiedades al sur del departamento. Abandonó completamente la idea de llevar riego a la Lagunas diciendo que "Sería inútil dar agua a un desierto que nadie entrará a cultivar".[28] La supuesta inadaptación cultural al progreso por la huarpidad de los laguneros había servido como argumento para deslegitimar sus demandas. Pero ahora se los invisibilizaba a partir de su directo reemplazo por el término "desierto". El agua se daría a un desierto, no a personas. Como señalaba a Vitali, además no era un vacío neutro, sino un monstruo que amenazaba la integridad de los oasis: el enemigo de Mendoza. Esta figura continuaría guiando con fuerza las políticas hídricas y la visión de los cuerpos técnicos y académicos hasta la actualidad, que orientados por el concepto de desertificación atribuyen en última instancia al atraso de sus pobladores el deterioro ecológico del área, lo que justificaría la intervención y dirección técnica y política externa en el manejo ambiental (Torres, Montaña, Torres y Abraham, 2005: 11-24; Abraham, 2002: 27-44).

Hacia la década de 1930, entonces, con el desecamiento de las lagunas se produjo una eclosión de las contradicciones entre las distintas imágenes y narrativas sobre la aboriginalidad de las poblaciones subalternas de Cuyo. Guanacache (junto con sus habitantes) fue hipervisibilizada como reducto huarpe, pero ese fue finalmente el argumento mediante el cual se justificó la expropiación y control del agua y se exculpó al estado de la obligación de destinar agua a dicha área. Esta expropiación fue explicada no como un acto colonial, sino como fruto de determinaciones al mismo tiempo racionales, naturales, técnicas y étnicas. Pero inmediatamente, para el estado y sociedad cuyana la aboriginalidad de los laguneros y los propios laguneros corrieron la misma suerte que el agua de sus canales y sus sistemas de regadío; fueron reemplazados por su par metonímico: el desierto.

---

[28] *Últimas noticias*, 10 de junio de 1946.

Epílogo

En este libro he desarrollado una historia indígeno-criolla de Guanacache en Cuyo, uno de los principales escenarios de la *nación blanca* de la Argentina. Intenté demostrar que los derechos de tierras y sentidos de pertenencia indígenas han sido producidos, valorados y defendidos por poblaciones locales con una relativa continuidad al menos desde el siglo XVIII hasta mediados del siglo XX, y que las memorias y archivos de estas luchas llegan hasta el presente. En Mogna, Valle Fértil, Corocorto y las lagunas de Guanacache, y más adelante sobre todo en esta última área, los indígenas articularon esta defensa con las políticas tardocoloniales, las revoluciones de independencia, las guerras civiles entre unitarios y federales, la formación y consolidación del estado moderno, la inmigración europea y el régimen conservador. Aunque estos procesos afectaron a los laguneros a través de relaciones coloniales, aun conflictivamente estos fueron partícipes activos y a través de estas mismas relaciones, su manipulación, negociación y resistencia lograron objetivos estratégicos como la permanencia en las tierras que históricamente reclamaron.

Desde el siglo XVIII hasta principios del XIX los caciques cuyanos motorizaron la defensa de sus derechos apoyándose en su poder territorial y valor estratégico para las necesidades del estado colonial, especialmente sus servicios militares en la frontera sur, en conflicto a su vez con ese mismo estado y sus elites. Obtuvieron en muchos casos el reconocimiento de tierras y cargos que perduraron hasta los inicios del período independiente. Las revoluciones de independencia implicaron tanto una presión sobre los derechos de propiedad colectiva reconocidos por la corona, desde idearios liberales y políticas conservadoras, como el empoderamiento de los laguneros y sectores subalternos campesinos a partir de una renovada militarización. Durante el largo período de guerras civiles entre unitarios y federales los laguneros continuaron ocupando y reivindicando sus tierras frente terratenientes de uno y otro bando, aunque lograron mayor apoyo de los federales, por su apoyo militar y político. Se basaron para ello en memorias y tradiciones políticas republicanas indígenas de raigambre colonial, tanto en las formas de representación política interna como en la jurisprudencia y modos de relacionamiento con el estado, destacándose el papel de funcionarios civiles locales que continuaron cumpliendo un papel de mediación y liderazgo similar al de los caciques del siglo XVIII. A partir de la década de 1860 y durante la de 1870 las estrategias judiciales dieron paso cada vez más a insurrecciones y levantamientos que se acoplaron o fueron parte de conflagraciones de mayor envergadura, como los levantamientos del Chacho Peñaloza, la Revolución de los Colorados, las montoneras mitristas y la prolongada insurrección de Santos Guayama. Luego de la derrota de las montoneras, el avance sobre las tierras de Guanacache se intensificó y las maniobras para apoderarse de ellas tuvieron mucho mayor éxito, aunque sobre una base legal endeble que nunca pudo soslayar o impugnar del todo los derechos reconocidos a los laguneros desde tiempos coloniales. De este modo, se dio la paradoja de que algunos de los mismos instrumentos de sostenimiento legal que utilizaron los laguneros fueron aplicados a la privatización fraudulenta de gran parte de sus tierras, pero también de otras que abarcaron casi un tercio de la provincia de Mendoza, lo que vició en realidad la legitimidad de la constitución de la propiedad privada. Sin embargo, la puja no se produjo solo sobre las tierras de los laguneros, sino también sobre su agua, fuerza de trabajo, historia e identidad. Así, en la década de 1930 hizo eclosión una crisis ambiental que implicó el desecamiento de las lagunas y la transferencia de sus recursos hídricos a las áreas controladas por las viejas elites políticas y nuevos inmigrantes europeos que desarrollaron el modelo de producción vitivinícola en gran escala que caracterizó la economía regional desde fines del siglo XIX.

La combinación entre memorias, archivos y tradiciones de lucha de los laguneros y la persistencia de verdaderos brulotes legal-políticos indígenas permitió que mantuvieran la ocupación de gran parte de sus tierras. Pero la existencia de ese legado y la necesidad de legitimar un proceso colonial moderno como "sin sujeto" fue también una de las razones principales que impulsó la producción de la narrativa de extinción indígena por parte del campo intelectual como informantes de los discursos estatales. Esta fue establecida con mucha fuerza en la década de 1930 y sostenida casi sin cuestionamientos hasta la de 1990.

A pesar de que una necesaria economía textual me llevó a calificar a los laguneros demasiado frecuentemente como un colectivo unificado, o designar a menudo como "élites" al conjunto abigarrado de políticos, comerciantes, terratenientes y mandos militares de la región, esto no deja de ser una simplificación de la dinámica que hemos analizado. Es muy difícil saber, por ejemplo, en qué medida los reclamos de los laguneros por las tierras fueron siempre colectivos o también en función de intereses particulares o instrumentados por líderes como capital político. Lo más probable es que la representatividad de las acciones de demanda haya fluctuado entre esos dos polos a lo largo del período estudiado. Los "archivos huarpes", por ejemplo, fueron diseminados, copiados y atesorados entre distintas familias e individuos. En el discurso de muchos laguneros actuales esto formó parte de una estrategia colectiva de preservación frente a poderes externos a la comunidad, pero también puede inferirse que su posesión daba poder, prestigio y legitimidad a las familias o portavoces; y eventualmente podían ser utilizados como antecedente para sustentar propiedades familiares o individuales. Aunque podamos identificar luchas y demandas emancipatorias en las acciones de los laguneros de Guanacache o sus líderes, también es posible detectar la prosecución de objetivos políticos y económicos personales y un entramado político mucho más complejo y fluido que lo que las teorías del caudillismo, por un lado, y algunas aproximaciones indigenistas, por el otro, permitirían analizar. Tomemos por ejemplo a los líderes de las acciones judiciales o militares en las que se embarcaron los laguneros. Domingo Villegas mantuvo la gestión de la resistencia judicial por las tierras de Guanacache a lo largo de más de cuarenta años, pero salvó su vida en uno de los más intensos y largos contextos de violencia política del país y finalmente obtuvo títulos sobre tierras, al igual que la mayoría de las autoridades y funcionarios laguneros del estado provincial. Santos Guayama, el principal caudillo militar lagunero logró sostener durante casi dos décadas un poder semiautónomo local, al igual que en gran parte de la campaña cuyana, y resistir usurpaciones y el control estatal. Pero también hizo asesinar a potenciales delatores, robó y exigió rescates, obligó a entregar ganado y reclutas, pagó a seguidores y negoció sus servicios políticos y militares con partidos y facciones otrora enemigas. La existencia de éstas contradicciones no significa, por supuesto, que las demandas de los laguneros y sus luchas no sean justas y legítimas sino que al contrario, reponer esta compleja historicidad fue un requisito para poder dar cuerpo a sus derechos y a su consistente tradición política.

Figura 15: Sixto Jofré y sus compañeros en 1940.

Archivo de Sixto y Mimí Jofré.

Figura 16: Juan Nylo Reynoso e Hilario Morales.

Foto: Diego Escolar

El retorno de las salamancas

¿Cómo fue posible que a pesar de la larga represión, el escamoteo del pasado y la imposición de la narrativa de extinción los laguneros hayan podido mantener a lo largo del tiempo memorias, conocimientos y modos de interpretación indígenas?

Uno de los principales temas que surgieron durante mi trabajo de campo en Guanacache fue el de las salamancas. Es un término ambiguo, que señala por un lado los lugares donde pueden realizarse pactos con el diablo para obtener poderes, riqueza y diversas capacidades o dones o experimentar otras situaciones extraordinarias, en las que aparece gente del pasado y comparte con los vivos. Suelen presentarse y desaparecer de manera imprevista. En un apartado camino los jinetes ven un gran resplandor y escuchan música de fiesta en el monte. Al acercarse, encuentran una gran casa iluminada y un paisano elegante que los invita a pasar a un salón, donde hermosas mujeres y hombres vestidos a la usanza antigua, bailan, beben y comen, todo de lo mejor y reluciente. Desconcertados, aceptan la comida; tal vez bailan. Un poco más tarde el sueño los domina y el anfitrión, siempre atento, les ofrece una cama con sábanas muy blancas. Al despertar, se encuentran acostados en la arena y la casa no existe, solo las huellas de sus propios pasos. Otras veces aparecen mesas tendidas con vajilla de oro, voces, cantos en la noche y luces fantasmales que vagan por el desierto.

Según explica Juan Nylo Reynoso los lugares de salamancas se mantuvieron ocultos y se pasaban "de memoria en memoria". Se trataba de reuniones en donde se transmitían los conocimientos antiguos y poderes recónditos. Saberes sobre "los tiempos" o "el cosmos", el comportamiento de las estrellas, los planetas, el sol y la luna, su relación con los ciclos de la naturaleza. Pero también "las cosas del pasado y del futuro". Las salamancas todavía están, pero la gente ha olvidado cómo convocarlas; los indios sabían hacerlo. Porque precisamente la salamanca era, en realidad, la "escuela de los indios".

Por diversas razones creo que la salamanca es también una metáfora que ayuda a representar la experiencia de reconstrucción y transmisión del pasado de los laguneros. Según interpretaciones clásicas, el término alude paródicamente a la célebre universidad española y señala una transmisión no escolástica, subversiva, herética y clandestina de conocimientos que serían en realidad la contracara del saber académico. Para los laguneros la idea de que eran "las juntas del diablo" habría sido instalada por los curas para combatir las divinidades, rituales y conocimientos indígenas. Algo similar al poder y elusividad de la salamanca, y su capacidad de persistir clandestinamente para la transmisión de dones o conocimiento, sugiero, es lo que ha ocurrido con los "archivos huarpes". Dos de los aspectos que más me llamaron la atención de la salamanca son que era presentada como una vía para transmitir conocimiento a través de una coexistencia mágica con el pasado y también el espacio donde los indios y su legado se hacían presentes. Algunos activos buscadores de las salamancas dicen recibir mensajes y secretos de ancestros, o haberles sido transmitidos poderes de curación o adivinación. Uno de ellos vio a los indios haciendo un ritual mirando el cielo y repitiendo una letanía. Estaban desnudos de la cintura para arriba y tenían pulseras de cuentas de colores en las muñecas y tobillos. En otro sueño, los veía vestidos como criollos. Lo miraban como esperando que hiciera algo. Uno se acercó y le habló en lengua huarpe. Otros, finalmente, han acudido a los lugares de salamancas a invocar a sus ancestros para que los orienten políticamente en el difícil proceso de rearticulación de las identidades y organización de las comunidades indígenas actuales.

Creo que más allá de las experiencias concretas implicadas en estas prácticas son también una adecuada representación de la transmisión, producción, interpretación y movilización de conocimientos históricos que los laguneros han desarrollado desde por lo menos mediados del siglo XVIII, como hemos visto en este libro. La elaboración y reelaboración semiclandestina de ese conocimiento ha tenido que luchar implícita o explícitamente con cánones historiográficos y etnográficos y representaciones y estéticas nacionales que, como la universidad de Salamanca, impusieron su *doxa* marginando otras posibilidades. Así como los terratenientes y cabildantes coloniales o los políticos y militares del siglo XIX borraron o intentaron hacer desaparecer los documentos de derechos a las tierras indígenas, los arqueólogos, etnólogos e historiadores que instalaron la noción de extinción indígena encapsularon la "evidencia huarpe" arqueológica o histórica en vitrinas, tipologías, estratos temporales, archivos y narrativas autorizadas. La indigenidad cuyana quedó inscripta en un régimen de excepción epistemológica bajo la autoridad inapelable de una corporación que, como soberana en su campo, establece y puede suspender sus propias reglas de designación y derechos a la existencia y validez de lo real. Sin embargo, en la medida que un "archivo huarpe" fue mantenido misteriosamente posible y en ocasiones materializado por la operación de historiadores, magos o líderes políticos laguneros, esos mismos documentos, sitios, artefactos, relatos, gestos y prácticas culturales pudieron ser también dislocados y reincorporados en un corpus que permite releer su historia colectiva, y en parte de la nación, como indígena o indígena criolla. Sin embargo, lo que la salamanca sugiere no es solo la posibilidad de rearticulación del pasado, sino también, sobre todo, su carácter abierto, radicalmente irrepresentable y pragmático. La capacidad de "entrar" y "salir" de lo indio, eludiendo la trampa de la clasificación ajena; de dislocar el orden de conocimiento y de los sujetos, diluyendo la historia en magia.

Fuentes

Archivos

Archivo Americanista Monseñor Pablo Cabrera

Archivo de Domingo Faustino Sarmiento

Archivo de Inca Joaquín Sayanca

Archivo de Juan Nievas

Archivo de los Tribunales de la Provincia de San Juan

Archivo de Miguel Gil

Archivo de Sixto y Mimí Jofré

Archivo de Yuli Bruno

Archivo del Ministerio de Relaciones Exteriores de Chile

Archivo Eclesiástico de Mendoza

Archivo Fotográfico y Documental Museo Etnográfico "Juan Bautista Ambrosetti"

Archivo General de la Nación

Archivo Histórico de Mendoza

Archivo Histórico de San Juan

Archivo Histórico del Agua

Archivo Histórico Mitre

Archivo Histórico Nacional de Chile

Archivo Histórico Sarmiento

Archivo General de Indias

Biblioteca San Martín

Encuesta Nacional de Folklore de 1921

Registro Oficial de la Provincia de Mendoza

Diarios

Diario de Cuyo

El Constitucional

La Prensa

Los Andes

Diario Uno

La Palabra

La Libertad

El Tulumaya

Diario Nuevo

Diario Últimas Noticias

Bibliografía

Abduca, R., Escolar, D., Villagrán, A., y Farberman, J. (2014). "Debate: Historia, antropología y folclore. Reflexiones de los autores y consideraciones finales de la editora". En: Farberman, J. (Coord.) Debate Historia, antropología y folclore. *Corpus, archivos virtuales de la alteridad americana*, 4(1). Recuperado de:

https://journals.openedition.org/corpusarchivos/653

Abercrombie, T. (1998). *Pathways of Memory and Power: Ethnography and History among an andean people*. Madison: University of Wisconsin Press.

Abraham, E. (2002). "Lucha contra la desertificación en las tierras secas de Argentina. El caso de Mendoza". En Abraham E. y Fernández Cirelli, A. (eds.), *El agua en Iberoamérica*, 17, *De la escasez a la Desertificación* (Mendoza: CYTED), 27- 44.

Abraham, E. y Prieto, M. del R. (1991). "Contributions of Historical Geography to the Study of Processes of Landscape Change. The Case of Guanacache, Mendoza, Argentina", *Bamberger Geographische Schritten* (11), 309-36.

______. (1981). "Enfoque diacrónico de los cambios ecológicos y de las adaptaciones humanas en el NE árido mendocino", *Cuadernos CEIFAR*, (8, Mendoza, 110-39.

Abrams, P. (1988). "Notes on the difficulty of studying the State". *Journal of Historical Sociology*, 1(1), 58-89.

Acevedo, E. O. (1979). *Orígenes de la organización judicial de Mendoza*. Mendoza: Fundación para la educación, la ciencia y la Cultura.

Adamovsky, E. (2019). El gaucho indómito. De Martín Fierro a Perón, el emblema imposible de una nación desgarrada. Buenos Aires: Siglo XXI.

______. (2016). "Criollismo, política y etnicidad en las ideas y el folklore de Eusebio Dojorti (Buenaventura Luna)". *Studies in Latin American Popular Culture*, (34), 2016, 242-271.

Ahumada, M. de (1860). *Código de las Leyes, Decretos y Acuerdos que sobre Administración de justicias se ha dictado la Provincia de Mendoza*. Mendoza: Imprenta El Constitucional.

Alonso A. M. (1994). "The politics of space, time, and substance: state formation, nationalism, and ethnicity", *Annual Review of Anthropology*, (23), 379- 405.

Amselle, J. L. (1998). *Mestizo Logics. Anthropology of identity in Africa and Elsewhere*. Stanford University Press.

Archivo del General Mitre, Tomo XII. *Pacificación y reorganización nacional después de Pavón (conclusión)* (1912). Buenos Aires: Biblioteca de la Nación.

Ardissone, R. y Grondona, M. F. (1957). *La instalación aborigen en Valle Fértil*. Buenos Aires: Universidad Nacional de Buenos Aires, Facultad de Filosofía y Letras, Instituto de Geografía.

Arias, D. (s.d.). mimeo. Santos Guayama, esfinge de una época y una estirpe.

Arias, H. D. y Peñaloza de Varese, C. (1966). *Historia de San Juan*. San Juan: Spadoni.

Balandier, G. (1966). The colonial situation: a theoretical approach. En Wallerstein, I. (ed.), *Social change. The colonial situation*. Nueva York: John Wiley & Sons.

Balibar, E. (1991). The nation form: History and Ideology. En Balibar E. e Wallerstein I. (eds.), *Race, Nation, Class. Ambiguous Identities*. Nueva York: Verso, 86-106.

Barth, F. (1976). *Los grupos étnicos y sus fronteras*. Mexico: D.F.: Fondo de Cultura Económica.

Bechis, M. (1983). Interehnic RelationsDuring the Period of Nation-State Formation in Chile and Argentina: From Sovereignty to Ethnic. Ann Arbor MI, University Microfilms International." PhD diss., *Corpus: Archivos vurtuales de la alteridad americana* 1(2). https://corpusarchivos.revues.org//1193.

Belin Sarmiento, A. (Ed.). (1902). *Papeles del Presidente 1868-1874, parte primera* (Vol. L). Buenos Aires.

Bernabéu, S. & Giudicell Ch. & Havard, G. (Comps.). (2012). *La Indianizacion. Cautivos, renegados, "hommes libres" y misioneros en los confines americanos*. Madrid: Doce Calles.

Bialet Massé, J. (1985). *Informe sobre el Estado de las Clases Obreras Argentinas a Comienzos de Siglo*. Buenos Aires: CEAL.

Bischoff, E. (2013). *El cura Brochero: un obrero de Dios*. Córdoba: El emporio ediciones.

Bjer, M. y Otero, H. (comps.). (1995). *Inmigración y redes sociales en la Argentina Moderna*. Tandil: CEML, IEHS.

Boccara, G. (2007). *Los vencedores: Historia del pueblo mapuche en la época colonial*. San Pedro de Atacama: Universidad Católica del Norte.

Boixadós, C. (1999). "Expropiación de tierras comunales indígenas en la provincia de Córdoba a fines del siglo XIX. El caso del pueblo de La Toma". *Cuadernos de Historia*, 2, 87-113.

Boixadós, R. (2007-2008). "Recreando un mundo perdido. Los pueblos de indios del valle de Famatina en la visita de 1667 (La Rioja, gobernación de Tucumán)". *Población y Sociedad* 14-15, 3-31.

______. (2008). "Caciques y mandones de Malligasta. Autoridad y memoria en un pueblo de indio de la Rioja Colonial." *Andes* (19), 251-278.

Bragoni, B. (2010). Cuyo después de Pavón: consenso, rebelión y orden político, 1861-1874. En Bragoni, B. y Míguez, E. (coord.) *Un nuevo orden político. Provincias y Estado Nacional 1852-1880*, Buenos Aries: Biblos, 29-60.

______. "Guerreros virtuosos, soldados a sueldo. Móviles de reclutamiento militar durante el desarrollo de la guerra de independencia". *Dimensión antropológica*, 12 (35), 95-137.

______. (1999). *Los Hijos de la Revolución*. Madrid: Taurus.

Bragoni, B. & Míguez, E. coord. (2010). *Un nuevo orden político. Provincias y Estado Nacional 1852-1880*. Buenos Aires: Biblos.

Bragoni, B., Richard Jorba, R. (1993-1998). "Acerca de una nueva economía regional". *Xama*, 6-11, 223–236.

Bransboin, H. (2015). *Mendoza federal. Entre la autonomía provincial y el poder de Juan Manuel de Rosas*. Buenos Aires: Prometeo.

Briones, C. (1998). *La alteridad del cuarto mundo. Una deconstrucción antropológica de la diferencia*. Buenos Aires: Ediciones del Sol.

Bosé, W. B. L. (1966). "Las postas en las provincias del Norte y Cuyo en la época del congreso de Tucumán". *Trabajos Y Comunicaciones*, *XV*, 124-152.

Caballero, L. C. (2012). *Algunas Genealogías de originarios de Mendoza*, edición del autor.

Cabrera, P. (1929). "Los aborígenes del país de Cuyo". *Revista de La Universidad Nacional de Córdoba*, XV (7–8), 3–53.

Canals Frau, S. (1946). "Etnología de los huarpes. Una síntesis". *Anales del Instituto de Etnología Americana*, 7, 9-149.

______. (1956). "El pueblo de Capayán y los indios capayanes". *RUNA, Archivo para las ciencias Del Hombre*, 7 (1), 29-37.

Carrillo Cázares, A. (1991). "Chischinaquis, un indio escribano, artífice de los títulos primordiales (La piedad siglo XVIII)". *Relaciones. Estudios de Historia y sociedad*, 48, 187-210.

Carte, E. (1969). "Las varias muertes de Santos Guayama". *Todo es Historia*, 23, 36-45.

Castellanos, A. (1926). "Un viaje por las lagunas de Huanacache y el Desaguadero", *Sociedad Luz Serie II*, 3(47).

Castellino, M. E. (2005). *Juan Draghi Lucero. Vida y obra*. Mendoza: Editorial de la Facultad de Filosofía y letras.

Cerdá, J. M. (2011). *Condiciones de vida y vitivinicultura: Mendoza, 1870-1950*. Bernal: Universidad Nacional de Quilmes.

Chambouleyron, J. (2004). La cultura del agua: de la acequia colonial a los grandes embalses, en Roig, A., Lacoste, P. y Satlari, C. (comps.). *Mendoza, cultura y economía*. Mendoza: Caviar Bleu, 115-43.

Chertudi, S. (1967). "La difunta Correa". *Cuadernos del INA* (6), 95-178.

Chiaramonte, J. C. (2010). "The 'Ancient Constitution' after Independence (1808-1852)", *Hispanic American Historical Review* 90(3), 455-488.

______. (1997). *Ciudades, provincias, estados: Orígenes de la nación argentina (1800-1846)*. Buenos Aires: Ariel.

Chiaramonti, G. (2005). A propósito del debate Herrera-Gálvez de 1849: breves reflexiones sobre el sufragio de los indios analfabetos. Aljovín de Losada, C. y López, S. (comps.). *Historia de las elecciones en el Perú*. Lima: Instituto de Estudios Peruanos.

Chirapozu, J. (1924). A orillas de Huanacache, *Páginas Sanjuaninas*. Buenos Aires: Rosso y Cía., 197-205.

Chumbita, H. (2000). *Jinetes rebeldes, Historia del bandolerismo social en la Argentina*. Buenos Aires: Vergara.

______. (1998). "Los rebeldes de Santos Guayama". *Todo es historia*, 368, 70-88.

______. (1994). "Martina Chapanay, bandida y montonera". *Todo es historia*, 33, 36-42.

Chumbita, H. y Robledo, Víctor H. (2011). *La causa perdida del Comandante Severo Chumbita. Rebelión de las montoneras federales 1862-1868*. Rosario: Editorial Ross.

Clastres, P. (1978). *La Sociedad Contra el Estado*. Caracas: Monte Ávila.

Concatti, R. (2003). *El tiempo Diablo del Santo Guayama*. Mendoza: Corregidor.

Contreras Cruces, H. (1998). "Los caciques de Talagante durante el siglo XVIII. Legitimidad, prestigio y poder, 1718-1719". *Cuadernos de Historia* 18, 139-167.

Contreras Cruces, H. y Godoy Orellana, M. (2019). Chile en siglo XIX ¿Una república sin indios?. En Escolar, D. y Rodríguez, L. (eds.). *Más allá de la extinción: Identidades indígenas en la Argentina criolla, siglos XVIII-XX*. Buenos Aires: SB, 237-252.

Cornejo Lencina, A. (1961). *La Falsa Merced Real de 1713*, a favor del Cacique Sayanca. Mendoza, *Mundo Cuyano*.

Cruz, R. (1997). El fin de la "ociosa libertad". Calchaquíes desnaturalizados a la jurisdicción de San Miguel de Tucumán en la segunda mitad del siglo XVII. En Lorandi, A. M. (comp.) *El Tucumán Colonial y Charcas* (II). Buenos Aires, FFyL – UBA, 215-261.

Cueto, A. O. (1989). "La legislación hispánica sobre tierras y su vigencia en la Mendoza colonial (siglos XVI-XIX)". *Revista de Estudios Regionales*, 3, 65-108.

_____. (1988). "Dos intentos enfitéuticos en la legislación sobre tierra pública en Mendoza, en el siglo XIX". *Revista de Estudios Regionales*, 1, 73-100.

Cunnil, C. (2011). El indio miserable: Nacimiento de la teoría legal en la América colonial del siglo XVI. *Cuadernos de Intercambio*, 9, 229-248.

Damiani, O. (2002). "Sistemas de riego prehispánico en el Valle de Iglesia, San Juan, Argentina". *Multequina,* 11, 1-38.

Debenedetti, S. y Pozzi, J. (1925). "Diario de la XXI Expedición a las Lagunas de Huanacache en 1925, Museo Etnográfico". Archivo Fotográfico y Documental del Museo Etnográfico de la Universidad de Buenos Aires 'Juan Bautista Ambrosetti' (manuscrito).

De la Fuente, A. (2010a). *Hijos de Facundo*. Buenos Aires: Prometeo.

_____. (2010b). Resistencias a la formación del Estado nacional e identidad partidaria en la provincia de la Rioja: los nuevos significados del federalismo en la década de 1860. En Bragoni, B. & Míguez, E. (coord.) (2010). *Un nuevo orden político. Provincias y Estado Nacional 1852-1880*. Buenos Aires: Biblos, 61-78.

Delrio, W. (2005). *Memorias de expropiación. Sometimiento e incorporación indígena en Patagonia (1872-1943)*. Buenos Aires: Editorial de la Universidad de Quilmes.

Devoto, F. (2003). *Historia de la Inmigración en Argentina*. Buenos Aires: Sudamericana.

Díaz, A., Ruz, R. Galdames, L. (2011). "Participación de la población indígena en la política y justicia comunitaria en Arica y Tarapacá durante el siglo XIX". *Revista de Estudios Históricos- Jurídicos,* 33, 511-532.

Di Meglio, G. (2007). ¡Viva el bajo pueblo! La plebe urbana de Buenos Aires y la política entre la revolución de Mayo y el rosismo. Buenos Aires: Prometeo.

Draghi Lucero, J. (1978). *La Cabra de Plata*. Buenos Aires: Castaneda.

_____. (1935). Manuel José Olascoaga. En Gobierno de Mendoza, *Centenario del Coronel Manuel José Olascoaga*. Mendoza: Junta de Estudios Históricos de Mendoza, 21-54.

_____. (1940). *Las Mil y una Noches Argentinas*. Buenos Aires: Kraft.

_____. (1938). *Cancionero popular cuyano*. Mendoza: Best.

Echagüe, P. (1932). *Dos novelas Regionales*. Buenos Aires: Jackson.

Encuesta Nacional de Folklore 1921.

Escolar, D. (2019). La merced real del cacique Sayanca: aboriginalidad, propiedad y soberanía en Argentina. 139-164. En Escolar, D. y Rodríguez, L. *Más allá de la extinción: Identidades indígenas en la Argentina criolla, siglos XVIII-XX*. Buenos Aires: SB.

______. (2018). "La república perdida de Santos Guayama. Demandas indígenas e insurrecciones montoneras en Cuyo, Argentina, siglo XIX". *Estudios Atacameños, Arqueología y Antropología Surandinas*.140-164.

______. (2014a). "Jueces indígenas, caciques criollos: autonomía y estatalidad en Guanacache, Mendoza (siglo XIX)". *Tiempo Histórico*, 9, 37-72.

______. (2014b). "La naturaleza impura de las cosas folklóricas. Interdisciplina y elaboración de un archivo huarpe". En Farberman, J. (coord.) Debate Historia, antropología y folclore. *Corpus, archivos virtuales de la alteridad americana*, 4(1).

______. (2013). "Huarpes Archives in the Argentine Desert: Indigenous Claims and State Construction in Nineteenth-Century Mendoza". *Hispanic American Historical Review* 93 (3), 451-483.

______. (2012) El repartimento de prisioneros indígenas en Mendoza durante la Campaña del Desierto y otros itinerarios del debate intelectual mendocino. En: Laguarda, P. y Fiorucci, F. (eds.). *Intelectuales, cultura y política en espacios regionales de Argentina (siglo XX)*. Rosario: Prohistoria/Universidad Nacional de La Pampa, 171-196.

______. (2010). "'Acompañando al pueblo huarpe': Luchas de representación y control político en la institución de comunidades huarpes de Guanacache, Mendoza." En Gastón Gordillo y Silvia Hirsch (eds.). *Movilizaciones indígenas e identidades en disputa en la Argentina*. Buenos Aires, Flacso-La Crujía, 173-206.

______. (2007). *Los Dones étnicos de la Nación. Identidades huarpes y modos de producción de soberanía en Argentina*. Buenos Aires: Prometeo.

______. (2000). "Identidades emergentes en la frontera argentino-chilena: subjetividad y crisis de soberanía entre la población andina de la provincia de San Juan". En Grimson, A. (ed.) *Fronteras, naciones e identidades en el Mercosur*. Buenos Aires: IDES CICCUS-La Crujía, 256-376.

______. (1999). "Paisajes etnográficos de Guanacache: la problemática huarpe en la actualidad". Actas del Congreso Argentino de Americanistas. Buenos Aires: Universidad del Salvador.

______. (1996). *Narraciones del "Gaucho Donoso": Bandidos, Pasados Contranatura y Anatomías Nacionales en los Andes Argentino - Chilenos*. Tesis de licenciatura. Buenos Aires: Universidad Nacional de Buenos Aires, Facultad de Filosofía y Letras.

Escolar, D. y Rodríguez, L. (Eds.). (2019). *Más allá de la extinción: Identidades indígenas en la Argentina criolla, siglos XVIII-XX*. Buenos Aires: SB.

Escolar, D. y Saldi, L. (2018). "Apropiación de los niños indígenas capturados en la Campaña del desierto: Mendoza, 1878-1889". *Nuevo Mundo Mundos Nuevos*, diciembre de 2018.

______. (2017). "Making the indigenous Desert from the European Oasis: Ethnopolitics of Water in Mendoza, Argentina". *Journal of Latin American Studies*. 49, 269 - 297.

Espejo, J. L. (1954). *La provincia de Cuyo del reino de Chile*. Fondo Histórico y Bibliográfico José Toribio Medina. Santiago de Chile: Imprenta Universitaria, 2 V.

Espósito, G. (2017). *La polis colla: Tierras, comunidades y política en al Quebrada de Huamahuaca*. Buenos Aires: Prometeo.

Espósito, G. y Da Silva Catela, L. (2013). "Indios, comunistas y guerrilleros: miedos y memorias de la lucha por tierras en la Quebrada de Humahuaca, Jujuy, Argentina". *Corpus*, 3(1).

Estrada, M. (1962). *Martina Chapanay, realidad y mito*. Buenos Aires: Imprenta Varese.

Fanchin, A. (2000). "Integración de áreas periféricas en Cuyo al promediar el siglo XVIII". *Revista de Estudios Trasandinos*, 4, 285-295.

Fandos, C. (2007a). "Estructura y transferencia de la propiedad comunal de Colalao y Tolombón (provincia de Tucumán) en la segunda mitad del siglo XIX." *Mundo Agrario*, 7(14). Recuperado de:

http://www.mundoagrario.unlp.edu.ar/article/view/v07n14a12

Fandos, C., Teruel, A. (2009). "Procesos de privatización y desarticulación de tierras indígenas en el norte de Argentina en el siglo XIX". *Revista Complutense de Historia de América*, 35, 233-255

Farberman, J. (2004). "Curacas, mandones, alcaldes y curas. Legitimidad, autoridad y coerción en los pueblos de indios del Santiago del Estero, siglos XVII y XVIII". *Colonial Latin American Historical Review*, 13 (3), 367-397.

Fernández, V. (1988). "El bandolerismo social: un fenómeno de reacción popular del campesinado. El caso del NE de Mendoza durante el siglo XIX". *Alternativa Latinoamericana*, (8), 68-75.

Fernández Peláez, J. (1934). *La Martina Chapanay, Poema Histórico*. Mendoza: S.E.

Fleming, W. (1976). "Regional Development and Transportation in Argentina: Mendoza and the Gran Oeste Argentino Railroad 1885-1914", PhD diss., Indiana University.

Flores Galindo, A. (1998). *Buscando un Inca: Identidad y utopía en los Andes*. Lima: Horizonte.

Florescano, E. (2002). "El canon memorioso forjado por los Títulos Primordiales". *Colonial Latin American Review, 11*(2), 183-230.

Funes, L. (1938). "Guallama". *Revista de la Junta de Estudios Históricos de Mendoza* XI, 25-26, 151-16

Fradkin, R. (2006). *La historia de una montonera*. Buenos Aires: Siglo XXI.

Galasso, N. (1993). *Felipe Varela y la Lucha por la Unión Latinoamericana*. Buenos Aires: Ediciones Pensamiento Nacional.

Garavaglia, J. C. (1986). "Los textiles de la tierra en el contexto colonial rioplatense: ¿una revolución industrial fallida?". En *Anuario IEHS*. 1:45-87.

García, A. (2004). *Tras Las Huellas de La Identidad Huarpe*. Vol. N° 7. Serie Libros. Mendoza: CEIDER, Facultad de Filosofía y Letras, Universidad Nacional de Cuyo

Garzón, I. (1968). "Fragmento de la memoria del Marqués de Sobremonte, Gobernador Intendente de Córdoba, escrita para su sucesor el Coronel de Ingenieros D. José González (año 1796)". En *Revista de la Junta de Estudios Históricos de Mendoza*, Segunda época, 5, 469-471.

Gelman, J. (1997). *Un funcionario en busca del Estado. Pedro Andrés García y la cuestión agraria bonaerense, 1810-1822*. Buenos Aires: Universidad Nacional de Quilmes.

Gibson, C. (1975). "Prose Sources in the Native Historical Tradition". En Cline, H. E. (Ed.) *Handbook of Middle American Indians*. 15(4), (311-321). Austin: University of Texas Press.

Gil, O. (1938). *La Frontera de San Juan con Mendoza*. Buenos Aires: Rosso.

Giménez, E. (1937). Lagunas del Rosario. En: *Memoria Año 1937*. Mendoza: Departamento General de Irrigación.

Giudicelli, C. (2013). "De la déportation á l'invisibilisation: la dénaturalization des Indiens Calchaquís (Nord-Ouest Argentin), XVIIe-XXIe siécles", Dossier "Relocalisation et résilience autochtone", *Recherches Amerindinennes au Québec*, XLI (2-3), 61-82.

_______. (2012). Una milicia de vencidos: los calchaquíes frente a las primeras invasiones mocovíes (final del S. XVII-principios del XVIII). Los pródromos de la guerra en la frontera chaqueña del Tucumán. En Lavallé, B. *El primer siglo XVIII en Hispanoamérica*. Toulouse: Méridiennes, 221-245.

Provincia de Mendo(za. 3 años de Gobierno: Guillermo Cano, 1935-1938. (1938). Gobierno de Mendoza.

Godoy Orellana, M. y Contreras Cruces, H. (2008). *Tradición y modernidad en una comunidad indígena del Norte Chico: Valle Hermoso, siglos XVII al XX*. Santiago de Chile: Editorial Universidad Bolivariana.

González Pómez, M. I. (1966). *La encomienda indígena en Chile durante el siglo XVIII*. Santiago de Chile: Universidad Católica de Chile, Instituto de Historia.

Gordillo, G. (2016). En: Alberto, P. y Elena, E. The savage outside of White Argentina. En: *Rethinking race in modern Argentina*. Cambridge U.P: 241-267.

_______. (2006). Fetichismos de la ciudadanía. En: *En el Gran Chaco: antropologías e historias*. Buenos Aires: Prometeo, 169-194.

Gotkowitz, L. (2007). *A Revolution for Our Rights. Indigenous Struggles for Land and Justice in Bolivia, 1880-1952*. Durham and London: Duke University Press.

Guerra, F-X. (1993). *Modernidad e independencies. Ensayos sobre las revoluciones hispánicas*. México: Fondo de cultura económica.

Halperin Donghi, T. (1995). *Una nación para el desierto argentino*. Buenos Aires: CEAL.

______. (1994). *Revolución y Guerra*. Buenos Aires: Siglo XXI.

Healey, M. (2011). *The Ruins of the New Argentina. Peronism and the Remaking of San Juan after the 1944 Earthquake*. Durham and London: Duke University Press.

Huret, J. (1913). *La Argentina. Del Plata a la Cordillera de los Andes*. Buenos Aires-París: Eugene Fasquelle editor / Sociedad de Ediciones Louis-Michaud.

Igarzábal, R. (1873). *La Provincia de San Juan en la Exposición de Córdoba. Geografía y Estadística*. Buenos Aires, s. e.

Inoue, Y. (2007). Fundación del pueblo, cristiandad y territorialidad en algunos títulos primordiales del centro de México. *Cuadernos Canela, 18*, 213-127.

Isla, A. (2002). *Los usos políticos de la identidad. Indigenismo y Estado*. Buenos Aires: Editorial de las Ciencias.

Jara, A. (1958). "Importación de trabajadores indígenas en el siglo XVII". *Revista Chilena de Historia y Geografía* 124, 175-212.

Kindgard, A. (2004). "Tradición y conflicto social en los Andes argentinos. En torno al Malón de la Paz de 1946". *Estudios interdisciplinarios de América Latina y el Caribe*,15(1), 165-184.

Lacoste, P. (2004). Territorios y departamentos. En Roig, A., Lacoste, P. y Satlari, C. (comps.), *Mendoza, cultura y economía*. Mendoza: Caviar Bleu. 57-113.

Larrain, N. (1906). *El País de Cuyo. Relación histórica hasta 1872*. Buenos Aires: Imprenta de Juan A. Alsina.

León Solís, L. (2011). "'Los indios en el día aumentan su desvergüenza…' Rebeldía, disputas y conflictos en el 'pueblo de indios' de Pomaire (Chile Central), 1790-1811". *Cuadernos de Historia, 35*, 93-134.

Lockhart, J. (1992). *The Nahuas after the Conquest. A Social and Cultural History of Indians of Central Mexico 16th through 18th Centuries*. Stanford: Stanford University Press.

López, C. (2006) "Tierras comunales, tierras fiscales: el tránsito del orden colonial a la revolución". *Revista Andina, 43*: 215-238

López de Albornoz, C. y Bascary, A. M. (1998). "Pueblos indios de Colalao y Tolombón: identidad colectiva y articulación étnica y social (siglos XVII-XIX)". *Humanitas, 27*: 71-112.

Lorandi, A. M. (comp.) (1997). *El Tucumán colonial y Charcas*. Buenos Aires: UBA/FFyL.

______. (1992). El mestizaje interétnico en el noroeste argentino. En Tomoeda, H. y Millones, L. (eds.). *500 años de mestizaje en los Andes*. Osaka: National Museum of Ethnology. 133-166.

Maeder, E. J. A. (1969). *Nómina de gobernantes civiles y eclesiásticos de la Argentina durante la época española, 1500-1810*. Resistencia: Facultad de Humanidades, Instituto de Historia.

Madrazo, G. (1982). *Hacienda y encomienda en los Andes. La puna argentina bajo el marquesado de Tojo, Siglos XVIII y XIX*. Buenos Aires: Fondo Editorial.

Marianetti, B. (1948). *Problemas de Cuyo*. Buenos Aires: Lautaro.

Martín, F., Rojas, F. y Saldi, L. (2011). "Domar el agua para gobernar: Concepciones socio-políticas sobre la naturaleza y la sociedad en contextos de consolidación del Estado provincial mendocino hacia fines del siglo XIX y principios del XX". *Anuario del Centro de Estudios Históricos 'Prof. S. A. Segreti'*. 10, 159-88.

Massini Calderón, J. L. (1994). "Tierra irrigación y colonización en Mendoza a principio del siglo XX (1900-1917)". *Revista de Estudios Regionales* (11) 101-150. Mendoza: CEIDER.

______. (1967). *Mendoza hace 100 años. Historia de la provincia durante la presidencia de Mitre*. Buenos Aires: Ediciones Theoría.

Mata Olmo, R. (1992). "Aportaciones al problema de la tierra en las zonas áridas de la provincia de Mendoza. Malargüe, 1874-1988". Boletín de Estudios Geográficos, XXV (88), 55-89.

Maza, J. I. (1980). *Ensayo sobre la historia del Departamento de Lavalle*. Mendoza: Editorial Estudio Alfa.

Menard, A. (2019). "¿Qué fue primero, el archivo o el fetiche? En torno a los archivos indígenas". *Quinto Sol* (23)3, 1-21.

______. (2013). Manuel Aburto Panguilef y los archivos de la Federación Araucana (estudio preliminar). En Menard, A. (Ed.). *Libro Diario del Presidente de la Federación Araucana de Manuel Aburto Panguilef (1940-1951)*, IX-CXXIX. Santiago de Chile: CoLibris.

Menegus Bornemann, M. (1994). "Los títulos primordiales de los pueblos de indios". *Estudios: Revista de historia moderna*. 20, 207-230.

Méndez, L. M. y Fanchin, A. (1998). "Demografía, comercio y tráfico entre Cuyo y Chile, 1778-1823". *Revista de Estudios Trasandinos*. 3, 113-138.

Méndez, C. (2005). *The Plebeian Republic. The Huanta Rebellion and the Making of Peruvian State, 1820-1850*. Durham & London: Duke UP.

Métraux, A. (1937). "Contribución a la etnografía y arqueología de la Provincia de Mendoza". *Revista de la Junta de Estudios Históricos de Mendoza*. T. VI, 15 y 16, 1-66.

______. (1929). "Contribution a l'etnographie et a l'arqueologie de la province de Mendoza (R.A.)", *Revista del Instituto de Etnología de la Universidad de Tucumán*, I. 5-73.

Michieli, C. T. (2004). *La Fundación de Villas en San Juan (siglo XVIII)*. Buenos Aires: Sociedad Argentina de Antropología.

______. (2000). *La disolución de la categoría jurídico-social de «indio» en el siglo XVIII: El caso de San Juan (Región de Cuyo)*. Universidad Nacional de San Juan, Facultad de Filosofía, Humanidades y Artes, Instituto de Investigaciones Arqueológicas y Museo.

______. (1992). "Tráfico transcordillerano de ganado y la acción de los indígenas cuyanos en el siglo XVII". *Publicaciones*, Instituto de Investigaciones Arqueológicas y Museo UNSJ. 19, 21-47.

______. (1983). *Los huarpes protohistóricos*. San Juan: Universidad Nacional de San Juan, Instituto de Investigaciones Arqueológicas y Museo.

Mitre, B. (1869). Cuestión de San Juan. Discurso del Jeneral Bartolomé Mitre Pronunciado en el Senado el 19 de Junio de 1869 informando de la Cuestión de San Juan. Buenos Aires: Imprenta del Siglo.

Molina Otárola, R. y Campos Muñoz, L. (2017). "Confín geográfico, refugio indígena, pueblo de indios y etnogénesis en el Huasco Alto, (Chile)". *Revista de Geografía Norte Grande*, 68, 123-140.

Morales Guiñazú, F. (1961). Informe de la Junta de Estudios Históricos de Mendoza. En Cornejo Lencina, A. *La Falsa Merced Real de 1713, a favor del Cacique Sayanca*. Mendoza, Mundo Cuyano, 31-33.

______. (1938). *Primitivos Habitantes de Mendoza (Huarpes, Puelches, Pehuenches, Aucas, su lucha, su desaparición)*. Mendoza: Best Hermanos.

______. (1935). Manuel José Olascoaga. En Gobierno de Mendoza, *Centenario del Coronel Manuel José Olascoaga*. Mendoza: Junta de Estudios Históricos de Mendoza, 9-20.

Moussy, M. de (2005). *Descripción geográfica y estadística de la Confederación Argentina*. Vol. 1. Buenos Aires: Dunken.

Moussy, M. de (1875). Description Geographique et statistique de la confédération argentine. Paris: Fermin Didiot.

Moyano, A. (2010) Las preguntas que lancea Guayama. En Bayer, O. (coord.) *Historia de la crueldad argentina. Julio A. Roca y el genocidio de los pueblos originarios*. Buenos Aires: Ediciones El Tugurio, 51-66.

Nacuzzi, L. R. (1998). *Identidades impuestas: tehuelches, aucas y pampas en el norte de la Patagonia*. Buenos Aires: Sociedad Argentina de Antropología.

Obregón Iturria, J. (2018). "'Indios en *collera*', deportaciones coloniales de trabajadores huarpes y aucaes. Razón de estado e intereses particulares. Chile, 1598-1658." Tiempo Histórico 9(16), 15-38.

Ortiz Ponce, E. (1953). *Mendoza Legendario*. Mendoza: D'Accurzio.

Otero, H. (2006). *Estadística y Nación: una historia conceptual del pensamiento censal de la Argentina Moderna 1869-1914*. Buenos Aires: Prometeo.

Pacheco de Oliveira, J. P. (1998). "¿Uma etnología dos 'indios misturados'? Situacao colonial, territorializacao e fluxos culturais." *Mana*, 4(1), 47-77.

Pagés Larraya, F. (1990) ms. Datos biográficos sobre Alfred Métraux en Mendoza por Dragui Lucero y Andrés Campanella.

Palermo, M. A. (1994). "Economía y mujer en el sur argentino". En *Memoria Americana*. 3: 63-90.

Papazian, A. y Nagy, M. (2018). La concentración de indígenas en la isla Martín García (1871-1886). En: Delrio, W., Escolar, D., *et. al.* (comps.) *En el país de nomeacuerdo. Archivos y memorias del genocidio del Estado argentino sobre los pueblos originarios, 1870-1950*. Buenos Aires: UNRN, 69-98.

Paredes, A. (2004). "Los inmigrantes en Mendoza", en Roig, A., Lacoste, P. y Satlari, C. (comps.) *Mendoza a través de su historia*. Mendoza: Caviar Bleu. 209-44.

Pavez Ojeda, J. (comp.) (2008). *Cartas mapuche. Siglo XIX*. Santiago de Chile: Ocho Libros-CoLibris.

Paz, G. L. (2009). "El 'comunismo' en Jujuy: ideología y acción de los campesinos indígenas de la puna en la segunda mitad del siglo XIX". *Nuevo Mundo Mundos Nuevos*, Débats, décembre.

______. (2008). "Los pueblos de indios del Tucumán colonial revisitados: De la desestructuración a la identidad". *Andes*, 19, 213-224.

______. (2005). Liderazgos étnicos, caudillismo y resistencia campesina en el norte argentino a mediados del siglo XIX. En Goldman, N. y Salvatore, N. (comps.). *Caudillismos Rioplatenses. Nuevas Miradas a un Viejo Problema*. Buenos Aires: Eudeba, 310-346.

______. (1991). "Resistencia y rebelión campesina en la puna de Jujuy, 1850-1875". *Boletín del Instituto de Historia Argentina y Americana Dr. Emilio Ravignani*. III (4), 63-89.

Pinto, M., Rogero, G. y Andino, M. (2006). *Ley de Aguas de 1884 comentada y concordada*. Mendoza: Departamento General de Irrigación.

Platt, T. (2018). *Defendiendo el techo fiscal. Curacas, Ayllus, y Sindicatos en el Gran Ayllu Macha. Norte de Potosí, Bolivia, 1930-1994*. La Paz: Vicepresidencia de Estado Plurinacional de Bolivia.

______. (2015). "Entre la rutina y la ruptura: el archivo como acontecimiento de terreno". *Diálogo Andino*, 46, 39-54.

Platt, T. y Molina Echeverría, G. (2018). *Catálogo del archivo del curacazgo de Macha Alasaya. Documentos de la familia Carbajal*. La Paz: Vicepresidencia de Estado Plurinacional de Bolivia.

Pozzi, J. (1925) ms. Diario de la XXI Expedición a las Lagunas de Huanacache en 1925 del Museo Etnográfico, dirigida por Salvador Debenedetti, Cuaderno 2. Archivo Fotográfico y Documental del museo "Juan Bautista Ambrosetti.".

Prieto. M. de R. (2000). "Formación y consolidación de una sociedad de frontera en un área marginal del Reino de Chile: La provincia de Cuyo en el siglo XVII". *Anales de Arqueología y Etnología* 52-53, 17-366.

______. (1982). *Área del Desaguadero. Cap.* I: Desaguadero Norte. *Documenta Laboris.* CONICET Buenos Aires. *Programa de Investigaciones sobre Epidemiología Psiquiátrica.*

______. (1976). "El proceso de aculturación de los huarpes de Mendoza". *Anales de Arqueología y Etnología* XXIX-XXXI, Universidad Nacional de Cuyo, Facultad de Filosofía y Letras, 237-72.

Prieto, M. del R. y Abraham, E. (2000) "Caminos y comercio como factores de cambio ambiental en las planicies áridas de Mendoza (Argentina) entre los siglos XVII y XIX." *Revista Theomai* (edición electrónica). Universidad Nacional de Quilmes, n° 2.

Prieto, M. del R., Herrera, R. y Dussel, P. (1999) "Historical evidences of streamflow fluctuations in the Mendoza River, Argentina, and their relationship with ENSO". *The Holocene*, 9, 4, 473-81.

Provincia de Mendoza, Poder Ejecutivo. (1938). Visita de pobladores lejanos. En *Tres años de Gobierno*, Poder Ejecutivo de Mendoza, periodo gubernativo 1935-1938, 149-50.

Provincia de Mendoza, Poder Ejecutivo. (1938). *"Tres años de Gobierno: periodo gubernativo 1935-1938.*

Quiroga de Yakin, J. (1971). *Vida de Santos Guayama.* San Juan: Editorial Sanjuanina.

Quiroga Salcedo, C. E., González de Ortiz, A. E. (1987). *El Terremoto de San Juan del 27 de Octubre de 1894.* San Juan: UNSJ- FFHyA.

Ramos, A. R. (1994). "The hiperreal Indian". *Critique of Anthropology*, 14(2), 153-171.

Rappaport, J. (1990). *The Politics of Memory: Native Historical Interpretation in the Colombian Andes.* Cambridge: Cambridge University Press.

República Argentina, *Censo Nacional de Población* de 1914.

República Argentina, *Segundo Censo* 1895.

República Argentina, *Primer Censo* 1869.

Richard-Jorba, R. (2010). *Empresarios ricos, trabajadores pobres. Vitivinicultura y desarrollo capitalista en Mendoza, 1859-1918.* Rosario: Prohistoria.

______. (2001). Los gobiernos lencinistas en Mendoza. Salud pública y vivienda popular, 1918-1924. *Avances del CESOR".* Año 8, p. 39.

______. (2001a). "El mercado de trabajo rural en Mendoza. Un panorama sobre su formación y funcionamiento entre la segunda mitad del siglo XIX y comienzos del XX.

Coacciones, regulaciones y trabajo libre". *Población y Sociedad*. N°8/9 200-2001, 211-268.

______. (2001b). "La construcción y consolidación del poder oligárquico en Mendoza. 1870-1880. Crisis económica, reorientación productiva y hegemonía política". *Avances del CESOR*, Año III, N°3, 57-88.

Richard Jorba, R., Pérez Romagnoli, R. Barrio, P. y Sanjurjo, I. (2006). *La región viti-vinícola Argentina. Transformaciones del territorio, la economía y la sociedad*. Quilmes: Universidad Nacional de Quilmes.

Rock, D. (1998). "Civil war in nineteenth century Argentina: San Juan 1860-1861". Anthony MacFarlane and Marianne L. Wiesebron (Comps.) *Cuadernos de AHILA*, Asociación de Historiadores Latinoamericanistas Europeos, 4.

Rodríguez, L. (2016). El sistema de representación de indígenas en la transición a la re-pública. Los apoderados de Colalao y Tolombón en perspectiva comparativa. En De Jong, I. y Escobar Ohmstede A. Eds. *Las poblaciones indígenas en la conformación de las naciones y los Estados en la América Latina decimonónica*. Mexico: CIESAS, el Colegio de México y el Colegio de Michoacán, 249-282.

______. (2011ª). El viaje de Don Lorenzo y otros "peregrinajes". Reclamos territoriales, identidad y memoria en la comunidad de Amaicha del Valle. En L. Rodríguez (comp.). *Resistencias, conflictos y negociaciones. El valle Calchaquí desde el período prehispánico hasta la actualidad*. Rosario: Prohistoria, 123-144.

______. (2010). "'Informar si el padrón que rige se conocen dos pueblos de Amaicha". Reestructuraciones socio-étnicas y disputas por tierras entre la colonia y la república. *Memoria Americana*. 18(2), 267-292.

Rodríguez, L. y Boullosa-Joly, M. (2018). Los viajes de los líderes indígenas como vector de los derechos territoriales y de poder (Amaicha del Valle-Noroeste argentino- siglos XIX-XXI). En Giudicelli, C. (coord.). *Las sociedades indígenas entre taxonomía, memoria y reapropiación*. Rosario: Prohistoria-IFEA, 183-208.

Roig F. A., Roig A. y hnos. (1999). *Guanacache. Fidel Roig Matóns, pintor del desierto*. Mendoza: EDIUNC.

Romero Frizzi, M. A. (2011). "Conflictos agrarios, historia y peritajes paleográficos. Reflexionando desde Oaxaca". *Estudios Agrarios*. 17(47), 65-81.

Rufer, M. (2016). El archivo. De la metáfora extractiva a la ruptura poscolonial. En Gorbach, F. & Rufer, M. (coords.). *(In)disciplinar la investigación. Archivo, trabajo de campo y escritura*. México: Siglo XXI-UAM, 160-186.

Rusconi, C. (1961). *Poblaciones Pre y Posthispánicas de Mendoza. Etnografía: Vol. I*. Gobierno de Mendoza.

______. (1960). "Algo sobre toponimia antigua de Mendoza". *Revista Del Museo de Historia Natural de Mendoza*, 8(1-4), 3-106.

______. (1949). "Sobre hidrografía de las Lagunas del Rosario". *Revista Del Museo de Historia Natural de Mendoza.* 3(3), 191–200.

______. (1941). ms. Ayuda a los últimos aborígenes de la provincia.

Rutdlege, I. (1987). Cambio agrario e integración. El Desarrollo del capitalismo en Jujuy (1550-1960). Tilcara: ECIRA/CICSO.

______. (1977). "The Indian Peasant Rebellion in the Higlands of Northern Argentina, 1872-1875". *The Journal of Peasant Studies.* IV(2), 227-37.

Saito, A. y Rosas Lauro, C. (eds.). (2017). *Reducciones. La concentración forzada de las poblaciones indígenas en el Virreinato del Perú.* Lima/Osaka: Pontificia Universidad Católica del Perú/National Museum of Ethnology.

Sabella, P. F. (1936). *Tratado de geografía general (física, humana, económica y corográfica) de la provincia de Mendoza.* Mendoza: Imprenta oficial y Escuela de Artes Gráficas para Penados.

Saldi, L. (2021). *Fronteras hídricas del desierto cuyano.* Buenos Aires: Antropofagia.

Saldi L. (2012). "Procesos identitarios, naturaleza y políticas estatales en el noreste de Mendoza (Argentina)". Tesis doctoral, Mendoza: Universidad Nacional de Cuyo.

Salomon, F. (2004a). *The Cord Keepers.* Durham and London: Duke University Press.

______. (2004b). "Literacidades vernáculas en la provincia altiplánica de Azángaro". En Zavala, V., Niño-Murcia, M. y Ames, P. (eds.). *Escritura y sociedad. Nuevas perspectivas teóricas y etnográficas.* Lima: Red para el desarrollo de las ciencias sociales (Instituto de Estudios Peruanos, Pontificia Universidad Católica del Perú y Universidad del Pacífico). (317-345).

Salomon, F. y Niño-Murcia, M. (2011). *The Lettered Mountain: A Peruvian Village's Way with Writing.* Durham y London: Duke University Press.

Salvatore, R. (2018). *Paisanos itinerantes: orden estatal y experiencia subalterna en Buenos Aires durante la era de Rosas.* Buenos Aires: Prometeo.

______. (1986). "Control del trabajo y discriminación: el sistema de contratistas en Mendoza, Argentina, 1880-1920". En *Desarrollo Económico.* 26(102), 229-53.

Sanjurjo, I. (2004). *La organización político-administrativa de la campaña mendocina en el tránsito del antiguo régimen al orden liberal.* Buenos Aires: Instituto de Investigaciones de Historia del Derecho.

Santilli, D., Gelman, J. D. y Fradkin, R. (comps). (2013). *Rebeldes con causa: conflicto y movilización popular en la Argentina del siglo XIX.* Buenos Aires: Prometeo.

Sarmiento, D. F. (1966 [1850]). *Recuerdos de Provincia.* Buenos Aires: Sopena.

______. (1963 [1845]). *Facundo.* Buenos Aires: Losada.

______. (1947 [1866]). El Chacho. Último Caudillo de la Montonera de los Llanos. En *Vidas de Fray Félix Aldao y El Chacho*. Buenos Aires: Argos. (69-236).

______. (1902). *Papeles del Presidente 1868-1874, parte primera*, L, Buenos Aires, s.d.

______. (1869). *Cartas con las vistas y propósitos de Don Manuel Taboada*. Buenos Aires: Imprenta Argentina de *El Nacional*.

Segato, R. (2013). *La crítica de la colonialidad en ocho ensayos. Y una antropología por demanda*. Buenos aires: Prometeo.

Serulnikov, S. (2004). "Legitimidad política y organización social en las comunidades indígenas de la provincia de Chayanta (siglo XVIII)". *Anuario de Estudios Hispano Americanos*, LXI (1), 69-101.

Siri, J. M. (1945a). "Guayama". *Boletín de la Junta de Historia de la Provincia*. San Juan, 8, 75-88.

Solar Mancilla, M. (2004). Territorios, y conflictos de poder. En: Fanchin, A. T., Acosta, R. et al. *Espacio y población: Los valles cuyanos en 1777*. Serie Estudios de población, 4. San Juan: Universidad nacional de San Juan, Academia Nacional de la Historia. 143-165.

Sosa, J. (2015a). Amaycha la identidad persistente. Procesos de territorialización, desterritorialización y reterritorialización en una comunidad tricentenaria. Tesis de doctorado. Buenos Aires: Universidad de Buenos Aires.

Sosa, J., y Lenton, D. (2015b). "La Cédula Real de los Amaycha. Contextualización, análisis y transcripción de un documento controversial". *Corpus. Archivos virtuales de la alteridad americana* 5(1). Recuperado de http://corpusarchivos.revues.org

Sosa Morales, N. (1965). *El muy magnífico señor Don José Francisco de Amigorena (Cuyo durante la intendencia de Córdoba)*, s.e.

Tamagnini, M. (2007). Conflictividad y violencia en la frontera sur de Córdoba. Malones y montoneras en la década de 1860. Rocchietti, A. M. y Tamagnini, M. (comps.), *Arqueología de la Frontera: Estudios sobre los campos del sur cordobés*. Río Cuarto: Universidad Nacional de Río Cuarto, 15-70.

Tarquini, C. (2010). *Largas noches en La Pampa: Itinerarios y resistencias de la población indígena (1878-1976)*. Buenos Aires: Prometeo.

Tasso, A. (2011). "La sequía de 1937 en Santiago del Estero. Antecedentes y consecuencias de un acontecimiento ambiental". *Trabajo y Sociedad*, 15(17), 17-39.

Tell, S. (2014). Iniciativas y resistencias al gobierno de los pueblos de indios de Córdoba la década de 1810. En: Santilli, D., Gelman, J. D. y Fradkin, R. (comps) *Rebeldes con causa: conflicto y movilización popular en la Argentina del siglo XIX*, Buenos Aires: Prometeo, 55-80.

______. (2012). "Conflictos por tierras en los 'pueblos de indios' de Córdoba. El pueblo de San Marcos entre fines del siglo XVII y principios del siglo XIX". *Andes. Antropología e Historia*, 23 (1): 71-103.

______. (2010). Expansión urbana sobre tierras indígenas. El pueblo de La Toma en la Real Audiencia de Buenos Aires. *Mundo Agrario, 10*(20), 1-31. Recuperado de https://www.mundoagrario.unlp.edu.ar/article/download/v10n20a09/457/

Tell, S. y Castro Olañeta, I. (2011). "El registro y la historia de los pueblos de indios de Córdoba entre los siglos XVI y XIX." En *Revista del Museo de Antropología*, 235-248.

Teruel, A. (2019). Tierras de indios, indios sin tierras. Los indígenas en el Jujuy decimonónico. En Escolar, D. y Rodríguez L., *Más allá de la extinción: Identidades indígenas en la Argentina criolla, siglos XVIII-XX*. Buenos Aires: SB, 75-94.

Teruel, A. y Fandos, C. (2009). Procesos de privatización y desarticulación de tierras indígenas en el norte de Argentina en el siglo XIX. *Revista Complutense de Historia de América, 35*, 233-255.

Tesler, M. (1989). Los aborígenes durante el peronismo y los gobiernos militares. *Conflictos y procesos de la historia argentina contemporánea*. Buenos Aires: CEAL, 1-32.

Testimonio de un Edicto de D. Francisco Salcedo, Obispo de Santiago de Chile (16-5-1626). (1936). *Revista de la Junta de Estudios Históricos de Mendoza* (2) Sección Documental, 277.

Thurner, M. (1997). *From two Republics to One Divided: Contradictions of Postcolonial Nationmaking in Andean Peru*. Durham: Duke.

Tjarks, G. O. E. (1957). "Un informe comercial sanjuanino para la secretaría de Balanza de Madrid." *Boletín del instituto de historia argentina "Dr. E. Ravignani"*. (III, 2ª serie) 4-6, 203-237.

Torre Revello, J. T. (1946). *El Marqués de Sobremonte, Gobernador intendente de Córdoba y Virrey del Río de la Plata. Ensayo Histórico*. Buenos Aires: Publicaciones del Instituto de Investigaciones Históricas, Facultad de Filosofía y Letras.

______. (1939). "La población de Cuyo a principios del período independiente, 1777 y 1812". *Boletín del Instituto de Investigaciones Históricas*, Nº 77-78 (23), 77-84.

Torres, E., Montaña, E., Torres, L. y Abraham, E. (2005). Problemas del uso del agua en tierras secas: Oasis y desierto en el Norte de Mendoza, Argentina. En Fernández Cirelli, A. y Abraham, E. (eds.). *El agua en Iberoamérica*, vol. 11: *Uso y gestión del agua en tierras secas*. Mendoza: CYTED. 11-24.

Varela, F. B. (2003). Juego de espejos: costumbres y costumbrismo mendocino en la segunda mitad del siglo XIX (1852-1884). En: Videla de Rivero, G. (coord.). *Literatura de Mendoza. Espacio, historia y sociedad*, III. Mendoza: Editorial de la Facultad de Filosofía y Letras. 115-152.

Verdaguer, J. A. (1931). *Historia eclesiástica de Cuyo* (I), Milano: Premiata Scuola Tipográfica Salesiana.

Vezub, J. E. (2009). *Valentín Saygüeque y la Gobernación indígena de las Manzanas. Poder y etnicidad en la Patagonia septentrional (1860-1881)*. Buenos Aires: Prometeo.

Videla, H. (1989). *Historia de San Juan, Tomo VI (época patria) 1875-1914*. Buenos Aires: Universidad Católica de Cuyo.

______. (1962a). *Historia de San Juan: Vol. Tomo I*. Academia del Plata.

______. (1962b). *La Provincia de San Juan y sus Problemas de Límites con las Provincias de La Rioja, San Luis y Mendoza*. Buenos Aires: Ediciones Dintel.

Vignati, M. A. (1953). "Aportes al conocimiento antropológico de la Provincia de Mendoza III. Diario de viaje por las Lagunas en el año de 1789". *Notas del Museo de Eva Perón* XVI (57), 51-103.

Vitali, G. (2005). *Hidrología Mendocina*. Mendoza: Departamento General de Irrigación, [1940].

Watteau, J. (f). *Sucesión Montesinos*, s.e.

Wood, S. (1987). Pedro Villafranca y Juana Gertrudis de Navarrete: Falsificador de títulos y su viuda (Nueva España, Siglo XVIII). En Sweet, D. G. y Nash, G. B. (comps.). *Lucha por la supervivencia en la América colonial*. México: Fondo de Cultura Económica, 472-485.

Zahler, R. (2010). Liberal Justice: Judicial Reforms in Venezuela's Courts (17861850). *Hispanic American Historical Review* 90(3), 489-522.

Zubrzycki, B., Maffia, M. y Pastorino, L. (2003). "La propiedad de la tierra y el agua en el noroeste argentino. El caso de los campos comuneros en el Valle de Hualfin". *Estudios Atacameños* 25, 103-116.

Zuloaga, R. (1961). Crítica de autenticidad de una Merced Real de 1713. En Cornejo Lencina, A. *La Falsa Merced Real de 1713, a favor del Cacique Sayanca*. Mendoza: Mundo Cuyano, 25-30.

Impreso por TREINTADIEZ S.A. en 2021
Pringles 521 (C1183 AEI)
Ciudad Autónoma de Buenos Aires
Teléfonos: 4864-3297 / 4862-6794
editorial@treintadiez.com

www.ingramcontent.com/pod-product-compliance
Lightning Source LLC
Chambersburg PA
CBHW080852250726
48663CB00004B/429